법화삼부경

제2부 묘법연화경 1권

법화삼부경

제2부 묘법연화경 1권

구선 강설

연화

차 례

재판에 즈음하여 ················· 6

들어가면서 ····················· 7

묘법연화경 서품 ················· 13

묘법연화경 방편품 ··············· 116

묘법연화경 비유품 ··············· 216

묘법연화경 신해품 ··············· 316

묘법연화경 약초유품 ············· 364

맺음말 ························· 430

묘법연화경1권 재판에 즈음하여

법화삼부경 초판을 출간하고 나서 금강삼매경을 해설하게 되었다. 금강삼매경에는 부처님께서 여래장연기가 시작된 원인에 대해서 말씀하신 대목이 있었고 본원본제와 동법계를 이루는 절차에 대해서 말씀하신 대목이 있었다.

금강삼매경을 읽고 나서, 법화삼부경에서 다루었던 여래장연기의 과정과 본원본제와 동법계를 이루는 방법에 있어서 용어적인 수정이 필요한 것을 알게 되었다.

묘법연화경 1권에서는 머리말 부분에서 수정이 있었고 본문 안에서도 부분적인 수정이 있었다.

참조해주시기 바란다.

들어가면서

무량의경을 마치고 묘법연화경을 시작하게 되었다.
무량의경은 무량의삼매를 주제로 해서 등각도의 과정을 설법하신 내용이다. 그러면서 부처님의 평생 설법이 어떤 절차로 이루어져 있는지 그 과정을 종합적으로 정리해 주셨다.
중생들의 근기가 저마다 다르기 때문에 서로 다른 대기설법을 하셨지만 그 모든 법문의 목적은 오로지 본제의 이치를 일러주기 위함이었다.
본제의 간극에 머물러서 대적정을 이루고 일체중생을 제도해서 대자비를 실천하는 것이 공여래장과 불공여래장을 이루는 방법이다. 그렇게 성취한 공여래장과 불공여래장을 불이문이 되도록 하는 것이 등각도이며 무량의삼매이다.

묘법연화경은 등각도 이후에 묘각도를 이루는 방법에 대해 설법하신 내용이다.
그러면서 불세계(佛世界)의 일과 부처가 되는 목적에 대해 말씀하신다.
불세계의 부처님은 편재성과 개체성을 동시에 갖출 수 있다. 그 경지를 석가모니 부처님과 8천만억 화신불과의 관계를 통해서 보여주셨다.
부처가 되는 것은 정토불사를 하기 위해서이다.
여래장계의 무량극수 생멸문이 어둠에 휩싸여 있기 때문에 그 어둠을 걷어내고 중생들의 무명을 타파해 주는 것이 부처의 존재목적이다.
석가모니부처님이 처음 묘각을 이루었을 때는 600만억의 생멸문을 제도하셨다. 그러다가 나중 법화경이 설해질 때는 무량극수의 생멸문을 제도하고 계셨다.
정토불사에 참여하고 있는 8천만억의 화신불들을 모두 현겁의 생멸문으로 초대하면서 법화경이 설해졌다.

묘법연화경의 세계관과 수행체계는 평범한 사람은 이해하기가 대단히 어렵다.
때문에 그 구체적인 요의가 해석되지 못하고 신앙의 대상으로만 활용되어 왔다.
아이러니하게도 묘법연화경의 세계관은 현대 과학과 맥락을 같이 한다. 다중우주론을 주장하는 현대 과학의 이론체계가 오히려 확장된 관점으로 제시된 것이 묘법연화경의 세계관이다.

묘법연화경에서 다루어지는 불(佛)의 정토행은 두 가지 관점에서 이루어진다.
하나는 불상(佛相)의 관점이다.
또 하나는 불성(佛性)의 관점이다.
불상의 관점은 무량극수 화신을 통해 이루어지고, 불성의 관점은 본원본제와 계합을 통해 이루어진다.

어떤 수행의 절차로 무량극수의 화신이 나투어져서 무량극수의 생멸문을 정토화하는가?
미심백호광과 정수리광명, 구족색신삼매와 현일체색신삼매, 수능엄삼매와 삼십이진로 수행으로 무량극수의 화신이 나투어진다.
어떤 절차로 본원본제와 계합하고 본원본제의 향하문적 성향을 제도하는가?
본성의 간극에 머물러서 동법계진언으로 본원본제와 동법계를 이루고 상행(上行), 무변행(無邊行), 정행(淨行), 안립행(安立行)을 통해서 본원본제의 향하문적 성향을 제도한다.
묘법연화경에서는 두 가지 정토행에 대한 구체적인 절차와 방법이 제시된다.

본원본제의 향하문적 습성으로 여래장연기가 시작되고 그로써 무량극수의 생멸문이 생겨났다.
여래장계를 제도해서 정토불사를 하려면 두 가지 제도가 함께 이루어져야 한다. 그것이 바로 여래장연기의 원인을 제도하고 여래장연기의 결과를 제도하는 것이다.

본제(本際)의 대사(代謝)가 25가지 본연(本緣)을 만들고 그 중 24가지 본연(本緣)으로 인해 여래장연기가 시작된다.
본제(本際)의 대사(代謝)란 각성(覺性)이 본성(本性)을 이루고 있는 적상(寂相)·정상(靜相)·적멸상(寂滅相)을 대상으로 비춤(照見)을 행하는 것이다.

본연(本緣)이란 각성과 본성, 밝은성품 간에 일어나는 관계를 말한다.

25가지 본연(本緣)은 한 가지 종류의 대사본연(代謝本緣)과 24가지 종류의 연기본연(緣起本緣)으로 구분된다.

대사본연(代謝本緣)이란 각성(覺性)이 본성(本性)의 적멸상(寂滅相)에 머물러서 적상(寂相)과 정상(靜相)을 균등하게 껴안고 있는 상태를 말한다. 이 상태에서는 밝은성품이 생성되지 않고 여래장이 무(無)의 상태를 유지한다.

연기본연(緣起本緣)이란 각성이 본성을 이루고 있는 세 가지 요소를 대상으로 삼아서 임의롭게 대사(代謝)가 이루어지는 것을 말한다. 그 유형이 24가지로 이루어진다. 연기본연의 과정에서는 밝은성품이 생성된다. 밝은성품으로 인해서 유(有)가 생겨나고 여래장연기가 시작된다.

밝은성품이 생성되면 각성(覺性)의 대사(代謝)가 본성과 밝은성품을 대상으로 이루어진다. 그러면서 대사(代謝)의 모든 과정이 밝은성품 안에 기록된다. 이것을 일러 '대사 정보(代謝精保)'라 한다. 본성을 이루고 있는 세 가지 요소가 정보화되고 각성이 정보화되면서 24가지 연기본연이 생겨난다.

각각의 연기본연 안에서는 각성 정보가 본성 정보와 밝은성품을 인식의 대상으로 삼는다. 이 과정에서 인연(因緣)과 자연(自緣)이 생겨나고 자시무명(子時無明)이 시작된다.

인연이란 정보와 정보가 교류해서 새로운 정보가 만들어지는 것을 말한다.
자연이란 밝은성품 에너지가 부딪치면서 일으키는 변화를 말한다. 인연과 자연으로 인해 새로운 정보가 다량으로 생성된다. 이때에 생성된 정보를 생멸 정보라 한다.
각성 정보와 본성 정보, 생멸 정보와 밝은성품의 관계로 인해서 생멸연기가 시작된다.

각성은 본성의 능성으로 생겨났고 밝은성품은 본성의 간극에서 생겨났다. 본원본제는 스스로의 능성으로 각성과 밝은성품이 갖고 있는 자연적 성향과 인연적 성향을 제도하지 못한다. 때문에 無의 상태가 유지되지 못하고 有가 생겨난다. 이것을 일러 본원본제가 갖고 있는 향하문적 성향이라 한다.
불이문을 이룬 일심법계 부처님은 대적정과 대자비를 통해 본제의 자연성과 인연성을 제도한 존재이다.
때문에 향상문적 성향이 있을 뿐, 향하문적 성향이 없다. 그러한 면모를 갖추신 일심법계 부처님이 본원본제와 계합을 이룬다. 그렇게 되면 본원본제의 향하문적 성향이 제도된다.

무량극수의 생멸문과 진여문이 나타난 것이 여래장연기의 결과이다. 때문에 무량극수의 생멸문을 제도하려면 무량극수의 부처님이 필요하다.
한 분의 일심법계 부처님은 천백억 화신으로 상(相)을 나투신다. 각각의 천백억 화신은 또 다른 천백억 화신을 나투신다. 그렇게 나투어진 천백억×천백억의 부처님들이 각각의 천백억 화신을 한 번 더 나투신다.
이것이 일심법계 부처님의 상(相)의 면모이다.
묘법연화경에는 일심법계 부처님이 그와 같은 성품을 갖추시게 된 과정이 구체적으로 제시된다.
또한 그와 같은 상(相)을 갖추시게 된 과정이 구체적으로 제시된다.

부족한 소견으로 부처님의 일을 논하는 것이 한편으로는 부끄럽다.
하지만 이 불사는 나에게 주어진 소명이다.
최선을 다해서 묘법연화경에 깃들어있는 비밀스러운 내용을 풀어헤쳐 볼 것이다.
한 자 한 자를 근본으로 비추어서 진언의 요지에 어긋남이 없도록 할 것이다.

《묘법연화경 서품 妙法蓮華經 序品》

본문

如是我聞。一時佛住王舍城耆闍崛山中。與大比丘眾萬二
여시아문. 일시불주왕사성기사굴산중. 여대비구중만이
千人俱。皆是阿羅漢。諸漏已盡無復煩惱。逮得己利盡諸
천인구. 개시아라한. 제루이진무부번뇌. 체득기리진제
有結。心得自在。其名曰阿若憍陳如。摩訶迦葉。優樓頻
유결. 심득자재. 기명왈아야교진여. 마하가섭. 우루빈
螺迦葉。迦耶迦葉。那提迦葉。舍利弗。大目揵連。摩訶
라가섭. 가야가섭. 나제가섭. 사리불. 대목건련. 마하
迦旃延。阿㝹樓馱。劫賓那。憍梵波提。離婆多。畢陵伽婆
가전연. 아누루타. 겁빈나. 교범바제. 리바다. 필릉가바
蹉。薄拘羅。摩訶拘絺羅。難陀。孫陀羅難陀。富樓那彌
차. 박구라. 마하구치라. 난타. 손타라난타. 부루나미
多羅尼子。須菩提。阿難。羅睺羅。如是眾所知識大阿羅
다라니자. 수보리. 아난. 라후라. 여시중소지식대아라
漢等。復有學無學二千人。摩訶波闍波提比丘尼。與眷屬
한등. 부유학무학이천인. 마하파사파제비구니. 여권속
六千人俱。羅睺羅母耶輸陀羅比丘尼。亦與眷屬俱。菩薩
육천인구. 라후라모야수다라비구니. 역여권속구. 보살
摩訶薩八萬人。皆於阿耨多羅三藐三菩提不退轉。皆得陀

마하살팔만인. 개어아누다라삼먁삼보리불퇴전. 개득다
羅尼樂說辯才。轉不退轉法輪。供養無量百千諸佛。於諸
라니요설변재. 전불퇴전법륜. 공양무량백천제불. 어제
佛所殖眾德本。常為諸佛之所稱歎。以慈修身善入佛慧。
불소식중덕본. 상위제불지소칭탄. 이자수신선입불혜.
通達大智到於彼岸。名稱普聞無量世界。能度無數百千眾
통달대지도어피안. 명칭보문무량세계. 능도무수백천중
生。其名曰文殊師利菩薩。觀世音菩薩。得大勢菩薩。常
생. 기명왈문수사리보살. 관세음보살. 득대세보살. 상
精進菩薩。不休息菩薩。寶掌菩薩。藥王菩薩。勇施菩
정진보살. 불휴식보살. 보장보살. 약왕보살. 용시보
薩。寶月菩薩。月光菩薩。滿月菩薩。大力菩薩。無量力
살. 보월보살. 월광보살. 만월보살. 대력보살. 무량력
菩薩。越三界菩薩。跋陀婆羅菩薩。彌勒菩薩。寶積菩
보살. 월삼계보살. 발타바라보살. 미륵보살. 보적보
薩。導師菩薩。如是等菩薩摩訶薩八萬人俱。
살. 도사보살. 여시등보살마하살팔만인구.
爾時釋提桓因。與其眷屬二萬天子俱。復有名月天子。普
이시석제환인. 여기권속이만천자구. 부유명월천자. 보
香天子。寶光天子。四大天王。與其眷屬萬天子俱。自在
향천자. 보광천자. 사대천왕. 여기권속만천자구. 자재
天子。大自在天子。與其眷屬三萬天子俱。娑婆世界主梵
천자. 대자재천자. 여기권속삼만천자구. 사바세계주범

天王。尸棄大梵光明大梵等。與其眷屬萬二千天子俱。有
천왕. 시기대범광명대범등. 여기권속만이천천자구. 유
八龍王。難陀龍王。跋難陀龍王。娑伽羅龍王。和脩吉龍
팔용왕. 난타용왕. 발난타용왕. 사가라용왕. 화수길용
王。德叉迦龍王。阿那婆達多龍王。摩那斯龍王。優鉢羅
왕. 덕차가용왕. 아나파달다용왕. 마나사용왕. 우발라
龍王等。各與若干百千眷屬俱。有四緊那羅王。法緊那羅
용왕등. 각여약간백천권속구. 유사긴나라왕. 법긴나라
王。妙法緊那羅王。大法緊那羅王。持法緊那羅王。各與
왕. 묘법긴나라왕. 대법긴나라왕. 지법긴나라왕. 각여
若干百千眷屬俱。有四乾闥婆王。樂乾闥婆王。樂音乾闥
약간백천권속구. 유사건달바왕. 낙건달바왕. 낙음건달
婆王。美乾闥婆王。美音乾闥婆王。各與若干百千眷屬俱.
바왕. 미건달바왕. 미음건달바왕. 각여약간백천권속구.
有四阿修羅王。婆稚阿修羅王。佉羅騫馱阿修羅王。毘摩
유사아수라왕. 바치아수라왕. 가라건타아수라왕. 비마
質多羅阿修羅王。羅睺阿修羅王各與若干百千眷屬俱。
질다라아수라왕. 라후아수라왕각여약간백천권속구.
有四迦樓羅王。大威德迦樓羅王。大身迦樓羅王。大滿迦
유사가루라왕. 대위덕가루라왕. 대신가루라왕. 대만가
樓羅王。如意迦樓羅王。各與若干百千眷屬俱。韋提希子
루라왕. 여의가루라왕. 각여약간백천권속구. 위제희자
阿闍世王。與若干百千眷屬俱。各禮佛足退坐一面。

아사세왕. 여약간백천권속구. 각례불족퇴좌일면.

爾時世尊。四眾圍遶。供養恭敬尊重讚歎。為諸菩薩說大
이시세존. 사중위요. 공양공경존중찬탄. 위제보살설대
乘經。名無量義教菩薩法佛所護念。佛說此經已。結加趺
승경. 명무량의교보살법불소호념. 불경차경이. 결가부
坐。入於無量義處三昧。身心不動。是時天雨曼陀羅華。
좌. 입어무량의처삼매. 신심부동. 시시천우만다라화.
摩訶曼陀羅華。曼殊沙華。摩訶曼殊沙華。而散佛上及諸
마하만다라화. 만수사화. 마하만수사화. 이산불상급제
大眾。普佛世界六種震動。爾時會中比丘比丘尼優婆塞優
대중. 보불세계육종진동. 이시회중비구비구니우바새우
婆夷。天龍夜叉乾闥婆阿修羅迦樓羅緊那羅摩睺羅伽人非
바이. 천용야차건달바아수라가루라긴나라마후라가인비
人。及諸小王轉輪聖王。是諸大眾得未曾有。歡喜合掌一
인. 급제소왕전륜성왕. 시제대중득미증유. 환희합장일
心觀佛。
심관불.

이와 같이 나는 들었다.
어느 때 부처님께서는 왕사성의 기사굴산 가운데서 큰 비구
대중 1만2천인과 함께 계셨다. 이들은 다 아라한으로서 모든
번뇌가 이미 다하여 다시는 번뇌가 없고 자신의 이로움을 얻
었으며, 모든 존재[有]의 결박으로부터 벗어나 마음에 자유로

움을 얻은 이들이었다.

그들의 이름은 아야교진여, 마하가섭, 우루빈라가섭, 가야가섭, 나제가섭, 사리불, 대목건련, 마하가전연, 아누루타, 겁빈나, 교범바제, 리바다, 필릉가바차, 박구라, 마하구치라, 난타, 손타라난타, 부루나미다라니자, 수보리, 아난, 라후라 등이니, 이렇게 여러 사람이 잘 아는 큰 아라한들이었다.

또 아직 배우는 이와 다 배운 이[學無學]가 2천인이나 있었고, 마하파사파제 비구니는 그의 권속 6천인과 함께 있었으며, 라후라의 어머니인 야수다라 비구니도 또한 그의 권속들과 함께 있었다.

또 보살마하살 8만인이 있었으니, 다 아뇩다라삼먁삼보리에서 물러나지 아니하였으며, 다라니와 말 잘하는 변재를 얻어서 물러나지 않는 법륜을 굴렸으며, 한량없는 백천 부처님을 공양하였고, 여러 부처님 계신 곳에서 모든 덕의 근본을 심었으므로 항상 여러 부처님께서 칭찬하셨으며, 자비로써 몸을 닦아 부처님의 지혜에 잘 들어갔으며, 큰 지혜를 통달하여 피안에 이르렀고, 그 이름이 한량없는 세계에 널리 들리어 무수한 백천의 중생을 제도하는 이들이었다.

그들의 이름은 문수사리보살, 관세음보살, 득대세보살, 상정진보살, 불휴식보살, 보장보살, 약왕보살, 용시보살, 보월보살, 월광보살, 만월보살, 대력보살, 무량력보살, 월삼계보살, 발타바라보살, 미륵보살, 보적보살, 도사보살 등이니, 이러한 보살마하살 8만인과 함께 있었다.

그때 석제환인은 그의 권속 2만의 천자와 함께하였고, 또 명월천자, 보향천자, 보광천자, 사대천왕이 그들의 권속 1만 천자와 함께하였으며, 자재천자, 대자재천자도 그의 권속 3만의 천자와 함께하였고, 사바세계의 주인이며 범천왕인 시기대범과 광명대범이 그들의 권속 1만2천의 천자와 함께하였다.

또 여덟 용왕이 있었으니, 난타용왕, 발난타용왕, 사가라용왕, 화수길용왕, 덕차가용왕, 아나파달다용왕, 마나사용왕, 우발라용왕 등이 각각 백천의 권속들과 함께하였다.

또 네 긴나라왕이 있었으니, 법긴나라왕, 묘법긴나라왕, 대법긴나라왕, 지법긴나라왕도 각각 백천 권속들과 함께하였다.

또 네 건달바왕이 있었으니, 낙건달바왕, 낙음건달바왕, 미건달바왕, 미음건달바왕이 각각 백천 권속과 함께하였다.

또 네 아수라왕이 있었으니, 바치아수라왕, 가라건타아수라왕, 비마질다라아수라왕, 라후아수라왕이 각각 백천 권속과 함께하였다.

네 가루라왕이 또 있었으니, 대위덕가루라왕, 대신가루라왕, 대만가루라왕, 여의가루라왕이 각각 백천 권속들과 함께하였다. 또한 위제희의 아들인 아사세왕도 백천 권속들과 함께하였다.

이들은 제각기 부처님의 발에 예배하고 한쪽에 물러나 앉아 있었다.

이때 세존께서는 둘러앉은 사부대중[四衆]으로부터 공양과 공경과 존중과 그리고 찬탄을 받으시면서 여러 보살들을 위하여

대승경을 설하셨으니, 그 이름은 『무량의경(無量義經)』이었다. 보살을 가르치는 법이며, 부처님께서 보호하고 생각하시는 바였다. 부처님께서 이 경을 다 설하신 뒤 결가부좌하시고 무량의처삼매에 드시니, 몸과 마음이 흔들리지 아니하였다.
그때 하늘에서는 만다라꽃, 마하만다라꽃, 만수사꽃, 마하만수사꽃을 내려 부처님 위와 대중들에게 흩으며, 넓은 부처님의 세계가 여섯 가지로 진동하였다.
그때 모인 대중 가운데 있던 비구, 비구니, 우바새, 우바이와 하늘, 용, 야차, 건달바, 아수라, 가루라, 긴나라, 마후라가 등 사람과 사람 아닌 것들[人非人]과 소왕(小王), 전륜성왕 등 모든 대중들이 전에 없던 일을 만나 환희하여 합장하고 한결같은 마음으로 부처님을 뵈었다.

강설

비구, 비구니, 우바새, 우바이는 인간 수행자들이다. 하늘, 용, 야차, 건달바들은 인간계를 제외한 나머지 육도윤회계의 존재들이다.
하늘이라고 하는 것은 28개 하늘 세계의 존재들이고 용은 여덟 개 용 세계의 존재들이다. 야차, 아수라는 아수라계의 생명들이다. 육도윤회계의 생명들이 한자리에 모여 앉은 것이다.
이런 일은 부처님의 위신력이 아니면 일어날 수 없다.

어떻게 공간이 열리면서 다른 세계의 존재들이 부처님이 설법하는 세계로 올 수가 있는가? 옛날 같으면 그것이 그냥 전설처럼 들렸을 것이다. 하지만 요즘에는 그렇지 않다. 공간을 열고 차원의 벽을 넘어서 다른 차원의 세계로 넘어갈 수 있다는 논리가 양자물리학을 통해 제시되었기 때문이다.

다른 세계의 존재, 28천의 신들이 어떻게 인간이 사는 세상에 한꺼번에 내려와서 한 공간에 머물 수가 있는가? 일반적인 공간에서는 그런 일이 일어나지 않는다. 공간의 벽이 열리고 공간이 무한히 확장되어야 그런 일이 일어난다. 시간 개념조차도 현실 개념과 달라져야 한다. 찰나 속에서 수천만 겁을 경험할 수도 있고 그 수천만 겁의 시간이 현실 세계에서는 찰나가 될 수 있다.

그야말로 공간과 시간의 벽을 깨트려야 한다.

그 일을 할 수 있는 것은 오로지 부처님 밖에 없다.

그것이 부처님의 신통력이다.

공간의 차원벽을 허물어서 서로 다른 차원계에 있는 수많은 생명들이 한자리에 앉을 수 있도록 하는 신통력은 부처님밖에 할 수가 없다.

법화경이 쓰여진 것이 2,500년 전이다.

아난의 몸에 기록되어 있던 습득 정보를 채집해서 만들어진 경전이 대승경전이다. 대승경전의 마지막 장이 법화삼부경이다.
대승경전은 인간 세상에서 만들어지지 않았다. 대승경전은 용세계에서 만들어졌다.
2,500년 전에 인간들은 공간 차원이나 공간 터널에 대한 지식이 없었다. 그 시대에는 지구도 평평하다고 생각했다. 그런 시대에 만들어진 경전에서 우주와 우주를 넘나드는 멀티버스가 논해진 것이다.
우주의 숫자도 무량수(無量數)이다.
여래장계에 펼쳐져 있는 무량수의 일법계, 그중에서 6백만 억 개의 생멸문과 진여문의 존재들이 법화경이 설해지는 영산회상에 참여했다.
그것도 우주선을 타고 왔다 갔다 하는 것이 아니다.
육체를 갖고 신통으로 왔다 갔다 한다.
부처님께서는 공간의 틈을 벌려 무한하게 확장시키기도 하고 시간대도 마음대로 조절할 수 있다.

법화경을 공부하려면 이런 세계관을 갖고 있어야 한다. 단순히 평범한 관점에서 인간의 학문을 논하고자 하는 것이 아니다. 이것은 이 우주에서 가장 위대하고 지고한 학문이며 최상의 가르침이다.
법화경의 내용을 이해하려면 지금까지 갖고 있던 지식이나 선입관을 대폭적으로 수정해야 한다.
그리고 하나의 생명이 구현해 낼 수 있는 경지가 얼마만

큼인지를 이해로나마 체험해야 한다.

지금 읽은 내용들은 진여문의 보살들과 인간, 육도윤회계의 모든 존재가 부처님의 설법을 듣기 위해서 한자리에 앉았다는 말이다. 그런 광경은 보기도 힘들고 볼 수도 없다. 오로지 부처님 당세에만 볼 수 있는 광경이다.
만약 서울 상공에 UFO가 나타나면 어떤 일이 벌어질까? 난리법석이 날 것이다. 더군다나 서울 상공에 수많은 신들이 한꺼번에 강림한다면 어떤 일이 벌어질까?
아마도 외계인이 침공했다고도 하고 구세주가 강림했다고도 할 것이다.
부처님이 생존하셨을 때에는 그런 일들이 빈번하게 일어났다. 지구 안에 6백만억 우주의 생명들이 모이는 희유한 법회가 일어난 것이다.

"모든 존재[有]의 결박으로부터 벗어나 마음에 자유로움을 얻은 이들이었다."

'모든 존재'란 의식·감정·의지와 세 가지 몸, 다섯 가지 식의 틀을 말한다.
세 가지 몸이란 영의 몸과 혼의 몸, 육체의 몸이다.
다섯 가지 식의 틀이란 색의식, 수의식, 상의식, 행의식, 식의식의 틀이다.

본문

爾時佛放眉間白毫相光。照東方萬八千世界。靡不周遍。
이시불방미간백호상광. 조동방만팔천세계. 미부주변.
下至阿鼻地獄。上至阿迦尼吒天。於此世界。盡見彼土六
하지아비지옥. 상지아가니타천. 어차세계. 진견피토육
趣眾生。
취중생.

그때 부처님께서는 미간의 백호상으로 광명을 놓으시어 동방으로 1만8천의 세계를 비추시니, 두루하지 않은 데가 없어 아래로는 아비지옥과 위로는 아가니타천에까지 이르렀다.
이 세계에서 저 세계의 여섯 갈래 중생들을 다 볼 수 있고

강설

부처님이 백호광명을 펼치면 그 백호광명이 도달한 모든 공간이 열려서 그 공간의 생명들을 눈으로 보게 된다.
그리고 그 생명들과 대화도 할 수 있다. 28천의 신들과 아수라계의 생명들과 용들하고도 대화가 된다.
부처님의 백호광명이 펼쳐진 공간 안에서는 그런 일들이 일어난다.

본문

又見彼土現在諸佛。及聞諸佛所說經法。幷見彼諸比丘比
우견피토현재제불. 급문제불소설경법. 병견피제비구비
丘尼優婆塞優婆夷諸修行得道者。復見諸菩薩摩訶薩種種
구니우바새우바이제수행득도자. 부견제보살마하살종종
因緣種種信解種種相貌行菩薩道。復見諸佛般涅槃者。復
인연종종신해종종상모행보살도. 부견제불반열반자. 부
見諸佛般涅槃後以佛舍利起七寶塔。
견제불반열반후이불사리기칠보탑.

爾時彌勒菩薩作是念。今者世尊現神變相。以何因緣而有
이시미륵보살작시념. 금자세존현신변상. 이하인연이유
此瑞。今佛世尊入于三昧。是不可思議現希有事。當以問
차서. 금불세존입우삼매. 시불가사의현희유사. 당이문
誰。誰能答者。復作此念。是文殊師利法王之子。已曾親
수. 수능답자. 부작차념. 시문수사리법왕지자. 이증친
近供養過去無量諸佛。必應見此希有之相。我今當問。
근공양과거무량제불. 필응견차희유지상. 아금당문.
爾時比丘比丘尼優婆塞優婆夷。及諸天龍鬼神等咸作此
이시비구비구니우바새우바이. 급제천용귀신등함작차
念。是佛光明神通之相。今當問誰。
념. 시불광명신통지상. 금당문수.

爾時彌勒菩薩欲自決疑。又觀四眾比丘比丘尼優婆塞優婆

이시미륵보살욕자결의. 우관사중비구비구니우바새우바
夷. 及諸天龍鬼神等眾會之心。而問文殊師利言。以何因
이. 급제천용귀신등중회지심. 이문문수사리언. 이하인
緣而有此瑞神通之相。放大光明照于東方萬八千土。悉見
연이유차서신통지상. 방대광명조우동방만팔천토. 실견
彼佛國界莊嚴。於是彌勒菩薩。欲重宣此義。以偈問曰。
피불국계장엄. 어시미륵보살. 욕중선차의. 이게문왈.

文殊師利	導師何故	眉間白毫	大光普照
문수사리	도사하고	미간백호	대광보조
雨曼陀羅	曼殊沙華	栴檀香風	悅可眾心
우만다라	만수사화	전단향풍	열가중심
以是因緣	地皆嚴淨	而此世界	六種震動
이시인연	지개엄정	이차세계	육종진동
時四部眾	咸皆歡喜	身意快然	得未曾有
시사부중	함개환희	신의쾌연	득미증유

또 저 세계에 계신 부처님들을 볼 수 있었으며, 여러 부처님들께서 설하시는 경법을 들을 수 있었고, 아울러 그 여러 비구, 비구니, 우바새, 우바이들이 여러 가지 수행으로 도를 얻는 것을 볼 수 있었고, 여러 보살마하살들이 가지가지 인연과 가지가지 믿음과 가지가지 모습으로 보살도를 행하는 것을 볼 수 있었고, 여러 부처님들께서 반열반에 드시는 것을 볼 수

있었고, 여러 부처님들께서 반열반에 드신 뒤에 그 부처님의 사리로 칠보탑을 일으키는 것도 볼 수 있었다.
그때 미륵보살은 이렇게 생각하였다.
'지금 세존께서 신기한 모습을 나타내시니, 무슨 인연으로 이런 상서를 일으키시는 것일까? 이제 부처님 세존께서 삼매에 드시니, 이는 부사의하고 희유한 일이다. 마땅히 누구에게 물어야 하며, 또 누가 능히 대답할 것인가?'
또 이렇게 생각하였다.
'문수사리 법왕자는 일찍이 지난 세상에서 한량없는 여러 부처님을 공양하고 친근하였으므로, 반드시 이렇게 희유한 모습을 보았으리니, 내가 이제 이 일을 물어보리라.'
그때 비구, 비구니, 우바새, 우바이와 여러 하늘, 용, 귀신들도 이렇게 생각하였다.
'부처님의 광명과 신통한 모습을 이제 누구에게 마땅히 물어야 할까?'
그때 미륵보살이 자기 의심도 결단하고, 또 사부대중인 비구, 비구니, 우바새, 우바이와 여러 하늘, 용, 귀신들의 마음을 살펴 알고서 문수사리에게 물었다.
"무슨 인연으로 신통한 모습의 이런 상서가 있으며, 큰 광명을 놓으시어 동방으로 1만8천 세계를 비추어 저 부처님 세계의 장엄을 다 볼 수 있게 합니까?"
미륵보살은 이 뜻을 거듭 펴려고 게송으로 물었다.

문수사리	보살이여	부처님은	무슨일로
미간백호	큰광명을	두루널리	비추시오
만달꽃과	만수사꽃	비오듯이	내려오고
전단향기	부는바람	대중들이	기뻐하고
이와같은	인연으로	땅은모두	장엄하니
보이는	세계마다	여섯으로	진동하고
이를보는	사부대중	몸과마음	편안하니
생전처음	보는일에	모두들	환희롭네

강설

여섯 가지 진동이 일어나면서 공간의 벽이 깨트려진다.
부처님의 미간백호광명이 공간에 펼쳐지면 공간의 거친 파장들과 서로 부딪친다.
이 과정에서 여섯 가지 진동이 일어난다.
여섯 가지 진동이 일어난 공간은 세계 간의 장벽이 사라진다.
생멸문과 진여문의 공간은 세 가지 에너지로 이루어져 있다.
전자기 에너지 공간과 양자 에너지 공간, 초양자 에너지 공간이 그것이다.
생멸문은 세 가지 에너지가 혼재되어 있고, 진여문은 초양자 에너지로만 이루어져 있다.
생멸문을 이루는 초양자, 양자, 전자기의 공간 층은 여덟 가지 파동으로 만들어졌는데 그중 양자 공간과 전자기 공간이 여섯 가지 파동으로 만들어졌다.
부처님의 백호광이 공간에 펼쳐지면 양자계와 전자기계의 여섯 파동이 사라지고 초양자계의 두 가지 파동만 남게 된다. 그러면서 생멸문과 진여문이 동시에 출현하게 된다. 진여문의 보살들과 생멸문의 중생들이 한 공간에 존재할 수 있는 조건이 갖춰지는 것이다.

"또 저 세계에 계신 부처님들을 볼 수 있었으며, 여러 부처님들께서 설하시는 경법을 들을 수 있었고"

'저 세계'란 부처님의 화신들이 정토불사를 행하고 있는 일법계를 말한다.
'저 세계의 부처님들'이란 정토불사를 행하고 있는 '화신불'들이다.
석가모니 부처님의 최초 화신불은 육백만억이었고 그 후에는 무량극수로 확장되었다.
화신불들은 서로 다른 일법계에서 서로 다른 설법을 하신다. 그 말씀들을 영산회상에 앉아서 들을 수 있다는 말이다.

"아울러 그 여러 비구, 비구니, 우바새, 우바이들이 여러 가지 수행으로 도를 얻는 것을 볼 수 있었고, 여러 보살마하살들이 가지가지 인연과 가지가지 믿음과 가지가지 모습으로 보살도를 행하는 것을 볼 수 있었고,"

이 대목과 앞의 대목을 결부시켜 해석해보면 여래장계의 불세계와 낱낱의 생멸문과 진여보살들의 세계를 중생의 눈으로 볼 수 있었다는 말이다.
뒷 대목을 함께 살펴보면 등각보살이나 반열반에 머물러 있는 모든 부처님들의 모습도 볼 수 있다는 말이다.

"여러 부처님들께서 반열반에 드시는 것을 볼 수 있었고, 여러 부처님들께서 반열반에 드신 뒤에 그 부처님의 사리로 칠보탑을 일으키는 것도 볼 수 있었다."

'반열반'이란 등각의 상태에 머물러 있는 것을 말한다.
반열반에 드는 부처님은 생멸신을 벗어놓고 불신으로 돌아간 다음 '등각 1지'에 머무르게 된다.
석가모니 부처님도 나중에 반열반에 머무신다.
석가모니 부처님이 반열반에 드신 것은 사바세계의 중생들을 보호하기 위해서다.
석가모니 부처님은 두 가지 존재 목적을 가지고 있었다.
첫 번째 존재 목적은 아버지인 대통지승여래로부터 부여받은 정토불사에 대한 소명이다.
두 번째 존재 목적은 사바세계의 보호이다.
부처님은 도솔천에서 호명보살로 계실 때 사바세계의 중생들을 보호하겠다는 서원을 세웠다.
현겁이 다할 때 중생들의 개체성이 사라진다.
모든 생명이 하나로 합쳐져서 원초신으로 돌아가기 때문이다. 원초신으로 돌아가더라도 각각의 중생들이 갖고 있는 개체적 성품이 보호되기 위해서는 부처님의 위신력이 필요하다. 그러기 위해서는 먼저 부처가 출현해야 한다.
석가모니 부처님은 호명보살로 계실 때 스스로가 그 역할을 하겠다는 서원을 세웠다.
현겁은 10만년 후에 수축기에 들어간다.
때문에 먼저 사바세계를 보호하는 목적을 이루기 위해 반열반에 드신다.
반열반에 드신 부처님의 색신은 사리로 변화된다.

본문

眉間光明	照于東方	萬八千土	皆如金色
미간광명	**조우동방**	**만팔천토**	**개여금색**
從阿鼻獄	上至有頂	諸世界中	六道眾生
종아비옥	**상지유정**	**제세계중**	**육도중생**
生死所趣	善惡業緣	受報好醜	於此悉見
생사소취	**선악업연**	**수보호추**	**어차실견**

| 미간백호 | 큰광명이 | 동방으로 | 널리비쳐 |

일만팔천	모든국토	금빛으로	찬란하고
아래로는	아비지옥	위로는	유정천의
그세계들	육도중생	나고죽어	가는곳과
선과악의	업과인연	그로인해	받게되는
좋고나쁜	과보까지	빠짐없이	보나이다

강설

여래장계의 천백억 일법계의 공간이 열렸을 때 각각의 일법계마다 부처님이 상주한다. 그 부처님들이 각각의 일법계 중생들에게 근기에 따른 설법을 하시는데 그런 경지를 수능엄삼매라 한다. 부처님은 미간백호광명을 펼치시어 한 줄기 광명마다 한 부처님을 화신하도록 하여 천백억 화신의 부처를 만든다.

그 천백억 화신의 부처들이 각각의 세계에서 서로 다른 경전을 설법하신다.

본문

又睹諸佛	聖主師子	演說經典	微妙第一
우도제불	**성주사자**	**연설경전**	**미묘제일**
其聲淸淨	出柔軟音	教諸菩薩	無數億萬
기성청정	**출유연음**	**교제보살**	**무수억만**

梵音深妙	令人樂聞	各於世界	講說正法
범음심묘	**영인요문**	**각어세계**	**강설정법**
種種因緣	以無量喻	照明佛法	開悟衆生
종종인연	**이무량유**	**조명불법**	**개오중생**
若人遭苦	厭老病死	爲說涅槃	盡諸苦際
약인조고	**염노병사**	**위설열반**	**진제고제**
若人有福	曾供養佛	志求勝法	爲說緣覺
약인유복	**증공양불**	**지구승법**	**위설연각**
若有佛子	修種種行	求無上慧	爲說淨道
약유불자	**수종종행**	**구무상혜**	**위설정도**
文殊師利	我住於此	見聞若斯	及千億事
문수사리	**아주어차**	**견문약사**	**급천억사**
如是衆多	今當略說		
여시중다	**금당약설**		
我見彼土	恒沙菩薩	種種因緣	而求佛道
아견피토	**항사보살**	**종종인연**	**이구불도**
或有行施	金銀珊瑚	眞珠摩尼	硨磲瑪瑙
혹유행시	**금은산호**	**진주마니**	**차거마노**
金剛諸珍	奴婢車乘	寶飾輦輿	歡喜布施
금강제진	**노비거승**	**보식연여**	**환희보시**
廻向佛道	願得是乘	三界第一	諸佛所歎
회향불도	**원득시승**	**삼계제일**	**제불소탄**
或有菩薩	駟馬寶車	欄楯華蓋	軒飾布施

혹유보살	**사마보거**	**난순화개**	**헌식보시**
復見菩薩	身肉手足	及妻子施	求無上道
부견보살	**신육수족**	**급처자시**	**구무상도**
又見菩薩	頭目身體	欣樂施與	求佛智慧
우견보살	**두목신체**	**흔요시여**	**구불지혜**
文殊師利	我見諸王	往詣佛所	問無上道
문수사리	**아견제왕**	**왕예불소**	**문무상도**
便捨樂土	宮殿臣妾	剃除鬚髮	而被法服
변사낙토	**궁전신첩**	**체제수발**	**이피법복**
或見菩薩	而作比丘	獨處閑靜	樂誦經典
혹견보살	**이작비구**	**독처한정**	**요송경전**
又見菩薩	勇猛精進	入於深山	思惟佛道
우견보살	**용맹정진**	**입어심산**	**사유불도**
又見離欲	常處空閑	深修禪定	得五神通
우견이욕	**상처공한**	**심수선정**	**득오신통**
又見菩薩	安禪合掌	以千萬偈	讚諸法王
우견보살	**안선합장**	**이천만게**	**찬제법왕**
復見菩薩	智深志固	能問諸佛	聞悉受持
부견보살	**지심지고**	**능문제불**	**문실수지**
又見佛子	定慧具足	以無量喩	爲衆講法
우견불자	**정혜구족**	**이무량유**	**위중강법**
欣樂說法	化諸菩薩	破魔兵衆	而擊法鼓
흔요설법	**화제보살**	**파마병중**	**이격법고**

又見菩薩	寂然宴默	天龍恭敬	不以爲喜
우견보살	**적연연묵**	**천룡공경**	**불이위희**
又見菩薩	處林放光	濟地獄苦	令入佛道
우견보살	**처림방광**	**제지옥고**	**영입불도**
又見佛子	未嘗睡眠	經行林中	勤求佛道
우견불자	**미상수면**	**경행임중**	**근구불도**
又見具戒	威儀無缺	淨如寶珠	而求佛道
우견구계	**위의무결**	**정여보주**	**이구불도**
又見佛子	住忍辱力	增上慢人	惡罵捶打
우견불자	**주인욕력**	**증상만인**	**악매추타**
皆悉能忍	而求佛道		
실개능인	**이구불도**		
又見菩薩	離諸戱笑	及癡眷屬	親近智者
우견보살	**이제희소**	**급치권속**	**친근지자**
一心除亂	攝念山林	億千萬歲	以求佛道
일심제란	**섭념산림**	**억천만세**	**이구불도**
或見菩薩	肴饍飮食	百種湯藥	施佛及僧
혹견보살	**효선음식**	**백종탕약**	**시불급승**
名衣上服	價直千萬	或無價衣	施佛及僧
명의상복	**가치천만**	**혹무가의**	**시불급승**
千萬億種	栴檀寶舍	衆妙臥具	施佛及僧
천만억종	**전단보사**	**중묘와구**	**시불급승**
淸淨園林	花果茂盛	流泉浴池	施佛給僧

청정원림	화과무성	유천욕지	시불급승
如是等施	種種微妙	歡喜無厭	求無上道
여시등시	종종미묘	환희무염	구무상도
或有菩薩	說寂滅法	種種教詔	無數衆生
혹유보살	설적멸법	종종교조	무수중생
或見菩薩	觀諸法性	無有二相	猶如虛空
혹견보살	관제법성	무유이상	유여허공
又見佛子	心無所着	以此妙慧	求無上道
우견불자	심무소착	이차묘혜	구무상도
文殊師利	又有菩薩	佛滅度後	供養舍利
문수사리	우유보살	불멸도후	공양사리
又見佛子	造諸塔廟	無數恒沙	嚴飾國界
우견불자	조제탑묘	무수항사	엄식국계
寶塔高妙	五千由旬	縱廣正等	二千由旬
보탑고묘	오천유순	종광정등	이천유순
一一塔廟	各千幢幡	珠交露幔	寶鈴和鳴
일일탑묘	각천당번	주교로만	보령화명
諸天龍神	人及非人	香華伎樂	常以供養
제천용신	인급비인	향화기악	상이공양
文殊師利	諸佛子等	爲供舍利	嚴飾塔廟
문수사리	제불자등	위공사리	엄식탑묘
國界自然	殊特妙好	如天樹王	其華開敷
국계자연	수특묘호	여천수왕	기화개부

佛放一光	我及衆會	見此國界	種種殊妙
불방일광	**아급중회**	**견차국계**	**종종수묘**
諸佛神力	智慧稀有	放一淨光	照無量國
제불신력	**지혜희유**	**방일정광**	**조무량국**
我等見此	得未曾有	佛子文殊	願決衆疑
아등견차	**득미증유**	**불자문수**	**원결중의**
四衆欣仰	瞻仁及我	世尊何故	放斯光明
사중흔앙	**첨인급아**	**세존하고**	**방사광명**
佛子時答	決疑令喜	何所饒益	演斯光明
불자시답	**결의영희**	**하소요익**	**연사광명**
佛坐道場	所得妙法	爲欲說此	爲當受記
불좌도량	**소득묘법**	**위욕설차**	**위당수기**
示諸佛土	衆寶淨嚴	及見諸佛	此非小緣
시제불토	**중보정엄**	**급견제불**	**차비소연**
文殊當知	四衆龍神	瞻察仁者	爲說何等
문수당지	**사중용신**	**첨찰인자**	**위설하등**

다시보니	성주사자	부처님들	그세계서
설법하는	그경전이	미묘하기	제일이며
아름답고	부드러운	음성으로	말씀하길
셀수없는	억만보살	가르치고	계시옵네
범음설법	깊고묘해	듣는사람	기뻐하며
부처님들	계신곳서	바른진리	강설하니

여러가지	인연법과	한량없는	비유로써
부처님법	밝히시어	많은중생	깨우치네
어떤사람	늙고병나	죽는고통	싫어하면
열반법을	설하시어	모든고통	없애주고
어떤사람	복이있어	부처님께	공양하고
높은법을	구하면은	연각법을	설해주고
만일어떤	불자들이	여러가지	행을닦아
무상지혜	구하면은	청정도법	설해주네
문수사리	보살이여	내가지금	보고듣는
천만가지	많은일을	이제대강	말하리라
내가보니	저국토에	항하사수	많은보살
가지가지	인연으로	부처님도	구하오며
어떤이는	보시하되	금과은과	산호들과
진주들과	마니보배	자거들과	많은마노
금강석과	여러보배	남종여종	수레들과
보배로된	연과가마	기쁨으로	보시하여
부처님께	회향하고	삼계에서	제일가는
일승법을	구하여서	칭찬받고	싶어하고
혹은어떤	보살들은	말이끄는	보배수레
난간화개	찬란하게	잘꾸며서	보시하고
다시보니	어떤보살	손과발과	몸뚱이와
처자까지	보시하여	최상의도	구하오며
혹은어떤	보살들은	눈과머리	온몸들을

기쁨으로	보시하며	부처지혜	구하였네
문수사리	보살이여	내가보니	여러국왕
부처님께	나아가서	최상의도	묻자올때
그국토와	좋은궁전	첩과신하	다버리고
출가하여	머리깎고	법의옷을	입으오며
혹은보니	어떤보살	비구모습	하고서는
고요한데	홀로앉아	경전읽기	즐겨하고
혹은어떤	보살들은	깊은산에	들어가서
용맹정진	행하면서	불도깊이	사유하고
욕심떠난	어떤이는	한적한곳	머물면서
깊은선정	잘닦아서	다섯가지	신통얻네
혹은어떤	보살들은	선정들어	합장하고
천만가지	게송으로	부처님을	찬탄하고
다시보니	어떤보살	지혜깊고	뜻은굳건
부처님께	법을물어	모두듣고	기억하네
혹은어떤	불자들은	선정지혜	구족하여
한량없는	비유로써	대중위해	법설하니
기쁘게	설법하여	여러보살	교화하며
마구니들	항복받아	법의북을	울리옵네
혹은어떤	보살들은	고요히	명상하여
천신과용	공경해도	기뻐하지	아니하고
다시보니	어떤보살	숲속에서	광명놓아
지옥고통	제도하여	부처님도	들게하고

혹은어떤　　불자들은　　잠에들지　　아니하고
숲속을　　　거닐면서　　부지런히　　도를찾고
다시보니　　어떤이는　　계향갖춤　　뛰어남이
보배구슬　　같게하여　　부처님도　　잘구하고
다시보니　　어떤불자　　인욕의힘　　훌륭하여
교만인이　　헐뜯으며　　몽둥이로　　때리어도
모든것을　　능히참아　　부처님도　　잘구하고
다시보니　　어떤보살　　온갖희롱　　농담하는
어리석은　　무리떠나　　지혜인을　　친근하여
산란함과　　잡념들을　　일심으로　　제도하길
억천만년　　산림속에　　머물면서　　법구하네
혹은어떤　　보살들은　　좋은음식　　맛난반찬
백여가지　　탕약으로　　정성다해　　보시하고
아름다운　　의복이나　　값도모를　　좋은옷을
부처님과　　스님들께　　정성다해　　보시하고
천만억종　　가지있는　　전단향목　　지은집과
아름다운　　이부자리　　정성다해　　보시하고
아름다운　　동산안에　　꽃과과일　　풍성한숲
흘러가는　　맑은연못　　정성다해　　보시하네
이와같이　　가지가지　　좋은것을　　보시하되
기뻐하며　　행하면서　　최상의도　　구하였고
다시보니　　어떤보살　　적멸한법　　설하여서
갖가지　　　교법으로　　무수중생　　교화하고

다시보니	여러보살	법의성품	허공같아
두모양이	없는줄을	진실하게	관찰하며
다시보니	어떤불자	집착하는	마음없어
미묘한	그지혜로	부처님도	구하더라
문수사리	보살이여	혹은어떤	보살들은
부처님	열반한뒤	진신사리	공양하고
다시보니	어떤불자	항하강의	모래만큼
무량무수	탑을세워	국토마다	장엄하니
아름다운	보배탑은	그높이가	오천유순
가로세로	넓이길이	이천유순	장엄했네
하나하나	불탑마다	당과번이	일천이요
구슬휘장	늘여달아	보배방울	울려오니
하늘용과	여러신과	사람들과	그외중생
꽃과향과	기악으로	항상공양	하옵니다
문수사리	보살이여	많고많은	불자들이
불사리에	공양하려	모든탑을	꾸미나니
이세계가	저절로	빼어나고	미묘하여
천상나무	꽃핀듯이	화사하고	아름답네
부처님이	찬란하게	큰광명을	놓으시니
이세계의	아름다움	가지가지	빼어남을
나와모든	대중들이	빠짐없이	보나이다
부처님의	신통력과	지혜의힘	희유하니
밝은광명	놓으시어	무량세계	비추시네

이를보는	우리들은	없던일을	보나이다
불자이신	문수보살	의심풀어	주옵소서
여기모인	사부대중	나와당신	바라보니
세존께선	무슨일로	이광명을	놓나이까
문수보살	대답하여	의심풀어	주옵소서
무슨이익	주시려고	이광명을	놓나이까
부처님이	도량에서	깨달으신	미묘한법
말씀하려	하나이까	수기주려	하나이까
부처님들	계신세계	보배로써	장엄함과
여러부처	뵙게되니	작은인연	아니리다
문수사리	보살이여	사부중과	용과신들
당신만을	바라보니	깊은뜻을	말하소서

강설

이 부분은 한 대목씩 끊어서 설명해 보겠다.

" 다시보니　　성주사자　　부처님들　　그세계서
　설법하는　　그경전이　　미묘하기　　제일이며
　아름답고　　부드러운　　음성으로　　말씀하길
　셀수없는　　억만보살　　가르치고　　계시옵네 "

'성주사자 부처님들'이란 항상 그 세계에 상주하는 부처님들을 말한다. 본불의 화신불들은 여래장계 일법계에 상주하면서 그 세계를 교화하신다.

" 범음설법　깊고묘해　듣는사람　기뻐하며
　부처님들　계신곳서　바른진리　강설하니
　여러가지　인연법과　한량없는　비유로써
　부처님법　밝히시어　많은중생　깨우치네 "

'여러 가지 인연법'이란 각자의 인과에 따른 관계를 말한다.

" 어떤사람　늙고병나　죽는고통　싫어하면
　열반법을　설하시어　모든고통　없애주고"

'열반법'이란 진여심을 체득해서 생멸심을 분리시키는 방법을 말한다. 해탈도와 보살도를 통해서 열반에 들어간다.

" 어떤사람　복이있어　부처님께　공양하고
　높은법을　구하면은　연각법을　설해주고"

'연각법'이란 견성오도를 이룰 수 있는 선정 절차를 말한다. 초선정에서 4선정까지의 절차를 말한다.

" 만일어떤　불자들이　여러가지　행을닦아

무상지혜　　구하면은　　청정도법　　설해주네"

'여러 가지 행'이란 각성을 증득하기 위한 노력이다.
'청정도법'이란 무위각을 증득하는 방법을 말한다.

"　내가보니　　저국토에　　항하사수　　많은보살
　가지가지　　인연으로　　부처님도　　구하오며"

'가지가지 인연'이란 보시행, 출가행, 경전요송, 정진바라밀, 선정바라밀, 억불찬탄, 지혜바라밀, 교화행, 무아실천, 중생 제도, 나태함의 극복, 지계바라밀, 인욕바라밀, 친근현선, 불승보시, 적멸법의 체득, 관 일체지, 득해탈도 입보리문, 사리공양 등을 말한다.

"　부처님이　　찬란하게　　큰광명을　　놓으시니
　이세계의　　아름다움　　가지가지　　빼어남을
　나와모든　　대중들이　　빠짐없이　　보나이다"

백호광의 신통력으로 여래장계 천만억 일법계의 일들을 모두 보고 있다는 말이다.

본문

爾時文殊師利語彌勒菩薩摩訶薩及諸大士。善男子等。如
이시문수사리어미륵보살마하살급제대사. 선남자등. 여
我惟忖。今佛世尊。欲說大法。雨大法雨。吹大法螺。擊
아유촌. 금불세존. 욕설대법. 우대법우. 취대법라. 격
大法鼓。演大法義。諸善男子。我於過去諸佛曾見此瑞。
대법고. 연대법의. 제선남자. 아어과거제불증견차서.
放斯光已即說大法。是故當知。今佛現光亦復如是。欲令
방사광이즉설대법. 시고당지. 금불현광역부여시. 욕령
衆生咸得聞知一切世間難信之法。故現斯瑞。諸善男子。
중생함득문지일체세간난신지법. 고현사서. 제선남자.
如過去無量無邊不可思議阿僧祇劫。爾時有佛。號日月燈
여과거무량무변불가사의아승기겁. 이시유불. 호일월등
明如來應供正遍知明行足善逝世間解無上士調御丈夫天人
명여래응공정변지명행족선서세간해무상사조어장부천인
師佛世尊。演說正法。初善中善後善。其義深遠。其語巧
사불세존. 연설정법. 초선중선후선. 기의심원. 기어교
妙。純一無雜。具足清白梵行之相。為求聲聞者。說應四
묘. 순일무잡. 구족청백범행지상. 위구성문자. 설응사
諦法。度生老病死究竟涅槃。為求辟支佛者。說應十二因
제법. 도생노병사구경열반. 위구벽지불자. 설응십이인
緣法。為諸菩薩說應六波羅蜜。令得阿耨多羅三藐三菩提
연법. 위제보살설응육바라밀. 영득아뇩다라삼먁삼보리
成一切種智。

성일체종지.

그때 문수사리보살은 미륵보살마하살과 여러 대중들에게 말하였다.
"선남자들이여, 내가 생각건대 세존께서 이제 큰 법을 설하시며, 큰 법비[法雨]를 내리시며, 큰 법소라[法螺]를 부시며, 큰 법북[法鼓]을 치시며, 큰 법의 뜻을 연설하실 것입니다.
선남자들이여, 나는 과거 여러 부처님들의 이러한 상서를 보았나니, 그때도 이러한 광명을 놓으시고는 큰 법을 곧 설하시었습니다. 그러므로 지금 부처님께서 광명을 놓으심도 그와 같아서, 중생들로 하여금 일체 세간에서 믿기 어려운 법을 듣고 알게 하시려고 이런 상서를 나타내신 줄 아십시오.
선남자들이여, 과거 한량없고 가없는 불가사의한 아승기겁 전에 부처님께서 계셨으니, 그 명호는 일월등명여래·응공·정변지·명행족·선서·세간해·무상사·조어장부·천인사·불세존이었습니다. 바른 법을 연설하시니, 처음이나 중간, 그리고 맨 나중도 훌륭하셨으며, 그 뜻은 매우 깊고 그 말씀은 공교하고도 미묘하였으며, 순일하여 섞임이 없었고, 맑고 깨끗한 범행의 모습을 구족하였습니다.
성문을 구하는 이에게는 네 가지 진리를 잘 말씀하시어, 나고 늙고 병들고 죽는 것을 벗어나서 궁극의 열반을 이루게 하시고, 벽지불을 구하는 이에게는 12인연법을 잘 말씀하시고, 보살들을 위해서는 6바라밀을 잘 말씀하시어 최상의 깨달음인 아뇩다라삼먁삼보리를 얻어서 일체종지를 이루게 하셨습니다."

강설

'**큰 법**'이란 묘각도를 말한다.
'**큰 법비**'란 묘각도를 이루는 방법을 말한다.
'**큰 법소라를 부시며**'란 묘각도의 법을 명확하게 말씀하시겠다는 뜻이다.
'**큰 법북을 치시며**'란 널리 펼치시겠다는 뜻이다.
'**큰 법의 뜻**'이란 묘각도의 의미와 묘각도를 이루어야 하는 이유와 묘각도를 이루는 방법과 묘각도를 이룬 후에 정토불사의 행이 어떻게 이루어지는지 그 과정과 절차를 말한다.

"성문을 구하는 이에게 네 가지 진리를 잘 말씀하시어"

'성문을 구하는 사람'은 견성오도를 이루지 못한 사람을 말한다.
'네 가지 진리'란 사성제법을 말한다.
견성오도를 이루지 못한 사람들에게 사성제를 설하는 것은 견성오도를 이루는 방법과 절차를 알려주기 위해서다.
견성오도란 본성을 인식의 대상으로 삼는 것을 말한다.
본성을 인식하는 것은 의식·감정·의지에서 벗어나기 위해서다.

사성제의 "고성제"는 스스로의 고통을 자각하는 것이다.
"집성제"는 모든 고통의 원인이 의식·감정·의지가 일으키는 탐·진·치라는 것을 아는 것을 말한다.
"멸성제"는 고통을 만들어내는 원인에서 벗어나려고 노력하는 것이다.
"도성제"는 멸성제를 이룰 수 있는 구체적인 방법을 아는 것이다.

견성오도를 이루지 못한 성문연각에게 설해지는 도성제는 견성오도를 이루는 방법과 절차이다.
초기 녹야원에서 설해졌던 도성제가 견성오도와 해탈도였다.
사성제의 도성제는 소승과 대승에서 서로 다른 관점으로 해석된다.
소승 관점에서는 도성제가 견성오도와 해탈도를 이루는 것이다.
대승 관점에서는 도성제가 보살도, 등각도, 묘각도를 이루는 것이다.

도성제의 체계가 서로 다른 관점으로 해석되듯이 멸성제의 체계도 다른 관점으로 해석된다.
소승의 멸성제는 자기 심·식·의를 벗어나는 것이다.

대승의 멸성제는 분리시켰던 자기 심·식·의와 생멸문 전체를 제도하는 것이다.

집성제도 대승과 소승이 서로 다른 관점으로 해석될 수 있다.
소승의 집성제는 탐·진·치가 모든 고통의 원인이라는 것을 아는 것이다.
대승의 집성제는 선나와 사마타로써 의식·감정·의지를 지켜보고 견성오도를 이루는 것이다.

소승의 고성제는 스스로의 고통을 자각하는 것이지만 대승의 고성제는 의식·감정·의지가 모든 고통의 원인이라는 것을 아는 것이다.

사성제의 체계가 이와 같이 서로 다른 관점으로 해석되는 것은 이유가 있다. 제자들의 근기가 달라졌기 때문이다.
처음 사성제를 설하실 때는 그 대상이 성문승과 연각승이었다. 당시 녹야원의 다섯 비구는 견성오도를 이루지 못한 상태였다.
이 당시 부처님께서는 탐·진·치를 벗어나는 방법으로 견성오도법과 해탈도법을 제시해 주셨다.
성문연각승에게는 견성오도를 도성제로 제시해 주셨고 본성을 인식한 제자들에게는 해탈도를 도성제로 제시해 주셨다. 이때 제시된 도성제법이 무아(無我)법과 열반법이다.
해탈승들은 수행의 최종 목적지를 아라한과와 멸진정에 두었다.
대승도가 설해지기 이전에는 모든 아라한들이 멸진정을 도성제의 완성으로 삼았다.

대승도가 대두되고부터는 멸진정은 작은 열반이요, 묘각도가 큰 열반이라는 것을 알게 되었다.
이때부터 도성제의 관점이 달라지기 시작했다.
진여출가를 해서 진여수행을 하고 보살도와 등각도, 묘각도를 이루는 것이 도성제의 완성이라고 생각하게 된 것이다.

인지법행의 체계에서 사성제를 바라보면 대승적 관점으로 해석되는 사성제가 논리적 체계에 부합된다.
하지만 소승 체계로 사성제를 해석하는 것도 잘못된 것은 아니다.
반야심경의 무고집멸도(無苦集滅道)는 소승적 관점의 고집멸도에서 벗어나라는 뜻이다.
본문에 "성문을 구하는 이에게 네 가지 진리를 말씀하시어"는 소승적 관점의 사성제를 말씀하신 것이다.

"나고 늙고 병들고 죽는 것을 벗어나서 궁극의 열반을 이루게 하시고"

생·노·병·사의 일은 부처님의 출가 동기이다.
부처님께서는 이 네 가지 큰 의문을 풀기 위해 출가를 하셨다. 부처님께서는 여래장연기와 생멸연기의 과정을 들여다보면서 생·노·병·사의 원인을 알게 되셨다.
각성의 무명적 습성이 여래장연기의 원인이 되었고, 밝은성품의 자연적 성향이 생멸연기의 원인이 되었다.
각성의 무명성으로 의지가 생겨났다.
밝은성품의 자연성이 더해져서 생멸 정보를 생성하고 생멸 정보 간의 교류를 통해 새롭게 생성된 정보들이 의식의 원인이 되었다.
의식과 의지로 인해 생겨난 식의 틀이 분리되면서 천지만물의 원형이 되었고 그 개체 생명들의 생명 정보가 물질 입자 속에 저장되면서 감정이 생겨났다.
의식·감정·의지를 갖추게 된 개체 생명들이 촉·수·애·취의 과정을 거치면서 세포로 이루어진 육체의 몸을 갖게 된다. 육체를 갖고부터 양분을 섭취하게 되고 그로 인해 정이 생성된다. 정이 갖고 있는 욕념으로 인해 포태가 이루어지고 태어남이 생겨나게 되었다.
태어나니 늙게 되고 늙음이 찾아오니 병들게 되었으며 그로 인해 죽음에 들게 되었다.
죽음은 육체와 영혼이 분리되는 것이다.
그렇게 분리된 육체는 사대로 돌아가고 영혼은 의식 상태에 따라 서로 다른 세계에 태어난다.

12연기를 거쳐온 생멸문의 중생들은 죽음을 통해 영혼이 분리되면 영혼의 형태와 구조에 따라 서로 다른 여섯 종류의 생명으로 윤회에 든다. 그것을 육도윤회라 한다.
천상계, 인간계, 아귀계, 아수라계, 지옥계, 축생계가 육도윤회계이다.
이와 같은 깨달음과 대적정, 대자비를 이루신 부처님께서 생·노·병·사의 고통에서 중생들을 구제해 주기 위해 49년 동안 전법행을 하게 된다.
전법행의 시작이 사성제 설법이고 전법행의 마무리가 법화경 설법이다.
'궁극의 열반'이란 묘각도를 말한다. 보살도와 등각도를 거쳐서 묘각도를 이룬다.

"벽지불을 구하는 이에게는 12인연법을 잘 말씀하시고"

아라한과를 얻은 사람이 벽지불에 머물 수도 있고 보살도로 나아갈 수도 있다.
벽지불이란 일체지에 머물러서 멸진정에 들어있는 존재이다. 일체지(一切智)란 본성의 공적함에 머물러서 진여수행을 닦지 못하는 상태를 말한다. 멸진정이란 의식·감정·의지를 분리시키고, 본성의 간극에 머물러있는 상태를 말한다.
벽지불은 각성의 무명적 습성과 밝은성품의 자연적 성향을 제도하지 못한 존재이다. 여래장의 일법계도 벽지불이고,

아라한과를 증득하고 멸진정에 머물러 있는 존재도 벽지불이다.
아라한이 생멸수행을 마치고 진여수행을 하기 위해서는 12연기의 원인을 알아서 그것을 제도해야 한다.
12인연법을 통해서 알 수 있는 것이 의식·감정·의지가 생겨나는 과정과 영의 몸과 혼의 몸, 육체의 몸이 생겨나는 과정이다.
중생이 나라고 생각하는 몸과 마음이 본래의 나가 아니며 연기의 소산이라는 것을 알려줌으로써 그것에서 벗어나도록 하는 것이 12연기법을 설하는 목적이다.
해탈도를 이루어서 의식·감정·의지를 벗어난 아라한이 그것이 최종적인 깨달음이라고 착각하게 되면 멸진정에 머무르게 된다.
부처님이 대승법을 설하시기 전에는 대부분의 아라한들이 멸진정에 머물러 있었다.
생멸문이 생겨난 원인을 제도하여 윤회의 원인을 끊어버려야 진여문에 들어갈 수 있다.
진여문에 들어간 다음에는 진여수행의 절차를 배워야 한다. 진여문에서는 보현보살이 진여수행을 가르친다.
생멸수행은 견성오도와 해탈도인데 이 해탈도의 마지막이 아라한과이다.
아라한과를 얻은 사람은 두 가지 진로를 선택할 수 있는데 하나는 벽지불의 길이고 또 하나는 보살도의 길이다.

벽지불로 머물려고 해도 12연기법을 알아야 한다.
12연기 수행이 구차제정 수행법이다.
초선정에서부터 9선정까지 선정 체계가 12연기의 과정을 넘어서는 수행법이다.
초선정에서부터 9선정까지의 과정에 견성오도와 해탈도가 포함되어 있다.
견성오도가 초선정에서부터 4선정까지이고, 5선정에서부터 9선정까지가 해탈도 과정이다.
9선정에 들어가면 아라한과 벽지불이 될 수 있다.
여기까지가 생멸수행이다.
그 단계에서 보살도의 심지법을 얻으면 초지보살이 되고 진여수행이 시작된다.

"보살들을 위해서는 6바라밀을 잘 말씀하시어 최상의 깨달음인 아뇩다라삼먁삼보리를 얻어서 일체종지를 이루게 하셨습니다."

보살들을 위해 설하신 6바라밀은 생멸수행의 6바라밀이 아니고 진여수행의 6바라밀이다.
진여수행의 6바라밀과 생멸수행의 6바라밀은 수행의 목적과 방법이 서로 다르다.
생멸수행의 6바라밀은 생멸심과 진여심을 분리시키는 것이 목적이고 견성오도와 해탈도를 통해서 6바라밀을 실천한다.
반면에 진여수행의 6바라밀은 분리시켜놓은 자기 생멸심을 제도하고 불공여래장을 이루는 것이 목적이다. 보살도 10지 과정을 통해 6바라밀을 실천한다.

진여수행의 6바라밀은 세 단계로 나누어서 이루어진다.
첫 번째 단계는 생멸문에 분리시켜 놓은 심·식·의를 제도하면서 이루어진다.
2지 이구지 과정에서부터 6지 현전지까지의 과정에서 진행되는 6바라밀이다. 이 과정을 통해서 분리되었던 심식의는 중간반야를 성취하게 된다.

두 번째 단계의 6바라밀은 생멸문에서 살아가는 반연중생들을 제도하면서 이루어진다. 7지 원행지와 8지 부동지에서 이루어진다.
세 번째 단계의 6바라밀은 10지 법운지에서 이루어진다. 이때에는 생멸문을 이루고 있는 전체 중생들이 제도의 대상이 된다.
이 과정을 통해서 10지 보살은 수능엄삼매를 성취하게 된다. 보살도의 6바라밀 수행을 통해 분리되었던 생멸심은 반야해탈을 이루게 되고 진여보살은 암마라식과 육근원통(六根圓通)을 이루게 된다.
육근원통을 익히기 전에 먼저 초지부터 6지까지의 수행을 통해 암마라식을 체득하고 8지부터 육근원통에 들어간다. 분리시켜놓은 생멸심이 반야해탈을 이루는 것은 6지 현전지에서이다.

진여수행에서 바라밀의 대상이 되는 것은 세 가지이다.
첫째는 생멸문에 분리시켜 놓은 자기 심·식·의이다.
둘째는 각성의 무명적 습성의 제도이다.
셋째는 밝은성품의 자연적 성향의 제도이다.
보살도 바라밀 수행은 10지 체계로 이루어진다.
초지에서부터 10지까지 10단계 수행 체계로 나누어지고 전체 수행 체계가 50단계로 나누어진다. 등각 2단계와 묘각이 더해져서 53단계가 된다.
제1 환희지(歡喜地), 제2 이구지(離垢地), 제3 발광지(發光地), 제4 염혜지(焰慧地), 제5 난승지(難勝地), 제6 현전지(現前地), 제7 원행지(遠行地), 제8 부동지(不動地), 제9 선혜지(善慧地), 제10 법운지(法雲地)가 10지 체계이다.

"아뇩다라삼먁삼보리를 얻어서 일체종지를 이루게 하셨습니다."

다섯 단계의 아뇩다라삼먁삼보리가 있다.
견성오도의 아뇩다라삼먁삼보리, 해탈도의 아뇩다라삼먁삼보리, 보살도의 아뇩다라삼먁삼보리, 등각도의 아뇩다라삼먁삼보리, 묘각도의 아뇩다라삼먁삼보리가 그것이다.
이 대목의 아뇩다라삼먁삼보리는 등각도의 경지를 말한다.

'일체종지(一切種智)'란 대적정과 대자비로 각성의 무명적 습성을 제도하고 생멸문을 제도해서 일심법계를 이룰 수 있는 방법을 아는 것이다.
대적정을 통해 성취한 공여래장과 대자비를 통해 성취한 불공여래장이 함께 갖추어졌다는 말이다.
대적정만을 성취했을 때는 '일체지'를 이루었다고 말한다.

본문

次復有佛。亦名日月燈明。次復有佛。亦名日月燈明。
차부유불. 역명일월등명. 차부유불. 역명일월등명.
如是二萬佛。皆同一字。號日月燈明。又同一姓。
여시이만불. 개동일자. 호일월등명. 우동일성.
姓頗羅墮。
성파라타.

"다음에 또 부처님이 계시었으니 역시 이름이 일월등명이시고, 그다음에 또 부처님이 계시었으니 역시 이름이 일월등명이셨습니다.
이와 같이 이만 부처님이 계시었는데 다 같이 이름이 일월등명이셨고, 성도 똑같이 파라타이셨습니다."

강설

'파라타이'는 끝없이 펼쳐져 있다는 말이다.
'하늘이 파랗다' 할 때 그 '파랗다'와 같은 의미이다.
파라타이족은 '천족(天族)'이다.
하늘에서 내려온 천인이 파라타이족이다.
마고가 파라타이족이고 환웅이 파라타이족이다.
환웅씨가 곧 김씨이다.
'김'이라는 말은 '밝은성품이 끝없이 펼쳐져서 고정된 틀을 이룬 사람'이라는 뜻이다.
'ㄱ'이 밝은성품이 계속해서 생성된다는 뜻이고
'ㅣ'가 사람이라는 뜻이며
'ㅁ'이 고정된 틀이라는 뜻이다.
우리 민족의 조상 중에 단군은 박씨가 되었고 환웅은 김씨가 되었다.
환인은 석씨가 되었고 유인은 유씨가 되었다.
황궁은 황 씨가 되었다.
마고의 자손들이 퍼져 나가면서 여러 성씨의 시조가 되었다.
본래 경주 김씨와 김해 김씨는 환웅의 자손이다.
배달국 환웅의 자손이 김해 김씨이고 배달국에서 떨어져 나간 석가족이 경주 김씨이다.

현겁의 부처님은 대대로 우리 민족에게서 나왔다.
우리 민족은 부처의 유전자를 갖고 있는 종족이다.

본생경에 보면 석가족이 출현하게 된 과정에 대한 법문이 나온다.
본생경은 부처님 전생의 설화를 모아놓은 경전이다.
석가족의 시조는 다섯 형제였다.
이들은 어느 큰 나라의 왕자들이었다.
부왕을 떠나서 장사를 하다가 지금의 카빌라성 자리에 이르렀다. 당시에는 그 자리에 큰 연못이 있었다.
그 연못에는 요괴가 살고 있었는데 그것을 모르는 네 형제들이 물을 뜨러 갔다가 요괴에게 잡아먹혔다.
처음에는 첫째 왕자가 잡아먹혔다.
첫째가 안 돌아오자 둘째가 갔다가 잡아먹혔다.
셋째, 넷째가 가서 안돌아 오자 막내가 이상하게 여겨서 조심스럽게 가보니 형님들의 발자국이 연못으로 향해져 있었다. 하지만 돌아온 자국이 없었다.
필시 연못 속에 문제의 원인이 있다고 생각해서 방비를 단단히 하고 형님들을 불렀다.
그러자 연못에서 큰 용이 솟구쳐 올라와서 막내 왕자를 공격했다.
막내 왕자는 미리 대비하고 있던 터라 용의 공격을 어렵지 않게 피할 수 있었다. 그런 다음 용에게 물었다.

"그대가 나의 형님들을 해쳤는가?"
"그렇다."
"나의 형님들은 그대에게 아무 잘못도 하지 않았는데 어찌 해쳤는가?"
"나의 영역을 침범한 것이 이미 죄이다."
"그러한가? 그렇다면 그대는 언제부터 이 연못의 주인이 되었는가?"
"나는 일만 년 전부터 이곳에서 살았다. 그대들이 태어나기 훨씬 이전부터 나는 이곳의 주인이었다."
"그 이전에는 누가 살았는가?"
"모른다."
"그대가 이곳에서 살기 이전에 이미 이곳은 나의 조상들의 땅이었다. 그렇다면 이곳의 주인은 누구인가?"
"인정하지 못한다. 그대의 조상이 누구인가?"
"나의 조상을 말하기 전에 한 가지 물어보겠다. 천지만물의 주인이 누구인가?"
"모른다."
"그렇다면 다시 묻겠다. 그대는 주인이 있는가?"
"없다."
"왜 그러한가?"
"나는 나로서 존재할 뿐 그 어디에도 속해있지 않기 때문이다."
"그러한가? 그렇다면 다시 묻겠다. 한 나라가 있고 그 나라에는 열 개의 성이 있느니라. 그 성에 각각의 성주가 있는데 그 성에서 사는 백성이 있다면 주인이 있는 존재인가 없는 존재인가?"

"있는 존재이다."

"누가 그의 주인인가?"

"성주이다."

"그렇다면 그 성주는 주인이 있겠는가?"

"있다."

"누구인가?"

"그 나라의 왕이다."

"그렇다. 그렇다. 그 성에 사는 백성은 본디 속한 바가 없는 생명이지만 스스로 삶의 터전을 유지하기 위해 성주에게 세금을 낸다. 그 성주 또한 스스로의 터전을 지키기 위해 왕에게 세금을 낸다. 그와 같은 관계로 인해 누군가에게 속한 바가 되고 그로써 주인을 섬기게 된다. 인간의 왕 또한 천지만물의 주인은 아니니 그 왕국이 속해있는 세계의 일원이며 그 세계의 천주에게 귀속된 존재이다. 때문에 해마다 천제를 지낸다. 천주 또한 최종적인 주인이 아니니 서른세 개로 나누어진 생멸문에 귀속된 존재이다. 왜 그러한가? 겁의 일어남과 겁의 다함에서 벗어날 수 없기 때문이다. 생멸문 또한 스스로가 주인이 아니다. 연기의 굴레에 속해있기 때문이다. 연기는 무명에서 생기며 무명은 자연과 인연에서 생긴다. 자연과 인연은 본연에서 생기며 본연은 본제의 향하문적 성향에서 생긴다. 본제는 불생불멸하고 부증불감하며 불구부정하다. 때문에 오로지 본제만이 홀로 청정하며 홀로 속한 바가 없다. 본제에서 일어난 본연은 환(幻)이며 본연에서 일어난 자연과 인연 또한 환이다. 무명도 환이며 연기도 환이다. 생멸문도 환이며 겁도 환이고 삼십삼천도 환이다.
세계도 환이며 나라도 환이고 왕과 성주와 백성도 환이다. 나와 그대 또한 환일러니, 환이 환을 놓고서 내 것과 네 것을 논하는 것이 허망한 일이다.
그러하되, 그대와 나 천지만물에 성스러움이 있나니 그것이 바로 본제의 면모를 여읜 바가 없다는 것이다.
이러하니 그대 성스러운 이여, 무엇을 내세워서 내 것이라 할 것이며 무엇을 내세워서 속한 바가 없다 할 것인가?
그대와 나는 본제의 실상으로 가는 나그네이다.
어떠한가. 나와 함께 그 여정에 동참해 보지 않겠는가?"

"아! 그대는 정녕 나로 하여금 미혹의 굴레에서 벗어나게 하였도다. 감옥과도 같았던 영겁의 굴레에서 벗어나게 되었으니 참으로 큰 은혜를 입었도다. 부끄럽고 민망해서 몸 둘 바를 모르겠구나. 기꺼이 그대와 함께 본제의 여정에 동참하리라. 이 땅 또한 그대에게 줄 터이니 그 길을 걸어가는 터전으로 삼으라. 나는 그대의 수호신이 되어서 그 여정에 함께 하리라. 또한 그대의 형제들을 돌려주노니 부디 천지만물을 참다운 길로 이끌어 가다오."

용이 내어준 연못을 메꾸어서 그 자리에 성을 세우니 그것이 바로 카빌라성이다.
그 후로 5형제는 그곳을 지나가는 상인들을 보호하며 백성들을 받아들였다.
그 나라가 번창하여 팔만의 기마병을 거느린 대국이 되었다.
그 당시 막내 왕자가 석가모니 부처님의 전생이었다.
도솔천의 호명보살은 전생에 자기가 세운 나라에, 자기 자손으로 태어나서 부처가 된 것이다.

본생경에서는 다섯 왕자가 장삿길을 떠나게 된 연유에 대해서도 말씀하신다.

그때 당시, 다섯 왕자의 생모가 일찍 죽었다.
그래서 이모가 왕비가 되었다.
이모와 부왕 사이에 여섯째 왕자가 태어났다.
왕은 왕자의 탄생을 축하하기 위해 성대한 잔치를 열었다. 그 잔치에서 왕이 세 가지 문제를 내었다.
하지만 아무도 그 문제를 풀지 못했다.
큰 상을 주고 재상의 지위를 준다 해도 푸는 사람이 없었다.
그런데 새로 들어온 왕비가 그 세 가지 문제를 맞히자, 왕이 왕비에게 말했다.

"그대가 원하는 것이 있으면 무엇이든 들어줄 테니 소원을 말해보시오."
"전하! 외람된 말씀이오나 혹시 그 소원을 나중에 말씀드려도 되겠습니까? 지금은 소원이 없습니다. 하지만 전하께서 저의 소원을 언제라도 들어주시겠다 하시면 소원이 생길 때 말씀드리고 싶습니다."
"허허, 그리하시오. 언제든지 말씀만 하시오. 그리하면 그때 소원을 들어드리겠소."
"그러시다면 전하, 그 약조를 문서로 남겨 주실 수 있겠습니까?"
"아무렴요. 내 문서로 남겨 드리리다."
"전하, 혹시 그때 가서 신하들이 반대하면 어찌하오리까?"
"그러면 신하들도 그 약조문에 수결을 하라고 할 것이요. 그리하면 되겠소?"
"예, 전하. 그리하면 되겠습니다."
그래서 왕이 그 증서를 만들어주었다.

그 후 19년이 지났다.
그날은 여섯 번째 왕자의 20세 생일이었다.
생일잔치가 끝나자, 왕이 왕비의 공을 치하했다.
여섯째 왕자는 왕비를 닮아서 총명하고 씩씩했다.
형들하고도 우애가 좋았고 무엇보다도 충심으로 공경하고 받들었다.

다섯 형들도 막내를 사랑했다.
왕의 치하를 받은 왕비가 왕 앞에 엎드려서 감사의 인사를 올렸다. 그러면서 고했다.
"전하! 혹시 19년 전 저에게 해주셨던 약속을 기억하십니까?"
"무슨 약속을 말씀하시는 게요?"
"여섯째가 태어난 날 제가 세 가지 문제를 맞추지 않았습니까? 그때 폐하께서 소원을 말하라고 하시길래 제가 나중에 소원이 생기면 그때 말씀드리겠다고 하니 그리하라고 하셨던 일이 있었습니다. 그러면서 이 약조문을 써 주셨습니다."
그러면서 그때의 약조문을 왕에게 내밀었다.
약조문을 받아본 왕이 그제야 생각난 듯 고개를 끄덕였다.
"그렇지! 그렇지! 이제야 생각이 나는구려. 그래 이제야 소원이 생기셨소?"
"예, 이제야 소원이 생겼습니다."
"그러면 말씀해 보십시오. 내 소원을 들어드리리다."
"전하! 먼저 문무백관들을 소집해 주십시오."
"문무백관을요?"
"그리하옵니다. 전하! 저의 소원은 문무백관이 다 모여야 말씀드릴 수 있습니다"
"허허, 무슨 소원을 말씀하시려고요. 아무튼 알았습니다."

문무백관이 모이자, 왕이 말씀하셨다.

"오늘 왕비께서 19년 전에 말하지 않은 소원을 말씀하신다 하오. 해서 문무백관을 소집한 것이니 지금부터 왕비의 소원을 들어 봅시다."
"전하! 소원을 말씀드리기 전에 다시 한번 여쭙겠습니다. 저의 소원을 반드시 가납해 주시렵니까?"
"그러리다. 약조한 대로 지켜 드리리다"
"그러시면 저의 소원을 말씀드리겠습니다. 여섯째 왕자를 세자로 책봉해 주십시오."
순간 정적이 흘렀다.
왕비의 소원이 너무도 엄청났기 때문이다.
세자는 이미 30년 전에 책봉되어 있었다.
아무리 왕이라도 이 문제만큼은 마음대로 결정할 수 없었다. 왕이 무겁게 입을 열었다.

"왕비의 소원이 실로 엄청나구먼! 왕비! 다른 것은 몰라도 국본을 바꾸는 일은 내 임의대로 할 수 있는 일이 아니요. 이것은 국가 중대사입니다."
"그러하옵니다, 전하! 천비도 알고 있습니다. 하지만 오로지 전하만이 결정할 수 있는 일이기도 합니다. 오늘 이 자리에 문무백관을 불러달라 한 것이 그래서입니다. 정식으로 백관 회의에 이 안을 상정해 주십시오."
간곡하게 왕비가 말하자 왕도 어찌할 바를 몰라 했다.
"문무백관들은 들으시오. 지금 왕비가 말씀하신 내용을 백관 회의에 상정하니 협의해 주시오."
왕의 영이 떨어지자, 재상이 앞으로 나섰다.
"전하! 안건을 상정하는 근거가 무엇이옵니까?"
"이것이요"
왕이 왕비에게서 받은 약속 증서를 재상에게 건넸다.
그때 왕비가 말했다.
"그 증서에는 대왕 전하의 서명과 당시 문무백관의 수결이 날인되어 있습니다. 대신들께서 직접 확인해 주시기를 바랍니다."
약속 증서를 돌려본 대신들이 본인들의 수결이 틀림없음을 확인하고 한숨을 내쉬었다.
재상이 왕에게 아뢰었다.
"전하! 이 안건은 오늘 중으로 결론을 내지 못할 것 같습니다. 허니, 며칠의 말미를 주십시오. 심사숙고하여 협의한 다음 다시 모여서 전하께 아뢰겠습니다."
"그리하도록 하여라. 7일의 말미를 줄 테니 그때까지 협의안을 내도록 하여라."

어전회의에서 상정된 안건이 장자인 태자한테도 보고가 되었다. 태자는 먼저 네 동생을 불러 모았다.
그런 다음 의향을 물었다.
다섯째가 먼저 말문을 열었다.
"형님! 이 일은 오로지 아바마마가 결정하셔야 합니다.

누구도 이 일에 대해서는 자기 의향을 말할 수 없습니다. 다만 저희들은 형님의 의향을 여쭙고 싶습니다."
동생들의 면면을 찬찬히 둘러본 태자가 입을 열었다.
"여섯째는 심성도 착하고 지혜롭다. 능히 나라를 맡겨도 원만하게 다스릴 것이다. 나는 일찍부터 천하를 주유해 보고 싶었다. 이 기회에 세상 밖으로 나가서 뭇 생명들을 만나보고 싶은데 너희들 생각은 어떠냐? 왕국에 갇혀서 사는 것이 답답하지 않으냐?"
"형님, 저희들도 같은 마음입니다. 그렇지 않아도 아우들과 그런 얘기를 나누었습니다. 형님께 간청드리고 싶었는데 그렇게 말씀하시니 너무 좋습니다. 형님! 나랏일은 여섯째와 아바마마께 맡기시고 우리는 장삿길을 떠납시다. 장사를 하면서 이 세상도 돌아보고 새로운 친구들도 사귀어 봅시다."
둘째가 벌떡 일어서서 열변을 토했다.
다섯 형제들은 이구동성으로 서로를 불렀다.
"형님! 아우님!"

만행을 결심한 5형제가 부왕을 찾아뵈었다.
태자가 부왕께 형제들과 상의한 내용을 말씀드렸다.
침울해 있던 부왕의 얼굴에 화색이 돌았다.
약속을 지키자니 세자를 폐해야 하고 약속을 어기자니 군왕으로서 위신이 깎이게 된다.

이러지도 못하고 저러지도 못하고 있는 차에 세자의 말을 들으니 답답했던 가슴이 뻥 뚫리는 느낌이었다.
하지만 한편으로는 세자에게 미안했다.
그래서 선불리 대답을 못하고 있었다.
부왕이 가타부타 말씀이 없으시니 오히려 세자가 조바심이 났다. 공손하게 읍소를 하고 있던 세자가 다시 한번 간청을 드렸다.
"대왕마마, 소자와 형제들은 심사숙고하여 이와 같은 결정을 내렸습니다. 이는 여섯째 동생을 미워해서 내린 결정이 아닙니다. 오히려 저희 형제가 열망하는 일입니다.
아바마마를 곁에서 모시지 못하는 불효, 불충이 있사오나 그 죄만 용서해 주신다면 더할 나위 없이 행복한 일입니다. 부디 떠날 수 있도록 허락하여 주십시오.
더 큰 사람이 되고자 노력하겠습니다."
"허락하여 주십시오!!!"
다섯 형제가 이구동성으로 간청을 드리자 그제야 왕이 고개를 끄덕였다.
"좋다! 좋아! 당장 문무백관을 소집하라!!"
문무백관이 모이자, 왕이 말했다.
"세자의 의향을 들어본바, 세자와 4형제는 만행을 하고자 한다. 하여 세자를 폐하고 여섯째를 세자로 삼겠노라.
이 일을 놓고 다른 의향이 있다면 서슴없이 말하라."
재상이 왕에게 아뢰었다.

"전하! 지난 며칠 동안 소신들도 이 문제를 논의하였으나 별다른 결론을 내지 못했습니다. 하여 전하의 결정에 전적으로 따르는 것이 합당하다고 중지를 모았습니다. 어의가 그러하시다면 소신들은 따르겠습니다."

이미 문무백관들도 약조문에 수결을 한 사람들이 태반이었다. 왕비가 승낙을 요청하면 어쩔 수 없이 들어줘야 하는 입장이었다.
태자 양위식이 끝난 날 다섯 형제가 부왕께 인사를 드렸다. 미안하고 아쉬운 마음에 부왕이 눈시울을 적셨다.
성문을 나서는 다섯 형제의 발걸음은 너무도 가벼웠다.
왕비와 여섯째가 배웅을 나왔다.
첫째가 여섯째를 꼭 껴안으며 당부의 말을 전했다.
"부왕을 잘 모시고 성군이 되거라. 너는 충분한 자격이 있느니라. 네 곁에서 국사를 돕지 못하는 것은 미안하지만 어쩔 수가 없구나. 이 일은 형들이 너무나도 해보고 싶었던 일이란다. 그러니 너도 미안해하지 말거라."
다섯 형제가 차례대로 포옹을 나눈 뒤에 왕국을 떠나갔다.

그로부터 20년 뒤,
다섯 형제가 세운 카빌라국은 날로 융성해 갔다.
다섯 형제가 세운 카빌라국의 소식이 부왕의 귀에 들려왔다. 부왕은 이미 연로해서 여섯째에게 왕위를 물려준 상태였다.
어느 날, 부왕이 다섯 아들이 보고 싶어졌다.
사신을 카빌라국에 보내서 보고 싶은 마음을 전했다.
다섯 아들이 한걸음에 달려와서 부왕을 뵈었다.

당시 다섯 왕자가 살았던 왕국이 배달국이었다.
배달국은 5800년 전에 세워졌다.
카빌라국은 4800년 전에 세워졌다.
석가모니가 태어난 것이 3050년 전이다.
그 사이에 배달국은 고조선으로 바뀌었지만 카빌라국은 부강한 나라로 발전되어 있었다. 석가모니가 태어날 무렵에는 최고의 전성기를 누리고 있었다.

카빌라국의 멸망은 석가모니 당대에 이루어졌다.
카빌라국을 멸망시킨 사람이 사위국의 유리왕이다.
석가족의 멸망에 대한 기록은 경전마다 약간씩 차이가 있다.
다음은 불본행집경의 내용이다.
비사익왕이 부처님의 교화를 입고 부처님의 사촌 누이와 혼인하고자 청혼을 해왔다. 그러나 석가족 사람들은 비사익왕을 좋아하지 않았다.
당시 사위국은 인도의 강대국 중의 하나였다.
때문에 그 청혼을 거절하기가 어려웠다.
석가족 사람들이 의논한 끝에 사촌누이 대신 찰리를 보내기로 했다.
찰리는 부처님의 사촌인 마하니마가 비천한 여인과 관계하여 낳은 딸이었다. 그러나 매우 인물이 좋고 심성이 고왔으므로 비사익왕도 마다하지 않았다.
비사익왕과 찰리 사이에서 유리가 태어났다.
유리는 매우 총명하고 기세가 당당했다. 그러면서도 의협심이 강해서 누구한테도 지는 성미가 아니었다.
유리가 어렸을 때 외가를 찾아갔다. 그때 석가족 사람들은 유리를 비천한 여인의 아들이라고 하면서 매우 천대했다. 앉은 자리를 물로 닦고 걸어다닌 길을 비로 쓸며 음식과 의복도 평등하게 대접받지 못했다.
그 일을 겪으면서 유리는 크게 앙심을 품게 되었다.
그때부터 유리는 석가족을 멸망시키기 위해 기회를 엿보게 되었다.
하지만 아버지 비사익왕이 왕권을 쥐고 있었기 때문에 그 계획을 실행할 수가 없었다.
태자의 이와같은 계획을 알고 있는 장군이 있었다.
그의 이름은 반둘라였다.
반둘라의 삼촌이 제가가라야마였다. 제가가라야마는 죄를 짓고 멸족을 당했다. 혼자 살아남은 반둘라는 국왕에 대한 원한이 있었다.
유리의 마음을 알고 있는 반둘라가 반역을 일으켰다.
비사익왕이 부처님을 친견하기 위해 왕장과 보배를 떼어서 그에게 맡기자, 그것을 들고 도망쳐서 유리에게 바쳤다. 유리는 왕장을 받고 반둘라를 개국공신으로 칭했다. 그런 다음 군대를 풀어서 부왕을 죽이라고 명령했다.

비사익왕은 부처님을 뵙고 흰 쥐와 검은 쥐의 법문을 들었다. 그리고 나서 마가다국으로 피신을 떠났다. 하지만 사위성 근처에서 아들이 보낸 군대에게 잡혀서 죽임을 당했다. 유리는 왕위에 오르자마자 석가족을 섬멸하기 위해 전쟁준비에 박차를 가했다.

그 무렵 부처님은 정관(靜觀)에서 벗어나서 괴로운 표정을 짓고 계셨다.

아난이 여쭈었다.

"세존이시여, 어찌하여 오늘은 안색이 어둡습니까? 성상에 빛이 없고 의복까지 색깔이 변해있습니다."

부처님께서 말씀하셨다.

"머지않아 석가족이 멸망할 때가 오느니라."

그때 옆에 있던 목건련이 말했다.

"신통으로 유리왕의 대군을 다른 세계로 내던지든지 그렇지 않으면 카빌라성에 금망을 치던지 합시다."

부처님께서 말씀하셨다.

"목건련아, 그런 말을 하지 말거라. 너는 숙업을 내던지고 숙업에 금망을 칠 수가 있느냐?"

목건련이 더 이상 말하지 않았다.

"생각으로 지은 업은 생각으로 제지할 수 있어도 행위로

지은 업은 생각으로 제지할 수 없느니라. 하물며 물불을 가리지 않고 날뛰는 아수라의 업이니…"

유리왕이 대군을 이끌고 카빌라성으로 진군할 때 석가모니 부처님은 홀로 서있는 마른나무 밑에 서 있었다.
진군하던 유리왕이 깜짝 놀라서 여쭈었다.
"무엇 때문에 마른나무 그늘에 서 계십니까?"
"아, 친척의 그림자가 차구나."
이 말을 들은 유리 태자의 가슴이 철렁 내려앉았다.
그래서 곧 군대를 돌이켰다.
그러나 마음속의 원한은 버린 것이 아니었다.
유리왕은 세 번을 거듭 진군했다. 하지만 그때마다 부처님에게 가로막혀서 다시 돌아가곤 하였다.
네 번째 진군을 했을 때는 부처님께서 나타나지 않으셨다.
그날 부처님께서는 극심한 두통에 시달리고 있었다.
카빌라성은 일시에 재가 되고 백성들은 처참하게 도륙을 당했다. 그나마 세 차례의 방어를 하면서 많은 일족들이 피난을 하였지만 성안에 남아있던 사람들과 잡혀 온 사람들은 살아남을 것 같지가 않았다.
당시 카빌라성의 왕은 부처님의 사촌 마하니마였다. 아난과 라훌라가 출가를 하면서 왕위가 마하니마로 승계되었다. 대왕 마하니마와 유리의 아버지는 한 스승을 모시고 동문수학한 사이였다. 마하니마가 한 사람의 백성이라도 더 살리기 위해 유리에게 부탁을 했다. 스스로가 물속에 들어가서 죽을 테니 몸이 물속에서 떠오를 때까지는 성문을 열어서 그 동안에 도망치는 백성들은 살려달라고 했다. 유리가 승낙하자 마하니마가 물속으로 들어갔다. 물속으로 들어간 마하니마는 아무리 오랜 시간이 지나도 물 밖으로 나오지 않았다. 너무나도 많은 사람들이 도망치자 유리가 군사를 시켜서 물속을 뒤져보게 했다. 마하니마가 머리를 나무뿌리에 묶고 죽어있었다.
유리왕이 퇴군하고 나서 부처님께서 카빌라성을 방문했다. 살아남은 사람들이 부처님에게 달려와서 한없이 울었다. 부처님께서 말씀하셨다.
"수미산을 머리에 이고 있는 것 같구나."

다음은 대광집경에 나와 있는 석가족의 멸망에 대한 기록이다.

비사익왕이 석가모니 부처님의 교화를 받고 나서 부처님에게 간청했다.
"부처님의 누이동생을 후궁으로 맞아들이고 싶습니다."
부처님께서 말씀하셨다.
"나는 세상을 떠난 출가인이요. 그런 일이라면 부왕께 여쭤보는 것이 좋겠소."
당사자인 공주와 대부분의 석가족들은 비사익왕의 청혼을

탐탁하게 생각하지 않았다.
그러나 정반왕의 생각은 달랐다.
의논 끝에 첩실의 소생인 찰리를 시집보내기로 했다.
비사익왕과 찰리 사이에서 유리가 태어났다.
커서 정반왕과 친척들을 만나겠다고 카빌라성에 왔다.
부처님께서도 당시에 카빌라성에 계셨다.
석가족 사람들은 부처님께 공양하기 위해서 석 자 깊이로 땅을 파고 전단향을 깔았으며 온 나라의 보석을 모아서 정사를 세웠다.
석가모니가 이 정사에 오시기 전에 유리가 먼저 정사를 찾았다. 그 모습을 보고 놀라운 표정을 지으면서 말하였다.
"이루 말할 수 없이 훌륭하구나. 하늘 황제의 궁전이 이러할까? 참으로 장관이구나. 부처님께서는 아직 이 보좌에 오르지 않으셨으나 나도 한번 앉아보고 싶구나."
같이 온 시종 중에 주고마가 있었다.
"태자님, 당신의 신분으로서 무엇을 거리낄 것이 있습니까? 보좌에 앉았다고 해서 나무랄 사람은 없습니다."
그의 말을 들은 유리가 보좌에 앉았다.
이것을 본 석가족의 젊은이들은 큰 소리로 유리를 꾸짖었다.
"부처님의 보좌다. 하늘 황제도 그 신성을 범하지 않는데 첩의 아들 따위가 어떻게 올라 앉느냐?"
그러면서 유리가 앉았던 보좌의 천을 찢어버리고 새로 만들어 씌웠다.

창피를 당하고 정사를 나온 유리는 주고마를 돌아보고 말했다.
"이런 모욕은 없다. 내가 만일 왕이 되면 반드시 이 원수를 갚는다. 너도 결코 잊어서는 안 된다."
"그렇습니다. 반드시 보복의 기회가 올 것입니다."
본국으로 돌아간 유리는 생모에게 매달렸다. 그러면서 제발 세자가 되도록 해달라고 간청했다.
찰리 왕비는 적자가 있었음에도 불구하고 이 일을 비사익왕에게 하소연했다. 왕이 말했다.
"옛날부터 그릇된 일을 하고 창피를 당하지 않은 사람은 없습니다."
왕이 부탁을 들어주지 않으니 말재주 있는 신하들을 꼬드겨서 마침내 나라를 둘로 나누게 되었다.
두 사람의 왕을 세우고 백성들을 둘로 나누어서 다스리게 했다. 이 일이 있고 난 뒤에 비사익왕이 죽었다.
유리는 주고마를 정승으로 임명하고 전쟁 준비에 박차를 가했다. 주고마가 유리에게 말했다.
"석가족에게 받은 모욕을 잊어버리지 않으셨을 것입니다. 준비는 다 되었습니다."
유리가 군사를 이끌고 카빌라성으로 향했다.
진군하는 도중에 반쯤 시들어가는 나무 밑에 앉아있는 석가모니를 만났다. 유리가 앞으로 나아가서 부처님께 정중하게 절하면서 말했다.

"부처시여, 싱싱한 나무들이 많은데 어째서 다 시들어가는 나무 밑에 앉아 계십니까? 어떤 까닭이십니까?"
부처님께서 말씀하셨다.
"왕이여. 이나무의 이름이 왕나무이다. 나는 나와 같이 석가족의 이름을 갖고 있는 이들을 사랑한다. 그대 또한 친척이건만 그대의 그림자는 차갑구나. 석가족의 운명이 이 나무와 같으나 나는 이제 재난에 시들어가는 그들을 구제하고자 한다."
부처님의 말씀을 들은 유리는 석가족을 치려는 무도함을 부끄러워하고 본국으로 돌아갔다.
어느날 주고마가 천문을 보고 석가족의 운명이 이미 다한 것을 알았다. 다시 군대를 동원해서 석가족을 치자고 왕에게 말했다. 왕이 진군을 해서 카빌라성 앞에 이르렀다. 카빌라성에서 세찬 바람처럼 날아오는 화살에 깃대가 부러지고 갑옷이 찢어졌다. 말들이 놀라서 달아나고 병사들도 겁을 먹고 한 걸음도 나아가지 못했다. 왕도 공포에 질려서 퇴군했다.
전열을 가다듬은 유리왕이 세 번째 침공을 해왔다.
목갈라나가 유리왕을 혼내주려고 부처님께 말씀드렸다.
"저는 아라한의 위신력으로 하늘 그물을 만들어 석가족의 성을 사십리 넓이로 둘러싸겠습니다. 그렇게 하면 저 왕이 석가족을 어찌하지 못할 것입니다."
목갈라나의 말을 듣고 부처님께서 말씀하셨다.

"이것은 숙업의 일이다. 석가족의 죄업으로 받는 일이니 어찌할 수 없다."
"그러면 다른 세계로 석가족을 보내버리면 구원받을 수 있지 않습니까?"
"목갈라나야, 무슨 짓을 해도 죄업은 소멸되지 않느니라."
부처님께서 슬픈 눈으로 말씀하셨다.
목갈라나가 말하였다.
"부처님, 형태가 있는 업보라면 저의 신통력으로 어떻게든 할 수가 있지만 형태가 없는 죄는 어쩔 도리가 없습니다."
"그렇다. 악의 씨를 뿌리면은 반드시 화가 오느니라. 이 과보는 아무도 어찌할 수가 없느니라. 목갈라나야, 시험삼아 석가족의 아이를 한사람 골라서 신통력으로 작게 하여 나의 쇠바리때 안에 넣어 보려무나. 그 사실 여부를 알게 될 것이다."
목갈라나는 부처님의 말씀대로 한 아이를 골라서 부처님의 쇠바리때 안에 피신시켰다. 그곳은 전쟁의 재난이 미치지 않는 가장 안전한 장소였다.
세 번째 침입을 받은 석가족은 호다리를 철거하고 성문을 닫고 굳게 방어하고 있었다. 그때 악마가 덕이 높은 노인으로 둔갑하여 성안으로 들어갔다. 그런 다음 석가족이 방심한 틈을 타서 성문을 열었다. 유리왕의 군대가 성난 파도처럼 성안으로 밀려 들어왔다.
당시 석가족의 대장은 석마난이었다.

이 상황을 보고 도저히 막을 수 없다고 판단하고 어떻게 하든지 백성들을 구하고자 단신으로 유리왕을 만났다.
석마난과 비사익왕은 동문수학한 사이였다. 유리도 그 인연을 잘 알고 있었다. 비록 적군의 수장이지만 예우를 다해 대면했다. 석마난이 말했다.
"왕이시여, 내가 물속에 들어가서 나올 때까지 진군을 멈춰주십시요. 그 동안에라도 죄 없는 백성들을 성 밖으로 내보내어 목숨을 구해주고 싶습니다."
석마난의 간절한 소원을 들은 유리왕이 그리하라고 허락했다. 석마난이 크게 기뻐하며 부처님 계신 곳을 향해 작별의 인사를 올렸다.
"아깝지 않은 저의 목숨을 바쳐서 죄 없는 사람들을 구해주고 싶습니다. 원컨대 시방사람들이 모두 부처님의 가르침을 받들며 이기심을 버리고 남을 위해 힘쓰며 해와 달의 은혜도 알 수 있도록 하고 싶습니다. 그리하여 호랑이나 독사처럼 중생을 해치는 저 무도한 왕과 같이 되고 싶지 않습니다."
부처님 계신 곳을 향해서 머리를 조아리고 눈물을 흘리던 석마난이 기쁜 마음으로 물속에 몸을 던졌다. 그런 다음 깊은 밑바닥 나무에 머리를 묶고 목숨을 끊었다.
석마난이 물속에 있는 동안 수많은 백성들이 성 밖으로 피신했다.
한참을 지나도 석마난의 몸이 떠오르지 않자 유리왕이

군사를 시켜서 물속을 수색했다. 석마난이 죽었다는 보고를 받은 왕이 성안으로 진격했다. 그런 다음 남아있는 백성들을 무참하게 살육했다.

당시 석가모니 부처님은 극심한 두통에 시달리고 있었다. 범천왕과 제석천왕, 사천왕들도 모두 합장하고 부처님 곁에서 마음 아파하고 있었다.
석가족에게는 세 개의 성이 있었다.
그 중 한 개의 성이 함락되고 두 개의 성이 남아 있었다.
유리왕은 석마난이 목숨을 바쳐서 백성들을 구하는 모습을 보고 자기가 무자비했음을 깨닫게 되었다. 고민 끝에 군사를 거두어 돌아가 버렸다.
유리왕이 사자를 보내서 부처님께 경의를 표했다.
"오랜 원정 끝에 휘하의 군대도 지쳤기에 귀국하여 피로를 풀기로 하였습니다. 훗날 찾아뵙고 가르침을 청하겠습니다."
사자의 말을 듣고 부처님께서 그 예를 받으셨다.
아난이 그 모습이 못마땅해서 정색하고 여쭈었다.
"부처님에게 허례는 없다고 생각합니다. 어찌하여 저 무도한 왕의 예를 받으셨습니까?"
"아난아, 석가족의 죄는 이것으로 소멸되었다. 앞으로는 유리왕이 그 죄보를 받을 것이다. 이레 안에 지옥의 귀신이 왕과 그 백성들을 불로써 공격할 것이다. 왕의 죄가 구제받을 수 없는 것은 석가족의 죄가 구제받을 수 없는 것과 마찬가지니라. 아난아, 아까 목갈라나가 쇠바리때에 숨겨 줬던 아이를 꺼내 보거라. 그도 또한 그 죄를 모면할 수가 없었을 것이다."
아난이 쇠바리때 속을 보니 석가족의 아이도 숨이 끊어져 있었다.
석가모니께서 제자들을 데리고 침공당했던 성을 찾았다. 이미 죽은 사람도 있고 팔다리가 끊어져서 신음하는 사람들도 있었다.
석가모니를 보고 숨이 남아있는 사람들이 한목소리로 염원했다.
"부처님께 귀명합니다. 가르침에 귀명합니다. 성중에 귀명합니다. 아무쪼록 시방 사람들이 길이길이 영안하여 우리와 같은 과보를 받지 않기를 소원합니다."
그 모습들이 가엽고도 갸륵하였다.
석가모니께서 제자들을 향하여 설법하셨다.
"포악한 왕은 스스로 죄를 지었다. 이윽고 그 재난이 도래할 것이다. 백성이나 사냥꾼이 전륜성왕이 되지 못하는 것은 평등 자비의 정신으로써 일체중생을 불쌍하게 여기는 마음이 없기 때문이다. 저 왕도 무자비의 과보로 그 자리에 머물러있지는 못한다."
이 말씀을 듣고 제자들이 유리왕이 받을 운명을 불쌍히 여겼다.

유리왕이 어느 날, 호숫가를 노닐다가 주종들과 함께 목욕을 했다. 그때, 신이 독벌레로 변해서 그들을 쏘았다. 독벌레에 쏘인 사람들은 몸이 시커멓게 변해서 물속에서 죽었다. 어떤 사람들은 물 밖으로 나와 몇 발짝 걷다가 죽기도 하였다. 겨우 절반만이 살아서 성으로 돌아왔다. 성안에서는 흉악한 귀신이 구름같이 모여 밤이 되면 괴상한 목소리를 내고 집이 흔들렸다. 사람들은 공포에 떨며 한데 모여서 밤이 새기를 기다렸다. 그것뿐이 아니었다. 일식 월식이 반복해서 일어났고 별자리가 어지러워졌다. 괴변이 꼬리를 물고 일어났으므로 백성들이 한결같이 유리왕을 원망했다.

유리왕은 석가모니께서 불의 변괴가 일어난다고 말씀하셨다는 소리를 듣고 내심 크게 놀라서 사자를 부처님에게 보내서 가르침을 물었다.

부처님이 사자에게 말씀하셨다.

"죄업은 반드시 갚아야 한다."

사자의 말을 전해 들은 왕과 백성들은 크게 술렁였다.

유리왕은 신하들을 모아놓고 이 재난을 피할 수 있는 방법에 대해 의논했다. 어떤 사람은 산으로 가자 하고 어떤 사람은 물로 가자 하였으나 결국 배를 타고 바다로 도망치기로 했다. 유리왕은 가까운 신하와 후궁들과 첫 번째 배에 탔다. 배가 노를 젓자마자 하늘 한 모퉁이에서 검은 구름이 솟아났다. 온통 하늘은 먹칠을 한 것처럼 어두워지고 세찬 비바람이 불어오기 시작했다. 산더미 같은 파도에 휩쓸린 배는 풍전등화처럼 위태로워졌다. 오로지 침몰하지 않기만을 기다릴 뿐이었다.
신하들이 저마다 한입으로 말했다.
"악왕의 횡포 때문에 이런 화를 입게 되었다."
서로 울부짖으며 욕지거리를 하였다.
낮이 되자 갑자기 태양이 이글이글 불처럼 내리쬐었다. 더위를 참을 수 없게 된 사람들이 옷을 벗어서 뱃전에 던져놓았다. 유리왕의 옷에 부싯돌이 들어 있었는데 그 옷에서 불길이 일어났다. 유리왕이 탄 배가 타기 시작하더니 주변의 배들로 불이 옮겨붙기 시작했다. 그 모습이 생지옥과 같았다. 바닷가에 남은 가난한 사람들은 무서운 일을 당하기는 하였으나 다행하게 목숨은 건질 수가 있었다. 석가모니는 이날 밤 이 비참한 현실을 보시고서 깊은 자비 선정에 들어가 온종일 방 안에서 나오지 않으셨다.
이튿날 아침에 부처님께서 선실에서 나오셨다.
아난이 여러 사람을 대신하여 두 나라 간의 재난과 변괴의 원인을 묻고 재난과 행복이 어떤 과보로 생기는지 알려 달라고 청했다. 이에 부처님께서 다음과 같이 말씀하셨다.
"옛날 세 나라가 서로 이웃하고 있었다. 부처가 세상에 나오기 까마득하게 먼 시대라 그 가르침도 행해지지 않던 시대였다. 어느 한 나라는 못과 호수가 많아서 물고기가 많이 잡혔다. 이웃 나라 사람들은 그 고기를 사서 자기 나라로 돌아갔다. 제일 먼 나라에서는 이 일을 알지 못했으므로 고기를 사지 못하였다.

고기를 잡은 나라의 사람들은 지금의 석가족 중에 피살된 사람들이다. 물고기를 사서 무참히도 먹은 사람들은 배로 도망하려다가 죽은 사람들이다. 먼 나라이어서 아무 것도 모른 사람들은 유리왕이 쳐들어온 것도 모르는 석가족의 다른 사람들이다. 나는 당시에 고기가 머리 잘린 것을 보고 '맛있겠다'라고 소리쳤다. 때문에 지금은 이미 부처가 되고 삼계의 성자가 되었음에도 두통이 일어나는 과보를 피할 수가 없었다. 하물며 필부가 어찌 그 과보를 피할 수가 있겠느냐. 대중이여, 덕과 은혜를 명심하고 절대로 살생의 죄업을 쌓아서는 안되느니라. 남을 죽이는 것은 자기를 죽이는 것이요, 남을 살리는 것은 스스로가 태어나는 것이다. 선을 베풀면 복이 따르고 악을 행하면 화가 붙는다. 그것은 마치 메아리가 소리를 따르는 것과 같고, 그림자가 형태를 쫓는 것과 같느니라.

두 나라의 사변을 거울삼아서 반드시 인애의 도를 지키고 흉악하고 난폭한 행동을 해서는 안되느니라."

석가족의 멸망에 대한 말씀은 여러 경전에서 다루어진다. 다른 경전에서는 부처님과 유리왕의 만남에 대해서 말씀하신다.

유리왕의 침공이 이루어지기 전에 부처님께서 유리왕을 찾았다. 신통으로 왕궁에 들어갔기 때문에 병사들이 알아채지 못했다. 당시 유리왕은 석가족을 토벌하기 위해서 전쟁 준비에 박차를 가하고 있었다. 뜻하지 않은 손님을 맞이한 유리가 병사들을 불렀다. 하지만 병사들이 들고 있던 창과 칼이 꽃잎으로 화해서 흩어지는 것을 보고 대항하기를 포기했다. 유리왕과 부처님은 친척이었다. 유리는 아버지 비사익왕을 따라서 여러 번 부처님을 친견했었다. 낯선 침묵을 깨고 부처님께서 말씀하셨다.
"죄업으로 생긴 과보는 피할 수가 없다. 하지만 무도한 살생도 하면 안 된다. 너의 생각은 잘 알고 있으나 내 말을 따르거라.
석가족의 일은 이리하여라.
출가한 이나 출가하려 하는 이는 해치지 말거라.
카빌라성을 떠난 사람은 해치지 말거라.
그 이외의 사람들에 대해서는 너의 처분에 맡기겠다.
다만, 숫도다나왕이 세상을 떠난 뒤에 그리하여라."
부처님의 말씀을 듣고 난 유리가 고개를 끄덕였다.

유리와 상의를 마친 부처님은 카빌라국으로 향했다.
숫도다나왕을 만난 부처님은 유리의 뜻을 전했다.
부처님이 부왕에게 말했다.
"카빌라국을 세운 지 1800년이 지났습니다.
그동안 모국이었던 배달국도 고조선으로 바뀌었고 지금은

고조선마저도 위태로운 상황입니다.
파라타이 일족이 순수혈통을 이어가고 있는 곳은 오로지 카빌라국 뿐입니다.
마고의 후손 중 백소씨와 흑소씨는 일찍이 법을 잃어버렸고 청궁씨 또한 피를 섞어서 순수 혈통을 잃어버렸습니다. 황궁씨 일족만이 법을 지키면서 순수 혈통을 이어왔는데 이제 그마저도 지키지 못하게 되었습니다.
이번에 비사익왕과 유리의 일도 결국에는 순수 혈통을 지키고자 하는 노력에서 생긴 피치 못할 선택이었습니다. 이제 혈족의 과보가 도래했습니다.
아바마마! 지금 이 시점에서 중요한 것은 두 가지입니다.
하나는 혈족을 보존하는 것입니다.
또 하나는 법의 전통이 끊이지 않도록 하는 것입니다.
혈족의 보존을 위해서는 나라를 버려야 합니다.
카빌라국을 버리고 혈족이 이주를 해야 합니다.
카빌라국은 아버님 대에서 문을 닫을 것입니다.
향후 600년 뒤에 멀리 동쪽 땅에서 순수 혈족이 세운 나라가 생깁니다. 그 나라의 이름은 가야이며 그 나라의 왕은 수로입니다.
그 나라는 환웅의 순수 혈족이 세운 나라입니다.
그 나라로 혈족을 이주시켜야 합니다.
그 나라 이후로도 또 하나의 나라가 생깁니다.
그 나라의 이름은 신라입니다.

신라는 환인의 후예와 환웅의 후예, 단군의 후예가 함께 세운 나라입니다.
우리 혈족이 그 나라의 왕이 될 것입니다.
법의 전통도 그 두 나라로 이어질 것입니다.
가야에는 비밀스러운 법이 전해질 것이며 신라에는 드러난 법이 이어질 것입니다.
가야의 후손과 신라의 후손들이 번창해서 파라타이 일족의 혈통이 현겁 안에서는 끊어지지 않을 것입니다.
아바마마! 그 두 가지 일을 준비하려면 다섯 혈족이 모여야 합니다. 혈족 회의를 소집해 주십시오."

부처님의 말씀을 들은 숫도다나왕이 안도의 한숨을 쉬었다.
"그렇군요. 부처님께서 그리 말씀하시니 이제 안심이 됩니다. 조상님 앞에 가서도 면목이 설 것이고 무엇보다도 혈족이 번창한다니 그것이 가장 기쁩니다."

석가족은 다섯 부족으로 이루어져 있었다.
처음 나라를 세울 때 함께했던 다섯 형제가 다섯 부족의 조상이 되었다.
숫도다나왕은 다섯째 왕자의 후손이었다.
네 형들의 자손이 귀족이 되고 다섯째의 후손이 왕이 되었다. 다섯 혈족이 모이자 부처님께서 유리왕과의 협의에 대해 말해 주었다. 그리고 미래를 위한 계획을 설명해 주었다. 그런 다음 혈족을 셋으로 나누었다.
먼저 출가할 무리와 이동할 무리로 나누고 이동할 무리를 둘로 나누었다. 그렇게 파라타이 혈족을 지키기 위한 부처님의 안배가 진행되었다.

그로부터 600년 후 가야국이 세워졌다.
그곳에서 배달국의 자손과 석가족의 후예들이 만나게 된다.
김수로왕은 치우천황의 자손이다.
치우가 구리족과 합병하기 전에 낳은 자손들이 한반도로 이주해 와서 세운 나라가 가야이다.
환웅의 자손들은 천하의 강과 바다를 지배했다.
신시를 열 때도 강과 바다를 활용해서 혈족의 소집령을 내렸고 세계 각지에 문물을 전하는 것도 강과 바다를 활용했다.
치우 또한 자기 자손들을 강과 바다로 내보냈다.
아홉 부족과 합병해서 고조선을 세운 다음에는 스스로의 혈족을 분리시켰다.
그 후 치우의 자손들이 정착한 곳이 한반도였다.
치우의 자손들은 철기 제조 기술을 갖고 있었다.
운석을 가공해서 철기를 만들 만큼 최고 수준의 철기 제련술을 갖고 있었다.
그 기술을 바탕으로 천하를 지배했고 부를 축적했다.
세계 각지에 철기 문명을 전한 것이 환웅의 자손들이었다.

가야 또한 철기 문명을 기반으로 세워진 나라였다.
환웅의 철기 제련술은 직계 자손에게만 전수가 되었다.
김수로왕도 철기 제련술을 갖고 있었다.
가야는 고조선이 패망하기 이전에 세워진 나라였다.
고조선이 청동기 문명을 갖고 있을 때 가야는 철기 문명을 갖고 있었다.

허황후는 석가족의 후예였다.
부처님의 안배에 의해 600년 전 카빌라국을 떠났던 석가족이 허황후 일족이다.
허황후는 숫도다나왕의 후손이다.
부처님의 아들인 라훌라는 비밀스러운 법의 전수자였다.
부처님께서는 라훌라에게 밀법을 전해주면서 두 가지 사명을 맡기셨다.
첫 번째 사명은 법의 전수였다.
두 번째 사명은 자손의 보존이었다.
법의 전수는 오로지 파라이타족에게만 이어지도록 했다.
자손의 보존을 위해서는 600년 후에 가야국으로 이주해 가도록 했다.

라훌라의 밀법을 전수받은 사람이 장유화상이다.
장유화상이 라훌라의 직계 자손이었다.
장유화상은 밀교 경전과 파사석탑을 가지고 가야에 들어왔다. 그로 인해 가야에 밀교 문화가 꽃피워졌다.
허황후는 김수로왕과의 사이에서 일곱 왕자를 낳는다.
장유화상은 일곱 왕자에게 부처님의 가르침을 전한다.
전하는 말에 의하면 일곱 왕자를 가르치기 위해 지리산에 칠불사를 지었다 한다.
김수로왕의 후손들이 김해 김씨이다.
현재 대한민국에서 가장 큰 씨족 집단이 김해 김씨이다.
김해 김씨와 경주 김씨를 합치면 1000만 명이 넘는다 한다.
우리 민족은 파라타이족이다.

본문

彌勒當知。 初佛後佛皆同一字。 名日月燈明。 十號具足。
미륵당지. 초불후불개동일자. 명일월등명. 십호구족
所可說法 初中後善。 其最後佛未出家時。 有八王子。 一
소가설법 초중후선. 기최후불미출가시. 유팔왕자. 일
名有意。 二名善意。 三名無量意。 四名寶意。 五名增意。
명유의. 이명선의. 삼명무량의. 사명보의. 오명증의.
六名除疑意。 七名響意。 八名法意。 是八王子。 威德自
육명제의의. 칠명향의. 팔명법의. 시팔왕자. 위덕자
在。 各領四天下。 是諸王子。 聞父出家得阿耨多羅三藐三
재. 각령사천하. 시제왕자. 문부출가득아누다라삼먁삼

菩提. 悉捨王位 亦隨出家. 發大乘意 常修梵行. 皆爲法
보리. 실사왕위 역수출가. 발대승의 상수범행. 개위법
師. 已於千萬佛所植諸善本. 是時日月燈明佛. 說大乘經.
사. 이어천만불소식제선본. 시시일월등명불. 설대승경.
名無量意敎菩薩法佛所護念. 設是經已. 卽於大衆中結跏
명무량의교보살법불소호념. 설시경이. 즉어대중중결가
趺坐. 入於無量義處三昧. 身心不動. 是時天雨曼陀羅華.
부좌. 입어무량의처삼매. 신심부동. 시시천우만다라화.
摩訶曼陀羅華陀羅華. 曼殊沙華. 摩訶曼殊沙華. 而散佛
마하만다라화다라화. 만수사화. 마하만수사화. 이산불
上及諸大衆. 普佛世界六種震動. 爾時會中比丘比丘尼優
상급제대중. 보불세계육종진동. 이시회중비구비구니우
婆塞優婆夷. 天龍夜叉乾闥婆阿修羅迦樓羅緊那羅摩睺羅
바새우바이. 천용야차건달바아수라가루라긴나라마후라
伽人非人. 及諸小王轉輪聖王等. 是諸大衆得未曾有.
가인비인. 급제소왕전륜성왕등. 시제대중득미증유.
歡喜合掌一心觀佛. 爾時如來放眉間白豪相光. 照東方萬
환희합장일심관불. 이시여래방미간백호상광. 조동방만
八千佛土. 靡不周徧. 如今所見是諸佛土. 彌勒當知. 爾時
팔천불토. 미불주변. 여금소견시제불토. 미륵당지. 이시
會中有二十億菩薩. 樂欲聽法. 是諸菩薩見此光明普照佛土.
회중유이십억보살. 요욕청법. 시제보살견차광명보조불토.

得未曾有欲知此光所爲因緣。時有菩薩。名曰妙光。有八百
득미증유욕지차광소위인연. 시유보살. 명왈묘광. 유팔백
弟子。是時日月燈明佛從三昧起。因妙光菩薩說大乘經。
제자. 시시일월등명불종삼매기. 인묘광보살설대승경.
名妙法蓮華敎菩薩法佛所護念。六十小劫不起于坐。時會
명묘법연화교보살법불소호념. 육십소겁불기우좌. 시회
廳者亦坐一處。六十小劫身心不動。廳佛所設謂如食頃。
청자역좌일처. 육십소겁신심부동. 청불소설위여식경.
是時衆中。無有一人若身若心而生懈倦。日月燈明佛。於
시시중중. 무유일인약신약심이생해권. 일월등명불. 어
六十小劫說是經已。卽於梵魔沙門婆羅門及天人阿修羅衆
육십소겁설시경이. 즉어범마사문바라문급천인아수라중
中。而宣此言。如來於今日中夜當入無餘涅槃。時有菩薩。
중. 이선차언. 여래어금일중야당입무여열반. 시유보살.
名曰德藏。日月燈明佛。卽授其記。告諸比丘。是德藏
명왈덕장. 일월등명불. 즉수기기. 고제비구. 시덕장
菩薩。次當作佛。號曰淨身多陀阿伽度阿羅訶三藐三佛陀。
보살. 차당작불. 호왈정신다타아가도아라하삼먁삼불타.
佛授記已。便於中夜入無餘涅槃。佛滅度後。妙光菩薩。
불수기이. 변어중야입무여열반. 불멸도후. 묘광보살.
持妙法蓮華經。滿八十小劫爲人演說。日月燈明佛八子。
지묘법연화경. 만팔십소겁위인연설. 일월등명불팔자.

皆師妙光。 妙光敎化。 令其堅固阿耨多羅三藐三菩提。
개사묘광. 묘광교화. 영기견고아뇩다라삼먁삼보리.
是諸王子。 供養無量百千萬億佛已。 皆成佛道。 其最後成
시제왕자. 공양무량백천만억불이. 개성불도. 기최후성
佛者。 名曰然燈。 八百弟子中有一人。 號曰求名。 貪著
불자. 명왈연등. 팔백제자중유일인. 호왈구명. 탐착
利養。 雖復讀誦衆經 而不通利。 多所忘失。 故號求名。
이양. 수부독송중경 이불통리. 다소망실. 고호구명.
是人亦以種諸善根因緣故。 得値無量百千萬億諸佛。 供養
시인역이종제선근인연고. 득치무량백천만억제불. 공양
恭敬尊重讚歎。 彌勒當知。 爾時妙光菩薩。 豈異人乎。
공경존중찬탄. 미륵당지. 이시묘광보살. 기이인호.
我身是也。 求名菩薩汝身是也 今見此瑞與本無異。 是故
아신시야. 구명보살여신시야. 금견차서여본무이. 시고
惟忖。 今日如來當說大乘經。 名妙法蓮華敎菩薩法佛所護
유촌. 금일여래당설대승경. 명묘법연화교보살법불소호
念。 爾時文殊師利。 於大衆中。 欲重宣此義。 而說偈言。
념. 이시문수사리. 어대중중. 욕중선차의. 이설게언.

"미륵보살은 당연히 아십시오. 첫 부처님이나 나중 부처님의 이름이 다 같아서 일월등명이시고, 열 가지 명호를 구족하셨고, 설하시는 법문도 처음과 중간과 끝이 모두 훌륭하셨습니다.

그 최후의 부처님이 출가하기 전에 여덟 왕자가 있었으니, 맏이는 유의, 둘째는 선의, 셋째는 무량의, 넷째는 보의, 다섯째는 증의, 여섯째는 제의의, 일곱째는 향의, 여덟째는 법의였습니다. 이 여덟 왕자는 위엄과 덕이 자유자재하여 각각 사천하를 거느렸는데, 이 왕자들이 부왕이 출가하여 최상의 깨달음을 얻으신 줄을 알고는 모두 왕위를 버리고 부왕을 따라 출가하여 대승의 뜻을 내어 항상 범행을 닦아 모두 법사가 되었으며, 천만억 부처님이 계신 곳에서 여러 가지 선한 근본을 심었습니다. 이때 일월등명불이 대승경전을 설하셨으니 이름이 무량의경이었습니다. 보살들을 가르치는 법이며 부처님께서 마음에 간직하시고 아끼시는 법입니다. 이 경을 말씀하시고는 대중들 가운데서 결가부좌하시고 무량의처라는 삼매에 들어가시어 몸도 마음도 동요하지 아니하였습니다.

그때 하늘에서 만다라꽃, 마하만다라꽃, 만수사꽃, 마하만수사꽃이 비 오듯 내리어 부처님 위와 대중들에게 비 오듯 흩뿌리며 넓은 부처님의 세계가 여섯 가지로 진동하였습니다. 그때 법회에 모여있던 비구, 비구니, 우바새, 우바이, 천신, 용, 야차, 건달바, 아수라, 가루라, 긴나라, 마후라가, 사람과 사람 아닌 이와 여러 소왕과 전륜성왕 등 여러 대중들이 전에 없던 일을 만나 환희하여 합장하고 일심으로 부처님을 바라보고 있었습니다. 이때 부처님께서 미간의 백호상에서 광명을 놓아 동방의 일만팔천 세계를 비추시니 모든 불국토가 눈앞에서 보는 것처럼 펼쳐졌습니다. 미륵은 아십시오. 그때 모인 대중 가운데 20억 보살이 법을 들으려 하다가, 그 보살들이 이 광명이 여러 세계에 비침을 보고 전에 없던 일을 얻고는 이 광명이 비치는 인연을 알고자 하였습니다. 그때 한 보살이 있었는데 이름이 묘광이었으며, 팔백 제자를 데리고 있었는데 이때 일월등명불이 삼매에서 일어나 묘광보살로 인하여 대승경전을 말씀하셨으니, 이름이 묘법연화경이었습니다. 이 경은 보살들을 가르치는 법이며 부처님께서 마음에 간직하고 아끼시는 법입니다. 육십소겁 동안을 자리에서 일어나지 않으시었고 그때 듣는 이들도 한곳에 앉아서 육십소겁 동안 몸과 마음을 동요하지 않고 앉아 부처님의 말씀을 들었는데 마치 밥 한 끼 먹는 시간과 같은 느낌이었습니다. 그때 대중 가운데 한 사람도 몸이나 마음에 권태로운 생각을 내는 이가 없었습니다. 일월등명불이 육십소겁 동안 이 경전을 설하시고는 곧 범천과 마군과 사문과 바라문과 천신과 사람과 아수라들 가운데서 이렇게 말씀하였습니다. '여래는 오늘 밤중에 무여열반에 들리라.' 그때에 한 보살이 있었는데 이름이 덕장이었습니다. 일월등명불께서 그에게 수기를 주시면서 비구들에게 이렇게 말씀하셨습니다. '이 덕장보살이 다음에 성불하여 이름을 정신다타아가도 아라하삼먁삼불타라 하리라'. 부처님께서 수기를 주어 마치시고 그날 밤중에 무여열반에 드시었습니다. 그 부처님께서 열반하신 뒤에 묘광보살이 묘법연화경을 가지고 팔십소겁 동안 사람들에게 설하였는데, 일월등명불의 여덟 왕자가 모두 묘광보살을 스승으로 삼았고 묘광보살은 그들을 교화하여 아녹다라삼먁삼보리를 견고하게 하였습니다.
그 왕자들은 한량없는 백천만억 부처님께 공양하고 나서 모두 불도를 이루었는데 맨 나중에 성불한 분의 이름이 연등불이었습니다. 묘광보살의 팔백 제자 중 한 사람의 이름이 구명이니 이익과 공양을 탐하고, 여러 경전을 읽기는 하였지만 뜻을 분명하게 알지 못하고 많이 잊어버리므로 구명이라 이름하였습니다. 그러나 이 사람도 선근을 심은 인연으로 한량없는 백천만억의 수많은 부처님을 만나 뵙고 공양하고 공경하며, 존중하고 찬탄하였습니다. 미륵은 아십시오. 그때의 묘광보살은 딴 사람이 아니라 곧 나 문수며, 구명보살은 그대였습니다. 이제 이 상서를 보니 예전과 다르지 아니합니다. 그러므로 오늘 여래께서 마땅히 대승경전을 설하시리니 이름은 묘법연화경이며 보살들을 가르치는 법이며 부처님이 마음에 간직하시고 아끼시는 바라 생각합니다."
그때 문수사리보살이 대중 가운데에서 이 뜻을 거듭 펴려고 게송으로 말하였다.

강설

"이때 일월등명불이 대승경전을 설하셨으니 이름이 무량의경이었습니다. 보살들을 가르치는 법이며 부처님께서 마음에 간직하시고 아끼시는 법입니다. 이 경을 말씀하시고는 대중들 가운데서 결가부좌하시고 무량의처라는 삼매에 들어가시어 몸도 마음도 동요하지 아니하였습니다."

"무량의처삼매(無量義處三昧)"

'무량의'라는 말은 두 가지 의미가 있다.
하나는 유상적 의미이다.
또 하나는 무상적 의미이다.

유상적 의미 또한 두 가지가 있다.
하나는 셀 수 없이 많은 중생의 성향이라는 의미이다.
생명은 각각마다 서로 다른 관점의 인식 체계를 갖고 있다. 그런 인식 체계의 다양성을 무량의라 한다.
부처님이 무량의처삼매에 들면 육백만억 일법계에 존재하는 모든 생명의 마음을 낱낱이 살필 수 있다.
그러면서 모든 생명들의 근기를 알게 된다.
근기를 알게 되면 각자의 근기에 맞추어서 설법을 해주신다. 그러기 위해서 무량의처삼매에 드신다.

또 하나는 '무한하게 펼쳐진, 있음(有)'이라는 뜻이다.
무한하게 많은 존재들, 무한하게 많은 세계들, 무한하게 펼쳐진 공간이 '있음(有)'이며 무량의이다.
이런 여래장계에 부처님의 밝은성품을 펼쳐놓은 것이 무량의처삼매이다. 이것을 일러 〈등각행〉이라 한다.

등각보살은 자기 생명력을 펼쳐서 생멸문 전체를 덮을 수 있다. 그럼으로써 그 생멸문에서 살아가는 모든 생명들과 교류할 수 있다. 그 생멸문 안에 존재하는 모든 세계와도 교류할 수 있고 아주 작은 티끌조차도 인식할 수 있다. 등각보살이 자기 밝은성품을 펼쳐서 생멸문을 덮으면 모든 물질과 모든 생명과 모든 세계가 다 등각보살의 품 안으로 들어가게 된다.

석가모니 부처님께서도 무량의처삼매로써 여래장계 육백만억 불세계를 덮고 계신다.

무량의의 무상적 의미는 '적멸상'이다.
이는 본성을 이루는 세 가지 요소 중 간극의 상태를 말한다. 무념과 무심 사이에 끼어 있는 간극은 형상도 아니고 느낌도 아니다. 각성 또한 아니다.
무념과 무심은 다른 형질로써 차이가 있지만 간극은 그런 차이가 없다.
간극의 그런 성향은 홀로 존재할 때는 인식되지 않는다.
상대적 경계가 있을 때 간극이 인식된다. 무념과 무심은 간극을 인식하기 위해 세워진 상대적 경계이다.
그 모습이 적정하기 때문에 '상대적 공'이라 한다.
그에 비견해서 간극은 '절대적 공'이라 한다.
무념·무심을 통해 간극을 세우고 그 간극에 들어앉아 있는 것을 대적정에 들었다 말한다.

무념·무심을 통해 세워진 간극의 적멸상이 무량의의 무상적 면모이다.
간극의 적멸상에 머물러서 밝은성품으로 생멸문 전체를 덮어씌우고 낱낱의 중생들이 갖고 있는 근기를 들여다보는 것이 '무량의삼매'이다.

"무량의경"은 처음 수행의 시작에서부터 등각도를 이루는 과정까지를 설법하신 경전이다.

"무량의삼매"란 대적정과 대자비로 불이문에 들어있는 상태를 말한다.
불이문은 공여래장과 불공여래장이 서로 합쳐진 상태이다.
공여래장은 진여연기의 완성으로 생겨난다.
본성·각성·밝은성품 간에 이루어지는 본연적 성향이 제도되었을 때 공여래장이 생겨난다.
본성의 간극에 머물러서 각성의 무명적 습성을 제도하고 밝은성품의 자연적 성향을 제도하면 진여의 본연적 성향이 제도된다.
본성의 간극에 머물러 있는 것이 대적정이다.

불공여래장은 생멸연기의 완성으로 생겨난다.
의식·감정·의지 간에 이루어지는 인연적 성향과 밝은성품이 갖고 있는 자연적 성향이 제도되었을 때 불공여래장이 생겨난다.

본제를 이루고 있는 세 가지 요소를 통해 삼신구족행을 함으로써 의식·감정·의지를 제도하고 비상비비상처해탈을 성취함으로써 밝은성품의 자연적 성향을 제도한다.

이것을 일러 대자비행이라 한다.

불이문은 각조(覺照)를 통해서 이루는 것이 아니다.

공여래장과 불공여래장 사이에 작용하는 그리움(愛心)이 불이문을 만든다.

본원본제가 본연으로 드러나고 본연이 여래장연기를 일으키는 것은 각성의 세 가지 성향과 밝은성품의 두 가지 성향 때문이다.

각성의 세 가지 성향이란 인식, 지각, 의도이다.

밝은성품의 두 가지 성향이란 에너지로써 부딪침을 일으키는 것과 정보에 대한 저장성이다.

각성의 세 가지 성향과 밝은성품의 두 가지 성향은 크게 두 단계의 과정을 거쳐서 이루어진다.

첫 번째 단계는 대적정을 이루고 대자비를 성취하는 과정에서 이루어진다. 이 과정에서 이루어지는 각성과 밝은성품의 제도는 각조(覺照)를 기반으로 해서 이루어진다.

두 번째 단계는 불이문을 이루는 과정에서 이루어진다.

이 과정에서 이루어지는 밝은성품과 각성의 제도는 공여래장과 불공여래장 사이에 작용하는 그리움으로 이루어진다.

대적정문의 수행은 각(覺)의 완성을 이루기 위해 행해지는 절차이다.
반면에 대자비문의 수행은 그리움(愛心)의 완성을 이루기 위해 행해지는 절차이다.
조사문의 수행을 통해 대적정에 들어가고
정토문의 수행을 통해 대자비를 성취한다.

불이문과 본원본제는 같은 점이 있고 다른 점이 있다.
같은 점은 무념·무심·간극의 구조로 이루어진 것이다.
다른 점은 불이문은 향상문적 성향을 갖고 있고 본원본제는 향하문적 성향을 갖고 있는 것이다.
이런 성향으로 인해 본원본제는 여래장연기를 촉발시킨다.
그 결과로 여래장계에 무량극수의 생멸문이 생겨났다.
반면에 불이문은 여래장연기를 만들지 않는다.
각성의 세 가지 성향과 밝은성품의 두 가지 성향을 제도했기 때문이다.

본원본제와 불이문은 같은 구조를 갖고 있기 때문에 계합을 이룰 수 있다.
일심법계 부처님이 불성(佛性)으로 본원본제와 계합을 이룬다는 것은 이와 같은 연유가 있기 때문이다.

정토불사의 완성은 본원본제가 갖고 있는 향하문적 성향을 끊어내는 것이다. 여래장연기로 인해 생겨나는 무량극수의 생멸문이 지금 이 순간에도 생겨나고 있기 때문이다.
불상(佛相)으로 행해지는 정토불사는 여래장연기로 생겨나는 생멸문을 전체적으로 제도하지 못한다.
지금 이 순간도 항하수의 부처님들이 정토불사를 행하고 있지만 생멸문이 생겨나는 속도를 따라가지 못하고 있다.

불이문의 상태에서 본원본제와 계합을 이루게 되면 본원본제의 향하문적 성향이 제도된다. 그로써 여래장연기가 끊어지고 정토불사가 완성을 이룬다.
부처님께서 묘법연화경을 설하시는 것은 그 불사를 완성할 수 있는 새로운 부처님을 만들기 위해서다.

"이때 부처님께서 미간의 백호상에서 광명을 놓아 동방의 일만팔천 세계를 비추시니 모든 불국토가 눈앞에서 보는 것처럼 펼쳐졌습니다."

"동방의 일만 팔천 세계"란 여래장계 동쪽 방향에 있는 일만팔천 개의 생멸문과 진여문을 말한다.
일월등명불이 갖고 있는 정토불사의 역량을 볼 수 있는 대목이다.

"그때 모인 대중 가운데 20억 보살이 법을 들으려 하다가, 그 보살들이 이 광명이 여러 세계에 비침을 보고 전에 없던 일을 얻고는 이 광명이 비치는 인연을 알고자 하였습니다. 그때 한 보살이 있었는데 이름이 묘광이었으며, 팔백 제자를 데리고 있었는데 이때 일월등명불이 삼매에서 일어나 묘광보살로 인하여 대승경전을 말씀하셨으니, 이름이 묘법연화경이었습니다. 이 경은 보살들을 가르치는 법이며 부처님께서 마음에 간직하고 아끼시는 법입니다. 육십소겁 동안을 자리에서 일어나지 않으시었고 그때 듣는 이들도 한곳에 앉아서 육십소겁 동안 몸과 마음을 동요하지 않고 앉아 부처님의 말씀을 들었는데 마치 밥 한 끼 먹는 시간과 같은 느낌이었습니다. 그때 대중 가운데 한 사람도 몸이나 마음에 권태로운 생각을 내는 이가 없었습니다."

묘법연화경은 보살들을 제도하기 위해 설하시는 경전이다. 보살도에 들어있는 보살승으로 하여금 등각과 묘각을 이루게 하기 위해서이다.
일월등명불은 육십소겁 동안 묘법연화경을 설하셨다고 한다. 그만큼 묘법연화경의 내용은 심오하고 중요하다.

"일월등명불이 육십소겁 동안 이 경전을 설하시고는 곧 범천과 마군과 사문과 바라문과 천신과 사람과 아수라들 가운데서 이렇게 말씀하였습니다. '여래는 오늘 밤중에 무여열반에 들리라.' 그때에 한 보살이 있었는데 이름이 덕장이었습니다. 일월등명불께서 그에게 수기를 주시면서 비구들에게 이렇게 말씀하셨습니다. '이 덕장보살이 다음에 성불하여 이름을 정신다타아가도 아라하삼먁삼불타라 하리라'. 부처님께서 수기를 주어 마치시고 그날 밤중에 무여열반에 드시었습니다."

무여열반이란 불상(佛相)에 머무르지 않고 불성(佛性)에 머무는 것이다.
부처님이 열반에 드실 때는 반드시 수기를 주신다.
다음 대에 정토불사를 이어갈 수 있는 미래불을 만들기 위해서다.

"그 부처님께서 열반하신 뒤에 묘광보살이 묘법연화경을 가지고 팔십소겁 동안 사람들에게 설하였는데, 일월등명불의 여덟 왕자가 모두 묘광보살을 스승으로 삼았고 묘광보살은 그들을 교화하여 아뇩다라삼먁삼보리를 견고하게 하였습니다."

이때 묘광보살이 설하신 묘법연화경은 등각도나 묘각도를 이루는 방법에 대한 것은 아니다.
묘법연화경의 전체적인 요지와 10지보살에 이르를 수 있는 방법을 전하신 것이다.

"아뇩다라삼먁삼보리를 견고하게 하였다"라는 말은 보살도의 아뇩다라삼먁삼보리를 견고하게 하였다는 말이다.

"그 왕자들은 한량없는 백천만억 부처님께 공양하고 나서 모두 불도를 이루었는데 맨 나중에 성불한 분의 이름이 연등불이었습니다."

"80소겁 동안 묘법연화경을 듣고 난 후에도 한량없는 백천만억 부처님께 공양해야 성불을 이룬다"는 것이 앞의 대목을 그와 같은 관점으로 해석한 이유이다.
일월등명불의 막내아들이 연등불이고 그 연등불이 수기한 부처님이 석가모니 부처님이다.
문수보살은 석가모니 부처님이 수기를 받을 때도 옆에 계셨고 지금 이 순간 묘법연화경을 설하시는 현장에도 함께하고 계신다.
심지어는 아미타불이 16문자관으로 당세에 부처가 될 때에도 아미타불의 스승이셨다.
문수보살은 일월등명불의 여덟 아들을 성불시킨 것은 물론이고 대통지승여래의 열여섯 아들들도 성불시키는 역할을 하고 계신 것이다.
이쯤 되면 문수보살의 내력이 궁금해진다.

수능엄삼매경에 문수보살의 내력에 대해서 말씀하신 대목이 나온다.
문수보살은 평등세계의 용종상(龍種上) 부처님이셨다.
수능엄삼매의 위신력으로 보살로 나투시어 부처의 스승이 되었다.
때로는 벽지불로 있으면서 중생제도를 하였고 때로는 10지 보살로 나투어서 보살들의 스승이 되었다.
일심법계 부처님이 되어서도 중생제도를 하기 위해 보살의 몸으로 나투신 것은 문수보살이 유일하다.

"'묘광보살의 팔백 제자 중 한 사람의 이름이 구명이니 이익과 공양을 탐하고, 여러 경전을 읽기는 하였지만 뜻을 분명하게 알지 못하고 많이 잊어버리므로 구명이라 이름하였습니다. 그러나 이 사람도 선근을 심은 인연으로 한량없는 백천만억의 수많은 부처님을 만나 뵙고 공양하고 공경하며, 존중하고 찬탄하였습니다. 미륵은 아십시오. 그때의 묘광보살은 딴 사람이 아니라 곧 나 문수이며, 구명보살은 그대였습니다. 지금 이 상서를 보니 예전과 다르지 아니합니다. 그러므로 오늘 여래께서 마땅히 대승경전을 설하시리니 이름은 묘법연화경이며 보살들을 가르치는 법이며 부처님이 마음에 간직하시고 아끼시는 바라 생각합니다.'
그때 문수사리보살이 대중 가운데에서 이 뜻을 거듭 펴려고 계송으로 말하였다."

문수보살은 미래의 부처님인 미륵보살의 스승이기도 하다. 그야말로 현겁에 출현하시는 부처님들의 스승인 것이다.

본문

我念過去世	無量無數劫	有佛人中尊	號日月燈明
아념과거세	**무량무수겁**	**유불인중존**	**호일월등명**
世尊演說法	度無量衆生	無數億菩薩	令入佛知慧
세존연설법	**도무량중생**	**무수억보살**	**영입불지혜**
佛未出家時	所生八王子	見大聖出家	亦隨脩梵行
불미출가시	**소생팔왕자**	**견대성출가**	**역수수범행**
時佛設大乘	經名無量義	於諸大衆中	而爲廣分別
시불설대승	**경명무량의**	**어제대중중**	**이위광분별**
佛說此經已	卽於法座上	跏趺坐三昧	名無量義處
불설차경이	**즉어법좌상**	**가부좌삼매**	**명무량의처**
天雨曼陀華	天鼓自然鳴	諸天龍鬼神	供養人中尊
천우만다화	**천고자연명**	**제천용귀신**	**공양인중존**
一切諸佛土	卽時大震動	佛放眉間光	現諸希有事
일체제불토	**즉시대진동**	**불방미간광**	**현제희유사**
此光照東方	萬八天佛土	示一切衆生	生死業報處
차광조동방	**만팔천불토**	**시일체중생**	**생사업보처**
有見諸佛土	以衆寶莊嚴	琉璃頗梨色	斯由佛光照
유견제불토	**이중보장엄**	**유리파리색**	**사유불광조**

及見諸天人
급견제천인
又見諸如來
우견제여래
如淨瑠璃中
여정유리중
一一諸佛土
일일제불토
或有諸比丘
혹유제비구
又見諸菩薩
우견제보살
又見諸菩薩
우견제보살
又見諸菩薩
우견제보살
爾時四部衆
이시사부중
各各自相問
각각자상문
讚妙光菩薩
찬묘광보살
如我所說法

龍神夜叉衆
용신야차중
自然成佛道
자연성불도
內現眞金像
내현진금상
聲聞衆無數
성문중무수
在於山林中
재어산림중
行施忍辱等
행시인욕등
深入諸禪定
심입제선정
知法寂滅相
지법적멸상
見日月燈佛
견일월등불
是事何因緣
시사하인연
汝爲世間眼
여위세간안
唯汝能證知

乾闥緊那羅
건달긴나라
身色如金山
신색여금산
世尊在大衆
세존재대중
因佛光所照
인불광소조
精進持淨戒
정진지정계
其數如恒沙
기수여항사
身心寂不動
신심적부동
各於其國土
각어기국토
現大神通力
현대신통력
天人所奉尊
천인소봉존
一切所歸信
일체소귀신
世尊旣讚歎

各供養其佛
각공양기불
端嚴甚微妙
단엄심미묘
敷演深法義
부연심법의
悉見彼大衆
실견피대중
猶如護明珠
유여호명주
斯由佛光照
사유불광조
以求無上道
이구무상도
說法求佛道
설법구불도
其心皆歡喜
기심개환희
適從三昧起
적종삼매기
能奉持法藏
능봉지법장
令妙光歡喜

여아소설법
說是法華經
설시법화경
是妙光法師
시묘광법사
噂卽於是日
심즉어시일
我今於中夜
아금어중야
諸佛甚難値
제불심난치
各各懷悲惱
각각회비뇌
我若滅度時
아약멸도시
心已得通達
심이득통달
佛此夜滅度
불차야멸도
比丘比丘尼
비구비구니
是妙光法師
시묘광법사

유여능증지
滿六十小劫
만육십소겁
悉皆能受持
실개능수지
告於天人衆
고어천인중
當入於涅槃
당입어열반
億劫時一遇
억겁시일우
佛滅一何速
불멸일하속
汝等勿憂怖
여등물우포
其次當作佛
기차당작불
如薪盡火滅
여신진화멸
其數如恒沙
기수여항사
奉持佛法藏
봉지불법장

세존기찬탄
不起於此座
불기어차좌
佛說是法華
불설시법화
諸法實相義
제법실상의
汝一心精進
여일심정진
世尊諸子等
세존제자등
聖主法之王
성주법지왕
是德藏菩薩
시덕장보살
號曰爲淨身
호왈위정신
分布諸舍利
분포제사리
倍復加精進
배부가정진
八十小劫中
팔십소겁중

영묘광환희
所說上妙法
소설상묘법
令衆歡喜已
영중환희이
已爲汝等設
이위여등설
當離於放逸
당리어방일
聞佛入涅槃
문불입열반
安慰無量衆
안위무량중
於無漏實相
어무루실상
亦度無量衆
역도무량중
而起無量塔
이기무량탑
以求無上道
이구무상도
廣宣法華經
광선법화경

是諸八王子
시제팔왕자
供養諸佛已
공양제불이
最後天中天
최후천중천
是妙光法師
시묘광법사
求名利無厭
구명리무염
以是因緣故
이시인연고
供養於諸佛
공양어제불
其後當作佛
기후당작불
彼佛滅度後
피불멸도후
我見燈明佛
아견등명불
今相如本瑞
금상여본서
諸人今當知

妙光所開化
묘광소개화
隨順行大道
수순행대도
號曰然燈佛
호왈연등불
時有一弟子
시유일제자
多遊族姓家
다유족성가
號之爲求名
호지위구명
隨順行大道
수순행대도
號名曰彌勒
호명왈미륵
懈怠者汝是
해태자여시
本光瑞如此
본광서여차
是諸佛方便
시제불방편
合掌一心待

堅固無上道
견고무상도
相繼得成佛
상계득성불
諸仙之導師
제선지도사
心常懷懈怠
심상회해태
棄捨所習誦
기사소습송
亦行衆善業
역행중선업
具六波羅密
구육바라밀
廣度諸衆生
광도제중생
妙光法師者
묘광법사자
以是知今佛
이시지금불
今佛放光明
금불방광명
佛當雨法雨

當見無數佛
당견무수불
轉次而授記
전차이수기
度脫無量衆
도탈무량중
貪著於名利
탐착어명리
廢忘不通利
폐망불통리
得見無數佛
득견무수불
今見釋師子
금견석사자
其數無有量
기수무유량
今則我身是
금즉아신시
欲設法華經
욕설법화경
助發實相義
조발실상의
充足求道者

제인금당지   합장일심대   불당우법우   충족구도자
諸求三乘人   若有疑悔者   佛當爲除斷   令盡無有餘
제구삼승인   약유의회자   불당위제단   영진무유여

내가지금   생각하니   한량없는   과거세에
부처님이   계셨으니   그이름이   일월등명
이부처님   설법하여   무량중생   제도하고
무수억의   여러보살   부처지혜   들게했네
그부처님   출가전에   낳은아들   여덟왕자
부왕출가   하심보고   또한따라   수행하네
그부처님   설법하니   경이름은   무량의라
여러대중   가운데서   분별하여   설하셨네
부처님이   경설한후   법좌위에   올라앉아
깊은삼매   드시오니   그이름은   무량의처
하늘에서   꽃비오고   하늘북이   절로울려
여러천룡   천신들이   부처님께   공양하고
일체모든   불국토는   즉시크게   진동하고
부처님은   광명놓아   많은기적   보이셨네
이광명이   동방으로   일만팔천   불토비춰
일체중생   나고죽는   그업보를   보이시고
많고많은   모든불토   보배로써   장엄하고

유리빛과　파리색이　광명으로　비춰지며
또한보니　하늘사람　용과신과　야차들과
건달바와　긴나라들　부처님께　공양하네
또한보니　많은여래　자연히　　성불하사
그몸매는　황금산처럼　장엄하고　미묘하니
맑고맑은　유리속에　순금모습　나투신듯
대중속에　계신부처　깊은법을　설하시니
하나하나　불국토마다　한량없는　성문대중
부처님의　광명으로　그대중을　보게되네
또한어떤　비구들은　산림속에　있으면서
정진하여　지킨계행　맑은구슬　보호하듯
혹은보니　여러보살　보시하고　인욕하는
그숫자가　많고많아　항하강의　모래같네
부처님의　광명으로　그모두를　보게되네
다시보니　여러보살　선정에　　깊이들어
몸과마음　동요않고　최상의도　구하오며
혹은보니　여러보살　적멸한법　잘알아서
그국토에　설법하여　부처님법　구하시네
바로그때　사부대중　일월등명　부처님의
크신신통　나투심에　그마음이　모두기뻐
서로서로　묻는말이　이런일은　무슨인연

천인공경 받는세존 삼매에서 일어나서
묘광보살 찬탄하되 너는세상 눈이니라
모든중생 귀의처니 이법장을 받들어라
내가설한 모든법을 그대만이 능히알리
부처님이 찬탄하니 묘광보살 기뻐하네
법화경 설하시길 육십소겁 지나도록
자리에서 뜨지않고 설하신바 미묘법을
묘광보살 법사께서 모두받아 지니었네
이법화경 설하시니 모든대중 기뻐하고
그날바로 천인들과 대중에게 이르시되
모든법의 참다운뜻 그대들께 말했으니
나는이제 오늘밤에 열반길에 들겠노라
그대들은 일심으로 정진하고 방일마라
부처출현 어려우니 억겁에나 만나볼까
부처님의 여러제자 부처열반 소식듣고
슬픈마음 각각품네 열반이왜 빠르실까
거룩하신 부처님이 무량중생 위로하니
내가열반 하더라도 너희들은 걱정마라
여기덕장 보살께서 번뇌없는 참다운법
마음깊이 통달하니 이다음에 성불하면
그이름이 정신여래 많은중생 건지리라

묘법연화경 서품 • 113

부처님의　　열반모습　　섶다타면　　불꺼지듯
많은사리　　나누어서　　무수하게　　탑세우고
항하모래　　처럼많은　　비구들과　　비구니들
몇갑절을　　정진하여　　최상의도　　구하였네
묘광법사　　부처님이　　주신법장　　잘받들어
팔십소겁　　세월동안　　법화경을　　선포하니
일월등명　　여덟왕자　　묘광법사　　교화받고
무상도를　　굳게지녀　　많은부처　　만나뵙고
여러부처　　공양하고　　가르침에　　큰도행해
차례대로　　성불하며　　점차로　　　수기하니
최후에　　　성불하신　　부처이름　　연등불로
여러성자　　스승되어　　무량중생　　제도하네
묘광법사　　보살에게　　한제자가　　있었으니
마음항상　　게으르고　　명예이익　　탐착하여
이름남을　　좋아하고　　귀족집만　　드나들며
경전공부　　내던지고　　아무것도　　알지못해
이와같은　　인연으로　　구명이라　　이름하나
그도또한　　선업쌓아　　많은부처　　만나뵙고
부처님께　　공양하고　　큰도법을　　따라닦아
육바라밀　　갖추어서　　석가세존　　친견하니
세존께　　　수기받길　　이다음에　　부처되니

그이름이	미륵이라	많은중생	제도하니
제도받는	중생들의	그숫자가	끝없으리
연등불이	열반한뒤	게으른자	그대미륵
묘광법사	지금나의	이몸문수	보살이라
일월등명	부처님의	광명상서	이러할새
지금세존	법화경을	설하실줄	알겠노라
지금광명	옛날상서	모든부처	방편이라
이제세존	광명놓아	참다운뜻	나투시니
그대들은	바로알아	일심으로	기다려라
부처님이	법비내려	구도자를	충족하리
삼승법을	구하는이	만일의심	가지며는
부처님이	그의심을	남김없이	끊어주리

《묘법연화경 방편품 妙法蓮華經 方便品 第二》

본문

爾時世尊從三昧安詳而起。告舍利弗。諸佛智慧甚深無
이시세존종삼매안상이기. 고사리불. 제불지혜심심무
量。其智慧門難解難入。一切聲聞辟支佛所不能知。
량. 기지혜문난해난입. 일체성문벽지불소불능지.

그때 세존께서 조용히 삼매에서 일어나시어 사리불에게 말씀하시었습니다.
"모든 부처님의 지혜는 매우 깊어 헤아릴 수 없으며, 그 지혜의 문은 알기도 어렵고 들어가기도 어려워서 모든 성문들이나 벽지불들은 알 수가 없느니라."

강설

견성을 한 사람들이나 해탈도를 이루어서 벽지불이 된 사람들도 부처의 경지를 이해하기가 어렵다는 말씀이다.
본성을 깨닫고 의식·감정·의지를 분리시켜서 반야해탈을 이루어도 부처의 참모습을 알기가 어렵다.

본문

所以者何。佛曾親近百千萬億無數諸佛。盡行諸佛無量道
소이자하. 불증친근백천만억무수제불. 진행제불무량도
法。勇猛精進名稱普聞。成就甚深未曾有法。隨宜所說意
법. 용맹정진명칭보문. 성취심심미증유법. 수의소설의
趣難解。
취난해.

"왜냐하면, 부처님은 아득히 먼 옛날부터 백천만억 무수한 부처님들을 섬기면서 가르침을 받아 모든 부처님의 한량없는 도법을 수행하였고 용맹정진하였으므로 그 명성이 널리 퍼졌으며, 아직까지 아무도 얻지 못한 깊고 깊은 최고의 진리를 마침내 깨달아 사람들의 근기에 맞게 설하셨으므로 그 참뜻을 알기 어려운 까닭이니라."

강설

부처의 경지를 이루고 중생들을 위해서 여러 가지 설법을 했지만 그 설법이라는 것이 그 사람의 근기에 맞는 설법이기 때문에 부처님의 참다운 뜻을 얘기한 것이 아니라는 말이다. 이제부터는 부처님의 실상에 대해 말씀하시겠다는 의도가 내포된 대목이다.

본문

舍利弗。吾從成佛已來。種種因緣。種種譬喻。廣演言敎。
사리불. 오종성불이래. 종종인연. 종종비유. 광연언교.
無數方便引導衆生。令離諸著。所以者何。如來方便知
무수방편인도중생. 영리제착. 소이자하. 여래방편지
見波羅蜜。皆已具足。舍利弗。如來知見廣大深遠。無量
견바라밀. 개이구족. 사리불. 여래지견광대심원. 무량
無礙力無所畏。禪定解脫三昧。深入無際。成就一切未曾
무애력무소외. 선정해탈삼매. 심입무제. 성취일체미증
有法。
유법.

"사리불아, 내가 성불한 이래로 지금까지 가지가지 인연과 여러 가지 비유로써 모든 법을 널리 말하며 수없이 많은 방편으로 중생들을 인도하여 온갖 집착을 여의게 하였으니, 이것은 부처님의 방편바라밀과 지견바라밀을 모두 구족하였기 때문이니라. 사리불아, 부처님의 지견은 매우 넓고 커서 우주의 모든 진리를 통달하였고 또 깊고 멀어서 아득히 먼 과거의 일들로부터 영원한 미래의 일들까지 모두 알고 계시고, 사무량심과 사무애 및 십력과 사무소외, 선정과 해탈 및 삼매에 끝없는 데까지 깊이 들어 지금까지 알지 못하고 이루지 못했던 법을 성취하였느니라."

강설

"사리불아, 내가 성불한 이래로 지금까지 가지가지 인연과 여러 가지 비유로써 모든 법을 널리 말하며 수없이 많은 방편으로 중생들을 인도하여 온갖 집착을 여의게 하였으니, 이것은 부처님의 방편바라밀과 지견바라밀을 모두 구족하였기 때문이니라."

'방편바라밀'은 어떤 대상을 접하든지 그 차원에 맞게 법을 설할 수 있는 능력을 말한다.
무량의삼매로써 방편바라밀이 갖추어진다.
'지견바라밀'을 모두 구족했다라고 하는 것은 해탈지견과 보살지견, 불지견을 모두 갖추었다는 말이다.
해탈지견은 반야해탈도를 이룬 사람이 갖출 수 있는 지견이다. 벽지불과 보살도 5지 난승지까지는 진여식이 바탕이 된 해탈지견이 쓰인다.
보살도 6지 현전지부터는 암마라식과 원통식이 바탕이 된 보살지견이 쓰인다.
등각도와 묘각도에서는 불지가 바탕이 된 불지견이 쓰인다. 불지는 공여래장과 불공여래장이 불이문을 이루었을 때 갖추어지는 식의 체계이다.
각성의 무명적 습성이 대적정으로 제도되고 밝은성품의 자연적 성향이 팔해탈로 제도되며 일체의 생멸심이 대자비로 제도된 후에 불지견이 갖춰진다.

"사리불아, 부처님의 지견은 매우 넓고 커서 우주의 모든 진리를 통달하였고"

"우주의 모든 진리를 통달했다"란 본제에서 본연이 생겨나는 원인과 과정을 알고 본연에서 자연과 인연이 생겨나는 원인과 과정을 알며 여래장연기와 생멸연기, 진여연기의 원인과 과정을 안다는 말씀이시다.

"또 깊고 멀어서 아득히 먼 과거의 일들로부터 영원한 미래의 일들까지 모두 알고 계시고"

이것은 불지견을 갖추신 분만이 알 수 있는 일이다. 어떤 방법과 어떤 절차로 이루어지는지 범부 소견이나 보살 소견으로는 알지 못한다.

"사무량심과 사무애 및 십력과 사무소외, 선정과 해탈 및 삼매에 끝없는 데까지 깊이 들어 지금까지 알지 못하고 이루지 못했던 법을 성취하였느니라."

"사무량심(四無量心)"이란 자무량심(慈無量心), 비무량심(悲無量心), 희무량심(喜無量心), 사무량심(捨無量心)을 말한다.

보살이 대자비문을 이룰 때 중생을 대하는 네 가지 마음이다.

자무량심(慈無量心)이란 자애심이 한량없이 많다는 말이다.
자애란 따뜻한 사랑을 말한다. 생명이 생명에게 주는 따뜻함이 자애이다. 애착과 집착으로 이루어지는 사랑은 소유심과 보상심을 갖게 하고 권위를 내세우는 수단이 된다. 이런 사랑은 참다운 사랑이 아니다.

비무량심(悲無量心)이란 애틋한 마음이 한량없이 많다는 말이다.
희무량심(喜無量心)이란 중생을 기쁘게 하는 마음이 한량없다는 말이다.
다섯 가지 기쁨이 있다.
도파민적 기쁨, 엔돌핀적 기쁨, 세로토닌적 기쁨, 옥시토신적 기쁨, 밝은성품적 기쁨이 그것이다.
보살이 중생에게 주는 기쁨은 밝은성품적 기쁨이다.
착한 마음을 갖춤으로써 생기는 기쁨이다.

사무량심(捨無量心)은 일체중생을 평등하게 보는 마음이다.
분별없이 평등하게 중생을 보살펴서 일체중생에게 이로움을 준다.

"사무애(四無碍)"란 법무애(法無碍), 의무애(義無碍), 사무애(辭無碍), 요설무애(樂說無碍)를 말한다.
법무애(法無碍)란 일체법에 걸림이 없다는 말이다.
부처님의 가르침인 법은 대상의 근기에 따라 서로 다른 방법과 절차로 설해졌다. 때문에 법을 이해하려면 전체적인 법의 체계를 알아야 한다. 부처님께서는 법의 체계를 아는 것을 "인지법행을 갖추었다"고 말씀하셨다.
처음 수행을 시작하는 방법에서부터 나중 묘각도를 이루는 방법까지 전체적인 수행체계를 아는 것이 인지법행을 갖춘 것이다.

의무애(義無碍)란 모든 법의 요의를 아는 것을 말한다.
법의 요의란 법을 설한 목적을 말한다.
법을 설한 목적은 수행의 성취를 이루게 하는 것이다.
수행의 성취는 '과지법행'으로 이루어진다.
인지법을 바탕으로 해서 수행의 성취를 이룰 수 있는 방법을 요달했을 때 "과지법행이 갖추어졌다"라고 말한다.

사무애(辭無碍)란 일체 경계에 걸림이 없는 것을 말한다.
안으로는 한가로움을 여의지 않고 밖으로는 모든 대상을 평등하게 바라보는 것이 사무애를 행하는 것이다.

요설무애(樂說無碍)란 법을 설함에 있어서 막힘이 없는 것을 말한다.
법무애와 의무애, 사무애를 갖춘 뒤에 스스로 정사유를 할 줄 알아야 요설무애가 갖추어진다.
정사유를 하기 위해서는 두 가지 조건이 갖추어져야 한다.
첫째는 올바른 사유의 주제를 선택해야 한다.
둘째는 사유의 결과를 검증할 줄 알아야 한다.
법의 체계 안에서 선택된 주제는 올바른 주제이다.
법의 체계에 비추어서 사유의 결과를 검증해야 한다.

"**십력(十力)**"이란 부처님이 갖고 있는 열 가지 능력을 말한다. 처비처지력, 업이숙지력, 정려해탈등지등지지력, 근상하지력, 종종승해지력, 종종계지력, 변취행지력, 숙주수념지력, 사생지력, 누진지력이 그것이다.

처비처지력(處非處智力)이란 시간과 공간의 상태를 임의대로 조절할 수 있는 능력을 말한다.
업이숙지력(業異熟智力)이란 중생들이 갖고 있는 과거, 현재, 미래의 모든 업을 아는 능력을 말한다.
정려해탈등지등지지력(靜慮解脫等持等至智力)이란 공여래장과 불공여래장으로 불이문을 이룰 수 있는 능력을 말한다. '정려해탈등지'란 생멸문을 제도해서 불공여래장을 이루고 공여래장과 평등해지도록 했다는 말이다. '등지'란 진여문을 제도해서 공여래장을 이루었다는 말이다.

근상하지력(根上下智力)이란 모든 중생들의 근기와 보살들의 근기를 구분할 줄 아는 능력을 말한다. '근상'은 상근기를 말하고 '근하'는 하근기를 말한다.
중생이 하근기고 보살이 상근기다.
종종승해지력(種種勝解智力)이란 일체중생들과 보살들의 습성을 알고 깨달음의 정도를 아는 것을 말한다.
종종계지력(種種界智力)이란 여래장계 모든 세계를 아는 능력을 말한다.
편취행지력(遍趣行智力)이란 정토불사를 하는 중에 연기나 윤회에 처해지더라도 무명에 빠지지 않는다는 말이다.
숙주수념지력(宿住隨念智力)이란 모든 중생들의 전생을 아는 능력이다.
사생지력(死生智力)이란 모든 중생의 태어남과 죽음에 대해 아는 것을 말한다.
누진지력(漏盡智力)이란 일체의 번뇌가 일어나지 않는 것을 말한다.

"사무소외(四無所畏)"란 법을 설함에 있어서 거리낌이 없는 네 가지 경우를 말한다.
정등각무외(正等覺無畏), 일체누진무외(一切漏盡無畏), 설장법무외(說障法無畏), 설진고도무외(說盡苦道無畏)가 그것이다.

정등각무외(正等覺無畏)란 최상 최고의 깨달음을 설하는데 거리낌이 없는 것이다.
일체누진무외(一切漏盡無畏)란 일체의 번뇌를 여의는 법을 설하는 것에 거리낌이 없는 것이다.
설장법무외(說障法無畏)란 어떤 법을 설하든지 거리낌이 없는 것이다.
설진고도무외(說盡苦道無畏)란 말이 없이도 능히 고통을 없애주고 도를 이루게 할 수 있다는 것이다.

"선정(禪定)"이란 정(定)의 주체를 세워서 단계적 닦음을 행하는 것을 말한다.
초선정에서 구선정까지 아홉 단계의 수행이 있다.
정의 주체로 세워지는 자리를 중심(中心)이라 한다.
두 가지 중심이 있다.
하나는 무심이다.
또 하나는 무념이다.
무심은 가슴바탕에 세워지는 편안함이다.
무념은 머릿골 속에 세워지는 아무렇지 않은 마음이다.
선정의 단계에 따라 무념과 무심이 진보된다.
무념의 진보는 아무렇지 않음, 텅 비워짐, 무념의 기둥, 세 가지 무념의 합쳐짐, 본성의 인식 순으로 이루어지고, 무심의 진보는 편안함, 아무렇지 않음, 철벽, 텅 비워짐, 본성의 인식 순으로 이루어진다.
본성이 인식되면 본성이 정(定)의 주체가 된다.

"해탈(解脫)"이란 의식·감정·의지를 벗어나서 본성·각성·밝은 성품을 자기로 삼은 것을 말한다.

"삼매(三昧)"란 각성의 비춤을 통해 행해지는 일체의 관행을 말한다.
각성의 정도와 비춤의 대상에 따라 크게 두 종류의 삼매가 있다.
유상삼매와 무상삼매가 그것이다.
유상삼매란 본성이 인식되기 이전에 행해지는 삼매이다.
무상삼매란 본성이 인식된 이후에 행해지는 삼매이다.
유상삼매와 무상삼매는 비춤의 대상에 따라서 수천수만 가지로 나누어진다.
이를 일러서 "백천삼매"라 한다.

"끝없는 데까지 깊이 들어 지금까지 알지 못하고 이루지 못했던 법을 성취하였느니라."

'끝없는 데까지 깊이 들어갔다'는 것은 묘각도에 들어갔다는 말씀이시다.
'알지 못하고 이루지 못했던 법을 성취했다'라는 것은 불세계의 일과 정토불사의 두 가지 방향을 알게 되었다는 말씀이시다.
'불세계의 일을 안다'라는 것은 각각의 부처님들의 존재

양태와 존재 목적을 아는 것이다.
'정토불사의 두 가지 방향을 안다'라는 것은 불상으로 행해지는 정토불사와 불성으로 행해지는 정토불사의 방법을 안다는 것이다.

본문

舍利弗。如來能種種分別巧說諸法。言辭柔軟悅可眾心。
사리불. 여래능종종분별교설제법. 언사유연열가중심.
舍利弗。取要言之。無量無邊未曾有法。佛悉成就。
사리불. 취요언지. 무량무변미증유법. 불실성취.
止舍利弗。不須復說。
지사리불. 불수부설.

"사리불아, 부처님은 가지가지로 분별하여 모든 법을 능숙하게 설하시니, 말씨가 부드럽고 미묘하여 듣는 사람의 마음을 즐겁게 하시느니라. 사리불아, 요점만 들어 말하자면 무량무변한 지금까지 알지 못하고 이루지 못했던 법을 부처님이 모두 성취하였느니라.
그만두어라, 사리불아. 더 말하지 않겠노라."

강설

"사리불아, 요점만 들어 말하자면 무량무변한 지금까지 알지 못하고 이루지 못했던 법을 부처님이 모두 성취하였느니라."

불상의 일, 불성의 일, 여래장연기의 원인, 본원본제의 향하문적 성향이 생기게 된 원인에 대해 알게 되었다는 말씀이시다.

"그만두어라, 사리불아. 더 말하지 않겠노라."

사리불이 부처님께 그 미증유한 법을 저희에게 설해주십시오, 하고 요청을 하자 부처님께서 그만두라고 하신 것이다. 불성을 통한 정토불사와 여래장연기의 과정, 본원본제의 향하문적 성향에 대해서는 설명을 해주어도 알아듣지 못한다고 판단하신 것이다.

본문

所以者何。佛所成就第一希有難解之法。唯佛與佛乃能究
소이자하. 불소성취제일희유난해지법. 유불여불내능구
盡諸法實相。
진제법실상.
所謂諸法 如是相。如是性。如是體。如是力。如是作。

소위제법 여시상. 여시성. 여시체. 여시력. 여시작.
如是因。如是緣。如是果。如是報。如是本. 末究竟等。
여시인. 여시연. 여시과. 여시보. 여시본. 말구경등.
爾時世尊。欲重宣此義。而說偈言
이시세존. 욕중선차의. 이설게언

"왜냐하면, 부처님이 성취하신 제일이며 희유하고 알기 어려운 법은 오직 부처님들만이 그 모든 법의 실상을 알기 때문이니라. 이른바 모든 법은 이와 같은 모양, 이와 같은 성품, 이와 같은 본체, 이와 같은 힘, 이와 같은 작용, 이와 같은 원인, 이와 같은 인연, 이와 같은 결과, 이와 같은 과보, 이와 같은 근본이 있나니라. 구경의 끝에서는 평등해 지니라."
이때 세존께서 이 뜻을 거듭 펴시려고 게송으로 말씀하셨다.

강설

"왜냐하면, 부처님이 성취하신 제일이며 희유하고 알기 어려운 법은 오직 부처님들만이 그 모든 법의 실상을 알기 때문이니라."

부처님의 경지는 부처님만이 알 수 있다.

"이른바 모든 법은 이와 같은 모양(如是相), 이와 같은 성품(如是性), 이와 같은 본체(如是體), 이와 같은 힘(如是力), 이와 같은 작용(如是作), 이와 같은 원인(如是因), 이와 같은 인연(如是緣), 이와 같은 결과(如是果), 이와 같은 과보(如是報), 이와 같은 근본(如是本)이 있나니라. 구경의 끝에서는 평등(末究竟等)함을 이루니라."

"소위제법"이란 본원본제의 상태를 말한다.
본원본제는 열 가지 상태가 있다.
그것이 바로 여시상. 여시성. 여시체. 여시력. 여시작. 여시인. 여시연. 여시과. 여시보. 여시본이다.
본원본제의 열 가지 상태 중 여시상과 여시성은 불생불멸하고 부증불감한다. 하지만 체(體), 력(力), 작(作), 인(因), 연(緣), 과(果), 보(報), 본(本)은 '세 가지 연'과 '세 가지 연기'를 만드는 원인이 된다. 세 가지 연이란 본연, 자연, 인연을 말한다.
세 가지 연기란 여래장연기와 생멸연기, 진여연기를 말한다.

'여시상(如是相)'은 본원본제의 형상을 말한다.
본원본제의 형상은 상대적 공과 절대적 공, 각성으로 이루어져 있다.

'여시성(如是性)'은 본원본제의 성품을 말한다.
무념·무심·간극이 본원본제의 성품이다.

적상(寂相), 정상(靜相), 적멸상(寂滅相)으로 이루어져 있다.
여시성과 여시상을 합쳐서 '공적영지(空寂靈知)'라 한다.
'공적'이란 무념 무심의 상태를 말한다.
'공'이 무념이고 '적'이 무심이다.
'영지'란 각성의 상태를 말한다.

여시체(如是體)는 본원본제의 몸이다. 본원본제는 스스로가 생성해내는 밝은성품으로 몸을 삼는다. 밝은성품으로 이루어진 여시체가 여래장이다. 여시체로 인해 본연이 생겨나고 여래장연기가 시작되었다.
여시체를 일러서 진공묘유(眞空妙有)라고 한다.

여시력(如是力)은 여시체를 이루고 있는 밝은성품이 서로 부딪치면서 생겨나는 힘이다. 이때 생겨나는 힘이 미는 힘과 당기는 힘이다. 여시력으로 인해 자연(自然)이 생긴다.
여시력(力)의 작용으로 생멸연기가 시작된다.

여시작(如是作)은 각성 정보가 본성 정보와 생멸 정보를 대상으로 인식, 지각, 의도를 행하는 것이다.
이로 인해 각성이 무명에 빠지게 된다.
여시력으로 생긴 자연과 여시작으로 생겨난 무명으로 인해 생멸연기의 무명과 행의 과정이 진행된다.

여시인(如是因)은 정보와 정보가 서로 교류하는 것이다. 두 가지 정보가 있다.
하나는 각성의 무명적 습성과 밝은성품의 자연적 성향으로 인해 생겨난 생멸 정보이다.
또 하나는 밝은성품 공간 안에 저장되어 있는 본제의 정보이다. 이를 일러서 근본 정보라 한다.

여시연(如是緣)은 여시인의 정보들이 서로 교류해서 새로운 정보를 생성해내는 것이다.
생멸 정보와 근본 정보가 교류하고 생멸 정보와 생멸 정보가 서로 교류해서 새로운 정보들이 만들어진다.
여시연으로 인해 식의 전환이 일어난다. 10식에서 9식이 생겨나고 8식, 7식, 6식이 생겨난다.
여시인과 여시연이 더해져서 인연(因緣)이 생겨난다.

여시과(如是果)란 본연(本緣)과 자연(自緣)과 인연(因緣)이 상호작용하여 나타난 결과를 말한다.
여시과로 인해 생멸연기가 진행되고 천지만물이 생겨난다.
여시과로 생겨난 천지만물은 본연과 자연과 인연에 순응한다. 천지만물의 이러한 성향은 서로 간에 이루어지는 교류에 영향을 미친다. 그로 인해 인(因)과 연(緣)과 과(果)와 보(報)가 생겨난다.

여시보(如是報)는 업상(業相)의 일이다.
업상이란 몸과 마음을 이루는 바탕이다.
생명은 근본 정보와 생멸 정보로 이루어진 업상을 갖고 있다. 본연으로 근본 정보가 생겨나고 자연과 인연으로 생멸 정보가 생겨난다.
생명은 존재 양태에 따라 서로 다른 업상을 갖는다.
본원본제는 적상(무념)과 정상(무심), 적멸상(간극)으로 이루어진 업상을 갖고 있다. 본원본제의 업상은 모든 생명이 내재하고 있는 근본 정보의 원인처다. 본원본제의 업상으로 인해 밝은성품이 생성된다. 이로 인해 본연이 시작된다. 본연으로 인해 자연과 인연이 생겨나고 그 결과로 진여문과 생멸문이 생겨난다.
진여문은 본성·각성·밝은성품으로 이루어진 업상을 갖고 있다. 이로 인해 진여연기가 일어나고 공여래장이 출현한다.
생멸문은 본성·각성·밝은성품, 의식·감정·의지의 몸으로 이루어진 업상을 갖고 있다.
이로 인해 생멸연기가 일어나고 불공여래장이 출현한다.
생멸연기로 생겨난 천지만물들은 식의 구조와 몸의 상태에 따라서 서로 다른 업상을 갖고 있다.
8식 생명은 영의 몸으로 이루어져 있고 식업과 의업, 신업으로 업상을 삼는다. 식의 구조와 형태에 따라 여섯 종류의 생명이 출현한다.
7식 생명은 영혼의 몸으로 이루어져 있고 식업, 심업, 의

업, 신업으로 업상을 삼는다. 식의 구조와 형태에 따라 일곱 종류의 생명이 있다.
6식 생명은 육체의 몸으로 이루어져 있고 식업, 심업, 의업, 신업으로 업상을 삼는다. 식의 구조와 형태에 따라 일곱 종류의 생명이 있다.
6식 생명으로 인해 생과 사가 있게 되고 육도윤회계가 생겨난다.
여시인, 여시연, 여시과, 여시보로 인해 '인과응보(因果應報)'가 생겨난다.

여시본(如是本)이란 본원본제를 이루고 있는 근본요소와 성향을 말한다.
본원본제는 여시상과 여시성으로 이루어진 근본요소와 여시체, 여시력, 여시작, 여시인, 여시연, 여시과, 여시보로 이루어진 일곱 가지 성향을 갖고 있다.
본원본제의 일곱 가지 성향으로 인해 향하문이 생겨난다.
이로써 여래장연기와 진여연기, 생멸연기가 생겨난다.

불(佛)은 본원본제의 향하문적 성향을 제도해야 하는 소명이 있다.
정토불사의 완성이 그로써 이루어지기 때문이다.
부처님이 깨달으신 이와 같은 오묘한 내용은 아라한도 알아듣기가 어렵다. 때문에 구체적인 설명을 하지 않으셨다.

부처님은 본원본제의 일곱 가지 성향을 제도할 수 있다.
묘각을 이루는 절차와 불세계와의 교류를 통해서 그와 같은 역량이 갖추어진다.

본원본제가 열 가지 상태로 이루어졌듯이 부처님 또한 여덟 가지 면모가 있다.
불상(佛相), 불성(佛性), 불신(佛身), 불력(佛力), 불작(佛作), 불인(佛因), 불연(佛緣), 불본(佛本)이 그것이다.

불상(佛相)은 일심법계로 이루어져 있다.
일심법계는 불이문을 이루고 있다.
불이문은 공여래장과 불공여래장으로 만들어졌다.
공여래장과 불공여래장은 진여문과 생멸문이 제도된 것이다. 진여문과 생멸문은 서로에 대한 그리움으로 연결되어 있다. 때문에 공여래장과 불공여래장이 되어서도 서로에 대한 그리움으로 연결되어 있다.
공여래장과 불공여래장은 합쳐지지도 않고 분리되지도 않은 상태로 불이문을 이루고 있다.
양장(兩場)의 합쳐지지 않는 성향이 간극을 만든다.
양장의 분리되지 않는 성향이 일심법계를 만든다.

불성(佛性)은 대적정문과 대자비문으로 이루어져 있다.
대적정은 각성이 본성의 간극에 머물러서 무념·무심을 껴안고 있는 상태이다. 25원통을 통해 각성의 무명적 습성을 제도했을 때 대적정문에 들어간다.
대자비는 제도된 천지만물의 성품이 스스로 안에 갖춰진 것을 말한다. 삼신구족행을 통해 갖추어진 원만보신과 천백억화신, 청정법신으로 대자비문이 이루어진다.

불신(佛身)은 불상의 구조와 불성의 상태에서 생겨난다.
불신은 본신과 화신으로 이루어져 있다.
불의 본신은 일심법계 자체이다.
불의 화신은 불성의 의도로 만들어진다.
불성의 의도가 불이문의 간극에 두어지면 화신이 만들어진다. 이때 만들어지는 화신이 천백억화신이다.
천백억 화신이 대적정에 들어가면 각각의 화신마다 또 다른 천백억 화신을 만들어낸다.
그렇게 만들어진 천백억×천백억의 화신이 대자비에 머무르면 각각의 화신마다 천백억의 화신이 또다시 만들어진다. 불의 화신은 (천백억×천백억)×천백억 개다.
불(佛)이 화신을 이루는 것은 수능엄삼매와 삽십이진로 수행을 통해서이다.
불(佛)은 본신과 화신을 활용해서 여래장계의 정토불사를 행하신다.

불력(佛力)은 부처님이 갖고 있는 힘이다.

부처님은 불상의 힘과 불성의 힘, 불신의 힘을 갖고 있다.
불상의 힘은 불이문의 간극에서 생성되는 밝은성품으로 인해 생겨난다.
불(佛)은 이 힘을 활용해서 새로운 생멸문과 진여문을 창조할 수도 있고 천백억 화신을 만들 수도 있다.
불성의 힘은 대적정과 대자비에서 생긴다.
대적정력은 불의 본성에서 생겨나는 힘이다.
대자비력은 천지만물의 호응으로 생겨나는 힘이다.
불은 이 힘을 활용해서 본원본제의 향하문적 성향을 제도한다.
불신의 힘은 본신과 화신에서 나온다.
본신력은 수능엄삼매의 조절과 삽십이진로의 운용에 쓰인다.
화신력은 여래장계 생멸문의 정토불사에 쓰인다.
불상, 불성, 불신의 힘에서 부처님만이 갖고 계시는 열 가지 힘이 생겨난다. 그것을 십력(十力)이라 한다.

본원본제의 여시상과 여시성, 여시체, 여시력, 여시작의 작용으로 무량극수의 생멸문과 진여문이 생겨나고 부처님의 불상과 불성, 불신, 불력의 작용으로 천백억 화신이 만들어진다.
본원본제로 인해 생겨난 무량극수의 생멸문은 미망의 어둠에 휩싸여 있다.
불(佛)로 인해 생겨난 천백억 화신은 어둠에 휩싸여있는 생멸문을 제도하고 정토불사를 행한다.
여시상과 여시성은 불생불멸 불구부정 부증불감한다. 불상과 불성은 불생불멸하고 불구부정한다. 그러면서 의증의감(意增意減)한다.
여시성의 각성은 인식, 지각, 의도로 이루어진 무명적 습성을 갖고 있다.
불성의 각성은 무명적 습성이 제도된 구경각을 이루고 있다.
이것이 相과 性에 있어서 본원본제와 일심법계 부처님의 다른 점이다.

불작(佛作)은 부처님의 지음이다.
불의 지음은 존재목적에 따라 달라진다.
대통지승여래는 여래장계 정토불사의 서원을 세우셔서 부처가 되셨고 열여섯 아들을 모두 부처로 만들어서 여래장계 8방에 정토불사를 맡기셨다.
아미타부처님은 사십팔원이 있어서 극락정토를 지으셨고 석가모니부처님은 현겁 생명들의 개체식을 보호하기 위해서 부처님이 되셨다.
이처럼 부처님마다 서로 다른 존재 목적이 있었고 서로 다른 지음이 있었다.
모든 부처님은 공통의 존재 목적이 있다.
그것이 바로 본원본제의 향하문적 성향을 제도하는 것과 정토불사이다.

묘법연화경을 설하시는 것은 그것을 위해 행해지는 부처님들의 지음에 대해서 설명해 주기 위해서이다.
깨달음의 길을 걷고 있는 제자들에게 불의 존재 목적에 대해 알려주고 그 일에 동참시키기 위해서 묘법연화경을 설하셨다.
지금 이 대목에서 본원본제의 열 가지 상태를 말씀하시는 것도 그로 인해 향하문이 열렸으니 그것을 제도하는 방법을 일러주기 위해서다.

불인(佛因)이란 부처님의 마음을 이루고 있는 정보이다.
부처님은 세 가지 마음으로 불인을 이룬다.
대적정과 대자비, 대지혜가 그것이다.
대적정은 일체의 유상을 떠난 절대 공의 상태이다.
부처님은 대적정으로 본성(本性)을 삼는다.
대자비는 천지만물의 호응으로 갖추어진 자리이다.
때문에 그 자리에는 천지만물의 성품이 깃들어 있다.
부처님은 대자비심으로 불심(佛心)을 이룬다.
대지혜는 육근원통을 통해 갖추어진 육신통을 말한다.
부처님은 대지혜로서 불식(佛識)을 이룬다.
불의 본성과 불식이 쓰여서 인식되는 모든 경계는 취득되지 않는다.
십력이 쓰이면서 인식되는 모든 경계에 대해서도 제도가 행해질 뿐 일체의 물듦이 일어나지 않는다.

불인(佛因)은 불력(佛力)과 불작(佛作)의 어떠한 행으로도 늘거나 줄어들지 않는다.

불연(佛緣)은 중생의 갈망과 그리움으로 맺어진다.
부처 스스로는 불연을 만들지 않는다. 불(佛)이 불연을 만드는 유일한 경우가 있다. 그것이 바로 '일대사인연(一大事因緣)'이다.
불연이 그러하듯 불과(佛果)와 불보(佛報) 또한 마찬가지이다. 부처님은 연(緣)과 과(果)와 보(報)가 없기 때문에 인과응보에 들지 않는다.
그에 비견해서 본원본제는 연(緣)과 과(果)와 보(報)를 짓기 때문에 인과응보가 있다.
본원본제의 인과응보는 상(相)과 성(性)에서는 나타나지 않는다. 하지만 체(體)와 력(力), 작(作)으로 생겨나는 생멸문과 진여문은 그 굴레를 벗어나지 못한다.
불본(佛本)은 불의 본질이다.
불은 상(相)과 성(性)과 신(身)과 력(力)과 작(作)과 인(因)연(緣)으로써 근본을 삼는다.
불(佛)은 이와 같은 근본으로 본원본제의 향하문적 성향을 제도하고 여래장계 생멸문에 정토불사를 행하신다.

"구경의 끝에서는 평등해 지니라."

"구경의 끝"이란 일심법계 부처님이 본원본제와 동법계를 이룬 상태에서 성취되는 구경지(究竟智)를 말한다.
여래4지(如來四智)의 마지막 지혜이다.
마치 생멸연기의 촉·수·애·취 과정에서 원신과 원신이 복합체를 이루듯이 일심법계 부처님과 본원본제가 동법계를 이룬다. 그 상태에서 상행(上行), 무변행(無邊行), 정행(淨行), 안립행(安立行)이 이루어지고 각 단계마다 정지(定智), 부정지(不定智), 열반지(涅槃智), 구경지(究竟智)가 성취된다. 그 과정을 통해서 제도된 본원본제는 상락아정(常樂我淨)바라밀을 성취하고 묘각도에 들어간다. 그것을 일러서 구경의 끝이라 한다.

"평등해 지니라"는 본원본제의 향하문적 성향인 체(體), 력(力), 작(作), 인(因), 연(緣), 과(果), 보(報)가 제도돼서 불의 신(身), 력(力), 작(作), 인(因)과 같아진다는 말씀이다. 정토불사가 마무리된다는 말씀이다.
이것이 묘법연화경을 설하시는 동기이며 이유이다.

본문

世雄不可量	諸天及世人	一切衆生類	無能知佛者
세웅불가량	**제천급세인**	**일체중생류**	**무능지불자**
佛力無所畏	解脫諸三昧	及佛諸餘法	無能測量者

불력무소외	**해탈제삼매**	**급불제여법**	**무능측량자**
本從無數佛	具足行諸道	甚深微妙法	難見難可了
본종무수불	**구족행제도**	**심심미묘법**	**난견난가료**
於無量億劫	行此諸道已	道場得成果	我已悉知見
어무량억겁	**행차제도이**	**도량득성과**	**아이실지견**
如是大果報	種種性相義	我及十方佛	乃能知是事
여시대과보	**종종성상의**	**아급시방불**	**내능지시사**
是法不可示	言辭相寂滅	諸餘眾生類	無有能得解
시법불가시	**언사상적멸**	**제여중생류**	**무유능득해**
際諸菩薩眾	信力堅固者	諸佛弟子眾	曾供養諸佛
제제보살중	**신력견고자**	**제불제자중**	**증공양제불**
一切漏已盡	住是最後身	如是諸人等	其力所不堪
일체루이진	**주시최후신**	**여시제인등**	**기력소불감**
假使滿世間	皆如舍利弗	盡思共度量	不能測佛智
가사만세간	**개여사리불**	**진사공탁량**	**불능측불지**
正使滿十方	皆如舍利弗	及餘諸弟子	亦滿十方剎
정사만시방	**개여사리불**	**급여제제자**	**역만시방찰**
盡思共度量	亦復不能知	辟支佛利智	無漏最後身
진사공탁량	**역부불능지**	**벽지불이지**	**무루최후신**
亦滿十方界	其數如竹林	斯等共一心	於億無量劫
역만시방계	**기수여죽림**	**사등공일심**	**어억무량겁**
欲思佛實智	莫能知少分	新發意菩薩	供養無數佛
욕사불실지	**막능지소분**	**신발의보살**	**공양무수불**

了達諸義趣	又能善說法	如稻麻竹葦	充滿十方刹
요달제의취	**우능선설법**	**여도마죽위**	**충만시방찰**
一心以妙智	於恒河沙劫	咸皆共思量	不能知佛智
일심이묘지	**어항하사겁**	**함개공사량**	**불능지불지**
不退諸菩薩	其數如恒沙	一心共思求	亦復不能知
불퇴제보살	**기수여항사**	**일심공사구**	**역부불능지**
又告舍利弗	無漏不思議	甚深微妙法	我今已具得
우고사리불	**무루부사의**	**심심미묘법**	**아금이구득**
唯我知是相	十方佛亦然	舍利弗當知	諸佛語無異
유아지시상	**시방불역연**	**사리불당지**	**제불어무이**
於佛所說法	當生大信力	世尊法久後	要當說眞實
어불소설법	**당생대신력**	**세존법구후**	**요당설진실**
告諸聲聞衆	及求緣覺乘	我令脫苦縛	逮得涅槃者
고제성문중	**급구연각승**	**아령탈고박**	**체득열반자**
佛以方便力	示以三乘教	衆生處處著	引之令得出
불이방편력	**시이삼승교**	**중생처처착**	**인지령득출**

거룩하신	부처님의	지혜덕은	알수없네
모든하늘	세상사람	어떤중생	누구라도
부처님의	참모습을	헤아릴자	없나니라
부처님의	크신힘과	두려움이	없사옴과
해탈이나	여러가지	삼매들과	그외다른
모든법들	그누구도	헤아릴자	없느니라

본래부터 　무수한 　　부처님들 　따르면서
모든도를 　완전하게 　　두루갖춰 　행했으니
매우깊고 　미묘한법 　　보기도　 　어려우며
뉘라서　 　이해하고 　　알기또한 　어렵도다
한량없이 　오랜억겁 　　여러가지 　도를닦아
도량에서 　얻은성과 　　내가이미 　보고아네
이와같이 　큰과보와 　　가지가지 　성품모양
그뜻일랑 　오직나와 　　시방부처 　만이안다
이런법은 　보일수도 　　말할수도 　없나니
하물며　 　일체중생 　　누가알고 　이해하랴
모든보살 　가운데서 　　믿는힘이 　견고하여
흔들림이 　전혀없는 　　그런보살 　제외하고
일찍부터 　많은제자 　　부처님께 　공양올려
온갖번뇌 　끊어져서 　　최후몸에 　이르러도
그러한　 　사람들도 　　감당하지 　못하니라
사리불과 　같은이가 　　이세상에 　가득해서
모두함께 　마음합쳐 　　생각하고 　헤아려도
부처님의 　크신지혜 　　능히알수 　없느니라
사리불과 　같은이가 　　시방세계 　가득하고
다른모든 　제자들이 　　세계마다 　가득해서
모두함께 　마음합쳐 　　생각하고 　헤아려도
부처님의 　크신지혜 　　능히알수 　없느니라
날카로운 　지혜가진 　　벽지불과 　번뇌없는

최후의몸 얻은이가 시방세계 가득하여
그수효가 가득하길 대숲처럼 많다해도
이들모두 마음합쳐 한량없는 억겁동안
부처지혜 헤아려도 조금도 모르리라
처음발심 보살들이 많은부처 공양하여
법의이치 잘알아서 설법하길 훌륭해도
이런이들 벼와삼과 대와갈대 수효만큼
시방세계 가득하여 항하강의 모래처럼
많은겁의 시간동안 일심으로 생각해도
묘한지혜 함께하여 헤아린다 하더라도
부처님의 지혜는 알수가 없느니라
불퇴전의 보살들이 한량없이 많다한들
그들모두 일심으로 생각합쳐 헤아려도
부처님의 지혜는 역시알수 없느니라
사리불아 내가다시 말하노니 나는이제
번뇌없는 부사의한 미묘한법 얻었으니
오직내가 자세하게 그모양과 법을알고
시방세계 부처님들 또한알고 계시니라
부처님의 말씀들은 다르지가 않나니
사리불아 그러함을 마땅하게 알아서는
부처님이 설한법문 큰믿음과 힘을내라
세존이 부처설법 오랜뒤에 비로소
진실한 참된법문 그대들에 설하노니

성문법과	연각인연	구하는	이들이여
내가이제	너희에게	분명하게	말하노니
괴로움의	속박벗고	열반얻게	하리니
부처님이	방편써서	삼승의법	가르침은
중생들이	모든것에	집착하고	탐하기에
이런이들	인도하여	벗어나게	해줌이다

강설

부처의 깨달음과 그 경지는 아라한도 알 수 없고 벽지불도 알 수 없으며 10지 보살들도 알 수 없다는 말씀이시다.

본문

爾時大眾中。有諸聲聞漏盡阿羅漢阿若憍陳如等千二百人.
이시대중중. 유제성문누진아라한아야교진여등천이백인.
及發聲聞辟支佛心比丘比丘尼優婆塞優婆夷。各作是念。
급발성문벽지불심비구비구니우바새우바이. 각작시념.
今者世尊。何故慇懃稱歎方便而作是言。佛所得法甚深難
금자세존. 하고은근칭탄방편이작시언. 불소득법심심난
解。有所言說意趣難知。一切聲聞辟支佛所不能及。佛說
해. 유소언설의취난지. 일체성문벽지불소불능급. 불설
一解脫義。我等亦得此法到於涅槃。而今不知是義所趣。

일해탈의. 아등역득차법도어열반. 이금부지시의소취.
爾時舍利弗知四眾心疑。自亦未了。而白佛言。世尊。
이시사리불지사중심의. 자역미료. 이백불언. 세존.
何因何緣。慇懃稱歎諸佛第一方便。甚深微妙難解之法。
하인하연. 은근칭탄제불제일방편. 심심미묘난해지법.
我自昔來未曾從佛聞如是說。今者四眾咸皆有疑。唯願
아자석래미증종불문여시설. 금자사중함개유의. 유원
世尊。敷演斯事。世尊何故慇懃稱歎甚深微妙難解之法。
세존. 부연사사. 세존하고은근칭탄심심미묘난해지법.
爾時舍利弗欲重宣此義。而說偈言
이시사리불욕중선차의. 이설게언.

그때 대중 가운데에 모든 성문과 번뇌가 다한 아라한인 아야교진여 등 일천이백 명과 처음으로 성문, 벽지불의 마음을 낸 비구, 비구니, 우바새, 우바이들이 모두 이런 생각을 하였다. '지금 세존께서 무슨 까닭으로 은근하게 방편을 찬탄하시면서 이와 같은 말씀을 하시는가? 부처님께서 얻으신 법은 매우 깊어서 이해하기 어려우며, 말씀하시는 취지도 알기 어려워서 모든 성문이나 벽지불로서는 따를 수 없다고 하시는가? 부처님께서 말씀하신 일해탈의 이치는 우리도 그 법을 얻어서 열반에 이르렀는데, 지금 와서 이러한 말씀을 하시는 뜻을 알 수 없구나.'
이때 사리불이 사부대중들의 의심을 알아차리고, 자기 자신도 분명히 알지 못하여 부처님께 말씀드렸다.
"세존이시여, 무슨 인연으로 모든 부처님의 제일 방편과 매우 깊고 미묘하여 이해하기 어려운 법을 찬탄하십니까? 제가 예전부터 지금까지 한 번도 부처님께서 이렇게 말씀하시는 것을 듣지 못하였으며, 지금 사부 대중들이 모두 다 궁금해하고 있으니 바라옵건대 세존께서 이 일에 대해 말씀하여 주십시오. 세존께서는 무슨 까닭으로 매우 깊고 미묘하여 이해하기 어려운 법이라고 은근히 찬탄하십니까?"
그때 사리불이 이 뜻을 거듭 펴려고 게송으로 사뢰었다.

강설

"부처님께서 말씀하신 일해탈의 이치"

일해탈이란 25원통을 통한 대적정의 증득을 말한다.
아라한과 벽지불들이 증득한 깨달음이다.

"우리도 그 법을 얻어서 열반에 이르렀는데"

'우리'란 아라한과 벽지불을 말한다.
'열반에 이르렀는데'란 멸진정에 들어갈 수 있다는 말이다.

부처님의 깊고 깊은 미묘한 법을 설해달라고 간청하는 대목이다.

본문

慧日大聖尊
혜일대성존
禪定解脫等
선정해탈등
我意難可測
아의난가측
智慧甚微妙
지혜심미묘
今皆墮疑網
금개타의망
諸天龍鬼神
제천용귀신
是事爲云何
시사위운하
我今自於智
아금자어지
佛口所生子
불구소생자
諸天龍神衆

久乃說是法
구내설시법
不可思議法
불가사의법
亦無能問者
역무능문자
諸佛之所得
제불지소득
佛何故說是
불하고설시
及乾闥婆等
급건달바등
願佛爲解說
원불위해설
疑惑不能了
의혹불능료
合掌瞻仰待
합장첨앙대
其數如恒沙

自說得如是
자설득여시
道場所得法
도량소득법
無問而自說
무문이자설
無漏諸羅漢
무루제나한
其求緣覺者
기구연각자
相視懷猶豫
상시회유예
於諸聲聞衆
어제성문중
爲是究竟法
위시구경법
願出微妙音
원출미묘음
求佛諸菩薩

力無畏三昧
역무외삼매
無能發問者
무능발문자
稱歎所行道
칭탄소행도
及求涅槃者
급구열반자
比丘比丘尼
비구비구니
瞻仰兩足尊
첨앙양족존
佛說我第一
불설아제일
爲是所行道
위시소행도
時爲如實說
시위여실설
大數有八萬

제천용신중	기수여항사	구불제보살	대수유팔만
又諸萬億國	轉輪聖王至	合掌以敬心	欲聞具足道
우제만억국	전륜성왕지	합장이경심	욕문구족도

지혜의	태양이며	거룩하신	세존께서
오랜만에	이런법을	저희에게	설하시네
여러힘과	두렴없음	얻으시고	삼매선정
여러해탈	불가사의	크신법을	얻었으나
찾아와서	묻는이가	하나도	없었으며
헤아리기	어려워서	또한묻는	이없었네
부처님도	행하여서	얻으신	그해탈이
매우깊고	미묘하온	지혜이라	찬탄하고
이런지혜	부처들만	얻는바라	하시옵네
번뇌없는	아라한과	열반법을	구하는이
지금모두	의심품어	그물에	걸리었네
부처님은	무슨일로	이런말씀	하십니까
연각법을	구하는이	비구들과	비구니들
온갖하늘	용과귀신	건달바와	그외무리
서로보고	망설이며	부처님만	보고있네
바라건대	이러한일	어떤하온	까닭인지
자비로운	부처님은	설명하여	주옵소서
모든성문	가운데서	제가지혜	제일이라
말씀하여	주셨지만	지금저의	지혜로도

의문많고	분별못해	알지를	못합니다
이법문이	가장높은	참진리가	되나이까
이말씀이	우리들이	행할도가	되나이까
부처님의	법문듣고	발심한	제자들이
부처님께	합장하고	간절하게	기다리니
바라건대	거룩하고	미묘하신	음성으로
진실한뜻	사실대로	말씀하여	주옵소서
모든하늘	용과귀신	항하모래	처럼많고
깨달음을	찾는보살	팔만여명	되나이다
억만국토	전륜왕들	이곳으로	모여들어
모두함께	합장하고	공경하는	마음으로
모든것을	갖춘도를	들으려고	하나이다

강설

사리불이 법문 듣기를 간청하는 모습이 애처롭다.
오로지 부처님들만 알고 있는 진리라 하니 더욱더 듣고 싶은 것이다.
본인을 지혜제일 사리불이라고 하시면서 도대체 어떤 법문이기에 알아듣지 못한다고 하시는지 서운함마저 느껴지는 대목이다.

본문

爾時佛告舍利弗。止止不須復說。若說是事。一切世間諸
이시불고사리불. 지지불수부설. 약설시사. 일체세간제
天及人皆當驚疑。舍利弗重白佛言。世尊。唯願說之。
천급인개당경의. 사리불중백불언. 세존. 유원설지.
唯願說之。所以者何。是會無數百千萬億阿僧祇眾生。
유원설지. 소이자하. 시회무수백천만억아승기중생.
曾見諸佛。諸根猛利智慧明了。聞佛所說則能敬信。
증견제불. 제근맹리지혜명료. 문불소설즉능경신.
爾時舍利弗欲重宣此義。而說偈言。
이시사리불욕중선차의. 이설게언.

그때 부처님께서 사리불에게 말씀하셨다.
"그만두자, 그만두자. 더 이상 말할 것이 없느니라. 만약 이 일을 말한다면 모든 세간과 천신들과 사람들이 다 놀라고 의심하리라."
사리불이 다시 부처님께 사뢰었다.
"세존이시여, 원컨대 말씀하여 주십시오. 원컨대 말씀하여 주십시오. 왜냐하면, 이 법회에 모인 무수한 백천만억 아승기 중생들은 일찍이 여러 부처님을 친견하여 모두 근기가 영리하며 지혜가 명철하여 부처님의 말씀을 들으면 능히 공경하고 믿을 것입니다."
그때 사리불이 이 뜻을 거듭 펴려고 게송으로 사뢰었다.

강설

이 경전의 내용이 그만큼 심오하고 어렵다는 말이다.

본문

法王無上尊。　惟說願勿慮。　是會無量衆。　有能敬信是。
법왕무상존.　유설원물려.　시회무량중.　유능경신자.
佛復止舍利弗。　若說是事。　一切世間天人阿修羅。
불부지사리불.　약설시사.　일체세간천인아수라.
皆當驚疑。增上慢比丘將墜於大坑。爾時世尊。重說偈言。
개당경의.　증상만비구장추어대갱.　이시세존.　중설게언.

만법의	왕이시며	거룩하신	세존이여
염려하지	마옵시고	말씀하여	주옵소서
여기모인	한량없이	많고많은	대중들은
그가르침	공경하며	굳게믿을	것입니다

부처님께서는 또 사리불에게 그만두어라 하시면서 말씀하셨다. "만약 이 일을 말한다면 모든 세간의 천신과 사람과 아수라들이 다 놀라고 의심할 것이며 깨닫지도 못했으면서 깨달은 체 하는 오만한 비구들은 장차 지옥에 떨어지리라."
그때 세존께서는 다시 게송으로 말씀하셨다.

止止不須說。我法妙難思。諸增上慢者。聞必不敬信。
지지불수설. 아법묘난사. 제증상만자. 문필불경신.
爾時舍利弗重白佛言。 世尊。唯願說之。唯願說之。
이시사리불중백불언. 세존. 유원설지. 유원설지.
今此會中。如我等比百千萬億。世世已曾從佛受化。
금차회중. 여아등비백천만억. 세세이증종불수화.
如此人等必能敬信。長夜安隱多所饒益。
여차인등필능경신. 장야안은다소요익.
爾時舍利弗欲重宣此義。而說偈言。
이시사리불욕중선차의. 이설게언.

그만두라	그만두라	설하지	않겠노라
나의법은	미묘하여	생각조차	어려우니
오만한	무리들은	가르침을	듣더라도
공경하고	믿는마음	일으키지	않으리라

그때 사리불이 다시 부처님께 사뢰었다.
"세존이시여, 원컨대 말씀하여 주십시오. 원컨대 말씀하여 주십시오. 지금 이 법회에 모인 저와 같은 백천만억 대중들은 세세생생 부처님의 가르침을 받았사오니 이 사람들은 반드시 공경하고 믿을 것이오며, 기나긴 오랜 세월 동안 안락하게 생활하고 많은 이익을 얻어 행복하게 지낼 것입니다."
그때 사리불이 이 뜻을 거듭 펴려고 게송으로 사뢰었다.

無上兩足尊。　願說弟一法。　我爲佛長子。　惟垂分別說。
무상양족존　**원설제일법**　**아위불장자**　**유수분별설**
是會無量衆。　能敬信此法。　佛已曾世世。　敎化如是等。
시회무량중　**능경신차법**　**불이증세세**　**교화여시등**
皆一心合掌。　欲聽受佛語。　我等千二百。　及餘求佛者。
개일심합장　**욕청수불어**　**아등천이백**　**급여구불자**
願爲此衆故。　惟垂分別說。　是等聞此法。　則生大歡喜。
원위차중고　**유수분별설**　**시등문차법**　**즉생대환희**

가장높은　　법왕이며　　거룩하신　　세존이여
원하오니　　제일법을　　말씀하여　　주옵소서
바라건대　　저는이제　　부처님의　　장자이니
법의말씀　　알기쉽게　　설법하여　　주옵소서
여기모인　　많은대중　　공경하며　　믿으오리
부처님은　　일찍이　　　출현하신　　세상마다
이와같은　　대중들을　　교화하여　　주셨으니
저희들은　　모두같이　　일심으로　　합장하고
부처님의　　그말씀을　　듣고자　　　하옵니다
저희들　　　일천이백　　대중들과　　그밖에도
깨달음을　　구하고자　　많은중생　　모였으니
원하오니　　이들위해　　설법하여　　주옵소서
이대중들　　법문듣고　　크게기뻐　　하오리다

爾時世尊告舍利弗。汝已慇懃三請。豈得不說。汝今諦聽。
이시세존고사리불. 여이은근삼청. 기득불설. 여금제청.
善思念之。吾當爲汝分別解說。說此語時。會中有比丘比
선사념지. 오당위여분별해설. 설차어시. 회중유비구비
丘尼優婆塞優婆夷五千人等。即從座起禮佛而退。
구니우바새우바이오천인등. 즉종좌기예불이퇴.
所以者何。此輩罪根深重及增上慢。未得謂得。未證謂證.
소이자하. 차배죄근심중급증상만. 미득위득. 미증위증.
有如此失。是以不住。世尊默然而不制止。
유여차실. 시이부주. 세존묵연이불제지.
爾時佛告舍利弗。我今此眾無復枝葉。純有貞實。
이시불고사리불. 아금차중무부지엽. 순유정실.
舍利弗。如是增上慢人。退亦佳矣。汝今善聽。當為汝說.
사리불. 여시증상만인. 퇴역가의. 여금선청. 당위여설.

그때 세존께서 사리불에게 말씀하셨다.
"그대가 이제 은근하게 세 번이나 청하였으니 내 어찌 말하지 않을 수 있겠는가. 그대는 자세히 듣고 잘 생각하여 마음에 깊이 간직하라. 내 이제 그대들을 위해서 분별하여 해설하리라."
이 말씀을 하실 때 법회 중에 있던 비구, 비구니, 우바새, 우바이들 오천 명이 곧 자리에서 일어나 부처님께 예배하고 물러갔으니 그 까닭은 이 사람들은 지금까지 지은 죄업이 깊고 무거우며 또 매우 교만해서 얻지 못하고도 얻은 체하고, 깨닫지 못하고도 깨달은 체하는 자들이기 때문이었다.
이러한 허물이 있으므로 그 법회에 더 머물러 있을 수가 없어 물러갔으나, 세존께서는 잠자코 그들을 말리지 아니하셨다.
그때 부처님께서 사리불에게 말씀하셨다.
"이제 여기 있는 대중은 더 이상 잎과 가지는 없고 오로지 순수한 열매들만 있구나.
사리불아, 저와 같이 교만한 사람들은 물러가도 또한 좋다. 그대들은 자세히 들어라. 그대들을 위하여 말하리라."

舍利弗言。 唯然世尊。 願樂欲聞。 佛告舍利弗。
사리불언. 유연세존. 원요욕문. 불고사리불.
如是妙法。諸佛如來時乃說之。如優曇鉢華時一現耳。
여시묘법. 제불여래시내설지. 여우담발화시일현이.
舍利弗。汝等當信佛之所說言不虛妄。
사리불. 여등당신불지소설언불허망.
舍利弗。諸佛隨宜說法意趣難解。
사리불. 제불수의설법의취난해.

사리불이 말하였다.
"예, 세존이시여, 원컨대 듣고자 합니다."
부처님께서 사리불에게 말씀하셨다.
"이와 같이 미묘한 법은 모든 부처님께서도 때가 되어야 말씀하나니 마치 우담바라꽃이 때가 되어야 한 번 피는 것과 같으니라.
사리불아, 그대들은 마땅히 부처님이 설한 법을 믿어라. 말이 결코 허망하지 아니하니라.
사리불아, 모든 부처님께서는 중생의 근기에 따라 법을 설하시나니 그 뜻은 알기가 어려우니라."

所以者何。我以無數方便種種因緣譬喩言辭演說諸法。
소이자하. 아이무수방편종종인연비유언사연설제법.
是法非思量分別之所能解。唯有諸佛乃能知之。
시법비사량분별지소능해. 유유제불내능지지.
所以者何。諸佛世尊。唯以一大事因緣故出現於世。
소이자하. 제불세존. 유이일대사인연고출현어세.
舍利弗。云何名諸佛世尊唯以一大事因緣故出現於世。
사리불. 운하명제불세존유이일대사인연고출현어세.
諸佛世尊。欲令衆生開佛知見使得淸淨故出現於世。
제불세존. 욕령중생개불지견사득청정고출현어세.
欲示衆生佛之知見故出現於世。
욕시중생불지지견고출현어세.
欲令衆生悟佛知見故出現於世。
욕령중생오불지견고출현어세.
欲令衆生入佛知見道故出現於世。
욕령중생입불지견도고출현어세.
舍利弗。是爲諸佛以一大事因緣故出現於世。

사리불. 시위제불이일대사인연고출현어세.

"왜냐하면, 나는 무수한 방편과 갖가지 인연과 비유와 이야기로써 모든 법을 설하기 때문이니라.
이 법은 생각이나 분별로는 감히 알기 어려우니 오직 부처님들만이 능히 알 수 있는 것이니라.
왜냐하면, 모든 부처님께서는 오직 일대사인연으로 세상에 출현하시기 때문이니라.
사리불아, 어찌하여 모든 부처님께서 오직 일대사인연으로써 세상에 출현하신다고 하는가 하면 모든 부처님께서는 중생들에게 부처님의 지견을 열어 주어 청정함을 얻게 하시려고 세상에 출현하시며, 중생에게 부처님의 지견을 나타내 보여주려고 세상에 출현하시며, 중생으로 하여금 부처님의 지견을 깨닫게 하시려고 세상에 출현하시며, 중생으로 하여금 부처님의 지견의 길로 들어가게 하시려고 세상에 출현하시느니라.
사리불아, 이것이 모든 부처님께서 오직 일대사인연으로 이 세상에 출현하시는 것이라 하느니라."

강설

불인(佛因)은 있지만 불연(佛緣)을 만들지 않는 부처님이 유일하게 불연을 만드는 것이 일대사인연(唯以一大事因緣)이다. 일대사인연을 만드는 것은 묘각의 법을 세상에 남겨놓기 위해서다. 묘각을 이루는 세 가지 절차는 일대사인연을 통해 만들어진다.
등각을 얻는 것은 법연(法緣)으로 이루어지고 억불(憶佛)과 불세계로의 초대(招對)는 수기인연(授記因緣)으로 만들어진다.
부처가 일대사인연을 만드는 것은 세 가지 목적 때문이다.
첫째가 욕시중생 불지지견(欲示衆生 佛之知見)이다.
욕시중생(欲示衆生)이란 의식·감정·의지를 자기로 알고 있는 존재를 말한다. 즉 생멸심을 자기로 삼고 본성을 잃어버린 존재라는 말이다.
불지지견(佛之知見)이란 불의 지견을 말한다.
불(佛)은 대적정과 대자비, 대지혜로 지(知)를 삼는다.
불은 불안(佛眼)으로 불세계와 본원본제를 보며 여래장계 모든 중생과 낱낱의 생명들을 보고 계신다.
부처님이 일대사인연을 만드신 첫 번째 이유는 욕시중생에게 불의 지견을 알려주기 위해서다.
둘째가 욕령중생 오불지견 (欲令衆生 悟佛知見)이다.
욕령중생(欲令衆生)이란 심식의(心識意)를 통해 생겨나는 탐진치(貪嗔痴)를 따르는 존재들을 말한다.
오불지견(悟佛知見)이란 불지견을 깨닫게 한다는 것이다.
부처님이 일대사인연을 만든 두 번째 이유는 탐진치에 물들어 있는 중생에게 불지견을 깨닫게 하기 위해서다.
셋째가 욕령중생 입불지견도(欲令衆生 入佛知見道)이다.
입불지견도(入佛知見道)란 불지견에 들어가서 도성제를 이루게 한다는 것이다.
도성제는 보살도, 등각도, 묘각도로 이루어져 있다.
불지견에 들어가는 도성제는 묘각도이다.
부처님이 일대사인연을 만든 세 번째 목적은 묘각도로 들어가는 방법을 일러주고 불지견을 갖추게 하기 위해서이다.

본문

佛告舍利弗。諸佛如來。但教化菩薩。諸有所作常為一事.
불고사리불. 제불여래. 단교화보살. 제유소작상위일사.
唯以佛之知見示悟眾生。舍利弗。如來但以一佛乘故為眾
유이불지지견시오중생. 사리불. 여래단이일불승고위중
生說法。無有餘乘若二若三。舍利弗。一切十方諸佛法亦
생설법. 무유여승약이약삼. 사리불. 일체시방제불법역
如是。舍利弗。過去諸佛以無量無數方便種種因緣譬喻言
여시. 사리불. 과거제불이무량무수방편종종인연비유언
辭。而為眾生演說諸法。是法皆為一佛乘故。是諸眾生從
사. 이위중생연설제법. 시법개위일불승고. 시제중생종
諸佛聞法。究竟皆得一切種智。舍利弗。未來諸佛當出於
제불문법. 구경개득일체종지. 사리불. 미래제불당출어
世。亦以無量無數方便種種因緣譬喻言辭。而為眾生演說
세. 역이무량무수방편종종인연비유언사. 이위중생연설
諸法。是法皆為一佛乘故。是諸眾生從佛聞法。究竟皆得

제법. 시법개위일불승고. 시제중생종불문법. 구경개득
一切種智。舍利弗。現在十方無量百千萬億佛土中諸佛世
일체종지. 사리불. 현재시방무량백천만억불토중제불세
尊。多所饒益安樂眾生。是諸佛亦以無量無數方便種種因
존. 다소요익안락중생.시제불역이무량무수방편종종인
緣譬喻言辭。而為眾生演說諸法。是法皆為一佛乘故。
연비유언사. 이위중생연설제법. 시법개위일불승고.
是諸眾生從佛聞法。究竟皆得一切種智。舍利弗。是諸佛
시제중생종불문법. 구경개득일체종지. 사리불. 시제불
但教化菩薩。欲以佛之知見示眾生故。欲以佛之知見悟眾生
단교화보살. 욕이불지지견시중생고. 욕이불지지견오중생
故。欲令眾生入佛之知見故。舍利弗。我今亦復如是。知諸
고. 욕령중생입불지지견고. 사리불. 아금역부여시. 지제
眾生有種種欲深心所著。隨其本性。以種種因緣譬喻言辭
중생유종종욕심심소착. 수기본성. 이종종인연비유언사
方便力而為說法。舍利弗。如此皆為得一佛乘一切種智故。
방편력이위설법. 사리불. 여차개위득일불승일체종지고.
舍利弗。十方世界中尚無二乘。何況有三。舍利弗。
사리불. 시방세계중상무이승. 하황유삼. 사리불.
諸佛出於五濁惡世。所謂劫濁煩惱濁眾生濁見濁命濁。
제불출어오탁악세. 소위겁탁번뇌탁중생탁견탁명탁.

부처님께서 사리불에게 말씀하셨다.

"모든 부처님은 다만 보살들만을 교화하시느니라. 모든 하시는 일이 항상 한 가지 일을 위함이니, 오직 부처님의 지견을 중생들에게 보여주고 깨닫게 하심이니라.

사리불아. 여래는 오직 일불승으로써 중생들에게 법을 말씀하는 것이요, 이승이나 삼승의 다른 법이 없느니라.

사리불아, 모든 시방세계의 여러 부처님들의 법도 또한 그러하니라.

사리불아, 과거의 모든 부처님이 한량없고 수없는 방편과 갖가지 인연과 비유와 말로써 중생들을 위하여 온갖 법을 설하셨으니 이 법도 모두 일불승을 위한 것이니라.

그러므로 이 모든 중생들이 여러 부처님들께 법을 듣고는 필경에는 모두 일체종지를 얻었느니라.

사리불아, 미래의 모든 부처님들도 세상에 출현하시면 또한 한량없고 수없는 방편과 갖가지 인연과 비유와 말로써 중생들을 위하여 온갖 법을 연설하시리니, 이 법도 모두 일불승을 위한 것이니 이 모든 중생들이 부처님께 법을 듣고는 필경에 일체종지를 얻을 것이니라.

사리불아, 현재 시방세계의 한량없는 백천만억 불국토에 계시는 여러 부처님께서 중생들에게 많은 행복과 안락을 베풀고 계시나니 이 모든 부처님도 한량없고 수없는 방편과 갖가지 인연과 비유와 말로써 중생들을 위하여 온갖 법을 연설하시는데 이 법도 모두 일불승을 위한 것이니 이 모든 중생들이 부처님께 법을 듣고는 필경에는 모두 다 일체종지를 얻느니라.

사리불아, 이 모든 부처님은 오직 보살들만을 교화하시니 부처님의 지견을 중생들에게 보이고자 하심이며, 부처님의 지견을 중생들이 깨닫게 하고자 하심이며, 중생들로 하여금 부처님의 지견에 들어가게 하고자 하심이니라.
사리불아, 나도 지금 또한 그와 같아서 모든 중생들이 가지가지 욕망에 깊이 집착함을 알고 그 본성을 따라 갖가지 인연과 비유와 말과 방편으로써 법을 설하느니라.
사리불아, 이렇게 하는 것은 모두 일불승과 일체종지를 얻게 하고자 함이니라.
사리불아, 시방세계에는 이승도 없는데 하물며 삼승이 있겠는가.
사리불아, 모든 부처님께서는 이른바 겁탁, 번뇌탁, 중생탁, 견탁, 명탁의 오탁악세에 출현하셨느니라."

강설

"부처님께서 사리불에게 말씀하셨다.
모든 부처님은 다만 보살들만을 교화하시니라."

부처님의 설법을 듣는 사람들은 여러 종류의 생명이 있지만 부처님께서는 보살을 대상으로 설법하신다.
때문에 보살지견을 갖추지 못하면 부처님의 말씀을 알아들을 수가 없다. 소승법은 성문승과 연각승, 해탈승을 대상으로 설했기 때문에 그나마 알아들을 수 있다.

하지만 대승법은 보살들을 대상으로 설법하셨기 때문에 알아듣기가 어렵다.

"모든 하시는 일은 항상 한 가지 일을 위함이니, 오직 부처님의 지견을 중생들에게 보여주고 깨닫게 하심이니라. 사리불아. 여래는 오직 일불승으로써 중생들에게 법을 말씀하는 것이요, 이승이나 삼승의 다른 법이 없느니라."

성문승, 연각승, 해탈승을 삼승이라 한다. 곧 소승법이 삼승법이다. 삼승법으로 이를 수 있는 최고의 경지가 아라한과 벽지불이다. 삼승법을 통해서는 대적정을 성취한다.

보살승을 이승(二乘)이라 한다.
대승법 중 보살도 과정이 이승법이다.
이승의 최고 경지는 법운지이다.
이승법을 통해서는 대자비를 성취한다.
보살승은 이미 이승에 들어있기 때문에 보살을 대상으로는 이승법을 설하지 않는다.
보살에게는 일승(一乘)과 불승(佛乘)의 법을 설할 뿐이다.
대적정과 대자비를 성취한 이후에 불이문을 이룬 때가 등각도이다. 등각도가 곧 일승이다.

등각보살이 묘각을 증득하면 불승을 이룬 것이다.

일불승이란 일승과 불승이 합쳐진 말이다
부처님이 보살들을 대상으로 일불승의 법을 설하신다는 것은 등각도와 묘각도의 법을 설하시는 것이다.

이승과 일승 사이에는 상(相)과 성(性), 체(體)를 놓고서 세 가지 차이가 있다.
첫 번째 차이는 수능엄삼매의 역량이다.
법운지는 수능엄삼매의 초입이다.
법운지에서는 본제의 간극과 무심처, 밝은성품을 운용하면서 화신을 이룬다. 밝은성품이 펼쳐진 범위 안에서 제도된 중생의 수만큼 화신이 갖추어진다. 법운지에서 만들어진 화신들은 법운지의 경지에 머물러 있다.
때문에 아직 완성된 화신이 아니다.
법운지를 이룬 보살은 진여신을 몸으로 삼고 있다.
공여래장과 불공여래장이 완성을 이루지 못했기 때문이다.
등각에서는 공여래장과 불공여래장이 불이문을 이룬다.
등각보살은 불이문으로 몸을 삼는다.
등각도에서는 수능엄삼매가 완성을 이룬다.
불이문의 간극이 운용되면서 화신이 만들어지기 때문이다.

두 번째 차이는 식(識)의 구조이다.
10지 보살은 9식이 기반이 된 원통식을 갖고 있다.
등각보살은 10식이 기반이 된 원통식을 갖고 있다.

9식은 대적정은 완성을 이루었지만, 대자비는 완성을 이루지 못한 상태이다. 대자비의 완성은 억불(憶佛)로 이루어진다. 10지 보살은 중생을 그리움의 대상으로 삼기 때문에 온전한 억불이 이루어지지 않는다.
9식이 10식이 되기 위해서는 대적정문과 대자비문이 일체를 이루어야 한다. 불이문을 이루어서 일심법계가 되면 10식이 갖춰진 것이다. 그 상태에서 온전한 억불이 이루어진다.

세 번째 차이는 체(體)의 상태이다.
진여신으로 몸을 삼은 것과 불이문으로 몸을 삼은 것은 많은 차이가 있다. 진여신은 불이문의 반쪽이다.
진여신이 제도된 생멸문을 취득해야 비로소 불이문이 된다.
10지 보살과 등각보살의 몸은 비교할 수 없을 만큼 큰 차이가 있다. 문수보살은 유마거사를 바로 앞에 두고도 보지 못했다.
삼승과 이승 사이도 마찬가지이다.
체상(體相)과 성(性)을 놓고서 서로 다른 차이가 있다.
삼승의 아라한과 벽지불은 유(有)의 몸으로 체상을 삼는다. 때문에 본신으로 존재할 뿐 화신이 없다.
아라한과 벽지불은 대적정으로 성(性)을 삼는다.
심식의(心識意)를 분리시키고 열반에 들어 있지만 자비문을 추구하지 않는다. 때문에 대승으로 들어가지 못하고 소승에 머문다. 그렇게 되면 멸성제는 이루지만 도성제는 이루지 못한다.

일승과 불승 사이에는 지(知)와 견(見)을 놓고서 서로 다른 차이가 있다.
일승의 지(知)는 하나의 생멸문에서 취합된 것이다.
하지만 불승의 지(知)는 항하사수 불세계와 무량극수 생멸문에서 취합된 것이다.
일승의 견(見)은 본원본제와 불세계를 인식하지 못한다.
묘각도에 들어서 불세계에 들어가야 비로소 인식된다.

"사리불아, 모든 시방세계의 여러 부처님들의 법도 또한 그러하니라.
사리불아, 과거의 모든 부처님이 한량없고 수없는 방편과 갖가지 인연과 비유와 말로써 중생들을 위하여 온갖 법을 설하셨으니 이 법도 모두 일불승을 위한 것이니라.
그러므로 이 모든 중생들이 여러 부처님들께 법을 듣고는 필경에는 모두 일체종지를 얻었느니라."

"일체종지"란 대적정과 대자비를 함께 갖춘 것을 말한다.
등각도의 경지이다.

"사리불아, 미래의 모든 부처님들도 세상에 출현하시면 또한 한량없고 수없는 방편과 갖가지 인연과 비유와 말로써 중생들을 위하여 온갖 법을 연설하시리니, 이 법도 모두 일불승을 위한 것이니 이 모든 중생들이 부처님께 법을 듣고는 필경에 일체종지를 얻을 것이니라.
사리불아, 현재 시방세계의 한량없는 백천만억 불국토에 계시는 여러 부처님께서 중생들에게 많은 행복과 안락을 베풀고 계시나니 이 모든 부처님도 한량없고 수없는 방편과 갖가지 인연과 비유와 말로써 중생들을 위하여 온갖 법을 연설하시는데 이 법도 모두 일불승을 위한 것이니 이 모든 중생들이 부처님께 법을 듣고는 필경에는 모두 다 일체종지를 얻느니라."

과거, 미래, 현재의 모든 부처님들이 오로지 일불승만을 설하신다는 말씀이시다. 갖가지 방편을 말씀하시지만 그것은 일불승으로 이끌어가기 위한 방편일 뿐 그 자체가 목적이 아니라는 말씀이다.

"사리불아, 이 모든 부처님은 오직 보살들만을 교화하시니 부처님의 지견을 중생들에게 보이고자 하심이며, 부처님의 지견을 중생들이 깨닫게 하고자 하심이며, 중생들로 하여금 부처님의 지견에 들어가게 하고자 하심이니라.
사리불아, 나도 지금 또한 그와 같아서 모든 중생들이 가지가지 욕망에 깊이 집착함을 알고 그 본성을 따라 갖가지 인연과 비유와 말과 방편으로써 법을 설하느니라.
사리불아, 이렇게 하는 것은 모두 일불승과 일체종지를 얻게 하고자 함이니라.
사리불아, 시방세계에는 이승도 없는데 하물며 삼승이 있겠는가."

시방(十方)은 여래장계의 열 개의 방위를 말한다.
여래장계의 각 방위에는 정토불사를 하고 있는 본불이 상주하신다. 시방세계에 이승이 없다는 말씀은 정토불사가 끝난 세계는 보살승도 없다는 것이다. 오로지 일승과 불승만 존재한다는 말씀이시다.

"사리불아, 모든 부처님께서는 이른바 겁탁, 번뇌탁, 중생탁, 견탁, 명탁의 오탁악세에 출현하셨느니라."

"겁탁"은 겁이 반복되면서 나타나는 어둠을 말한다.
"번뇌탁"은 무작위로 교류되는 심과 식, 의로부터 생겨나는 미망을 말한다.
"중생탁"은 의식·감정·의지를 자기로 아는 데서 생겨나는 미혹이다.
"견탁"은 자기 안목과 관념으로 생겨나는 괴로움이다.
"명탁"은 나고 죽음을 통해 생겨나는 고통이다.

오탁은 생멸연기의 끝자락에서 나타나는 어둠과 미망이다.
여래장계의 무량수 생멸문들이 오탁에 물들어 있다.
이로 인해 여래장계의 연화장세계가 어둠에 휩싸여 있다.
부처님이 출현하시는 것은 그 어둠을 걷어내기 위해서다.
그것을 정토불사라 한다.

'겁탁'은 겁이 반복되면서 생겨나는 중생들의 고통으로 생겨난다.
겁(劫)이란 생멸문의 공간이 팽창하고 수축하는 것이다.
생멸연기를 통해 팽창했던 공간이 수축기에 들어가면 '겁이 다했다'라고 말한다.
생멸 공간이 팽창하고 수축하는 것은 두 가지 원인 때문이다. 첫째는 고유진동수이다.
고유진동수가 낮아지면 공간이 팽창하고 반대로 높아지면 공간이 수축된다.
두 번째 원인은 에너지이다.
에너지는 에너지값이 높은 데서 낮은 쪽으로 이동한다.
생멸문의 중심부에서 생성되는 에너지값이 높으면 공간이 팽창한다. 반대로 중심부의 에너지값이 낮고 테두리 쪽의 에너지값이 높으면 공간이 수축된다.
두 가지 조건의 관계에 의해서 겁이 일어난다.
생멸문에서 한 번의 확장과 수축이 일어난 것을 1겁이라 한다. 수축기가 시작되면 확장기에 분열되었던 천지만물들이 다시 하나로 합쳐지기 시작한다.
그 과정에서 두려움과 공포에 휩싸이게 된다.
이것이 겁탁이 생겨나는 첫 번째 원인이다.
겁에 들어간 생명들은 육체가 소멸되고 영혼으로 돌아간다. 그 상태에서 하나로 합쳐진다. 이 과정을 거친 생명들은 개체성을 잃어버린다. 때문에 일겁 동안 획득한 형질들이 영속되지 않는다. 이로 인해 새로운 생명으로 분리될 때는 무명 생명이 된다. 이것이 겁탁이 생겨나는 두 번째 이유이다.
겁이 다해서 완전하게 수축된 공간을 광음천이라 한다. 빛과 소리만 존재하는 세계라는 말이다.
광음천에서부터 다시 새로운 겁이 일어난다.
처음 겁이 시작된 생멸문은 12연기의 과정을 거치면서 천지만물이 생겨난다. 하지만 광음천에서 분열되는 천지만물은 12연기의 과정을 전체적으로 거치지 않는다.
광음천에서는 무명과 행의 과정이 일어나지 않는다.
이미 식의 틀을 이루고 있기 때문이다.
광음천의 식의 구조 또한 생멸연기가 시작될 때와는 서로 다른 상태를 갖고 있다. 생멸문의 원초신은 단순계로 이루어진 식을 갖고 있지만, 광음천의 식은 처음부터 복잡계를 형성하고 있다. 때문에 광음천에서는 명색(名色)의 과정이 짧게 이루어진다. 광음천에서 분리되는 생명들은 촉·수·애·취(觸受愛取)의 과정도 짧게 거친다. 대부분 분리되자마자

유(有)의 몸을 갖추게 된다.
광음천의 빛은 여섯 색깔로 이루어져 있고, 소리는 여덟 음으로 이루어져 있다.
여섯 종류의 빛은 천지만물이 갖고 있던 혼성과 체백에서 생겨난다.
여덟 음은 여덟 종류의 생명에게서 나오는 소리이다.
신, 인간, 동물, 식물, 무정물, 원생물, 상념체, 용이 여덟 종류의 생명이다.
겁이 다하고 새로운 겁이 시작되는 시기를 짐세(斟世)라 한다.

겁탁을 일으키는 세 번째 원인이 있다.
그것이 바로 생명들이 일으키는 부정성이다.
생명이 일으킨 부정한 마음은 음기가 된다.
음기는 공간을 음화시키고 분열시키는 원인이 된다.
음기로 분열된 공간은 아수라계가 된다.
아수라계는 경쟁심, 투쟁심, 두려움, 분노가 지배하는 세계이다. 아수라계가 생겨나면 생멸문 공간이 둘로 나눠진다.
천상계와 아수라계가 그것이다.
아수라계 안에서 지옥계와 아귀계, 축생계가 출현한다.
아수라계에 속한 생명들은 투쟁과 경쟁의 환경에 노출된다. 때문에 자기도 모르게 공포와 두려움을 갖게 된다.
겁탁이 생겨나는 세 번째 원인이다.

여래장계에는 네 개의 인간계가 있다.
북쪽에 웃타라쿠루, 서쪽에 고다니아, 남쪽에 잠부디파, 동쪽에 프리바비데하가 그것이다.
현재의 지구는 남쪽의 잠부디파에 속해있는 세계이다.
지구 인간계는 아수라계에 들어가 있다.
시간이 갈수록 아수라계가 점점 더 넓어지고 있다.
그러면서 우리가 살아가고 있는 생멸문의 겁탁이 더 심해지고 있다.
그것을 막는 것이 깨달은 사람의 소명이다.
겁탁을 벗어나려면 생멸문을 벗어나서 진여문에 들어가야 한다.

"번뇌탁"은 번뇌에서 생긴다.
번뇌는 마음을 이루고 있는 정보가 무작위로 교류하면서 생겨나는 괴로움이다.
번뇌의 원인은 크게 일곱 가지가 있다.
첫 번째 원인은 몸의 구조이다.
두 번째 원인은 심식의 분리이다.
세 번째 원인은 그리움과 갈망이다.
네 번째 원인은 장부의 음화이다.
다섯 번째 원인은 경계와 외부의식의 침해이다.
여섯 번째 원인은 본성의 망각이다.
일곱 번째 원인은 단절과 고립이다.

몸의 구조로 인해 생기는 번뇌는 머리와 몸의 관계로 인해 생긴다.
머리는 몸을 도구로 활용한다. 그러면서 스스로가 주인이라고 생각한다. 머리의 이러한 성향은 뇌세포의 이기성 때문에 생겨난다. 뇌세포의 이기성이 커지게 되면 즐거움을 탐하게 된다. 안·이·비·설·신·의를 즐거움의 도구로 활용하게 되고 몸을 보살피는 일도 등한시하게 된다.
그 결과로 나타나는 것이 병(病)이다.

심식(心識)의 분리로 인해서 생기는 번뇌는 의식과 감정이 부딪치면서 생겨난다.
심의 정보는 6장에 내장되어 있고 식의 정보는 중추신경에 내장되어 있다.
그렇게 나누어진 정보가 말초신경을 통해서 교류하고 공명을 통해서 교류한다.
이때 말초신경이 훼손되었거나 정보를 매개해주는 에너지가 약해져 있으면 심과 식간의 교류가 단절된다.
그렇게 되면 심과 식 간에 부딪침이 일어난다.
심식이 부조화를 이루면 마음이 불안해지고 명석함을 잃어버린다.

육체가 몸과 머리로 나누어지고 심식이 중추신경과 장부로 분리된 것은 본성을 이루는 세 가지 요소가 체(體)화된 것이다.
무념과 무심, 간극이 육체에서 형상화된 것이 중추신경과 6장, 그리고 말초신경이다.
중생이 이와 같은 번뇌에서 벗어나려면 '심식일여'를 이루어야 한다.

본래 하나였던 생명들에게 향해지는 마음이 그리움과 갈망이다. 연기의 과정을 거쳐온 생명들은 수많은 분열을 거치면서 현재에 이르렀다. 처음 원초신에서 천지만물로 분리된 이후에, 육입(六入)과 촉·수·애·취의 과정에서도 분리되었고, 생사의 과정에서도 의도하지 않는 분리를 이루게 되었다. 그렇게 분리된 생명들에게로 향해지는 그리움이 해소되지 않는 갈망을 낳는다. 그것이 번뇌가 일어나는 세 번째 원인이다.
그런 그리움을 해소하려면 천지만물에 대한 지극함을 일으켜야 한다. 나무도 지극하게 보고, 꽃도 지극하게 보고, 벌레도 지극하게 보고, 돌멩이도 지극하게 보고, 바람도 지극하게 느끼고, 물도 지극하게 보고.... 인식하는 모든 것을 지극하게 보는 그 마음으로 공허함에서 오는 그리움을 해소한다.

오장과 머리, 눈·귀·코·입·몸은 서로 연결되어 있다.
머리의 시상은 오장을 지배하는 자율신경의 시발점이다.

시상에는 오장과 머리로 연결되는 열두 개의 신경핵이 있다. 머리도 오장과 함께 장(臟)에 배속된다. 간, 심장, 비장, 폐, 신장, 머리는 시상에서 서로 교류한다.
오장의 에너지는 시상으로 올라가고 시상의 정보는 오장으로 내려온다.
눈·귀·코·입·몸은 머리와 오장으로 연결되어 있다.
머리와의 연결은 열두 개의 뇌신경으로 연결되어 있고, 오장과의 연결은 뇌척수로 경로와 경락을 통해 연결되어 있다. 간과 심장은 시개척수로를 통해 눈과 연결되어 있다. 폐와 신장은 전정척수로를 통해 귀와 연결되어 있다. 폐와 비장은 피질척수로를 통해 피부와 연결되어 있다.
심장과 비장은 적핵, 피질, 소뇌척수로를 통해 입과 연결되어 있다.
간과 폐는 적핵과 피질척수로를 통해 코와 연결되어 있다.
모든 뇌척수로는 뇌와 척수를 연결하고 뇌와 척수에서 발원되는 자율신경은 오장과 의식 기관을 연결한다.

후각신경은 코로 연결되어 있다.
시각신경, 동안신경, 외전신경, 도르래신경은 눈과 연결되어 있다.
전정신경과 청각신경은 귀로 연결되어 있다.
삼차신경과 설인신경, 설하신경, 고립로신경, 미주신경은 입과 연결되어 있다. 삼차신경과 부신경은 몸의 체감각과 연결되어 있다.

육장은 육부가 생성해 낸 에너지를 저장했다가 머리와 의식 경로에 제공해 준다.
의식 기관은 스스로가 인식한 정보를 머리와 장부에 공급해 준다. 이때 머리에 제공되는 정보는 식의 정보이고 장부에 제공되는 정보는 심의 정보이다.
머리와 장부 간에도 정보의 교류가 이루어진다.
의식과 감정의 교류가 그것이다.
의식 기관과 장부, 머리 간에 이루어지는 교류에는 에너지가 쓰인다. 이때 쓰여지는 에너지가 초양자 에너지, 양자 에너지, 전자기 에너지이다.
초양자 에너지는 생명의 본성에서 생성된다. 밝은성품이 초양자 에너지이다.
양자 에너지는 혼성에서 생성된다.
전자기 에너지는 세포대사와 신경활동, 뼈의 압전 작용과 뇌척수액의 파동으로 만들어진다.
세 가지 에너지 중 초양자 에너지는 의식의 성향에 따라서 음기와 양기로 변형된다.
의식 성향이 부정적으로 쓰이면 음기가 되고 긍정적으로 쓰이면 양기가 된다.
보는 작용이 이루어질 때 눈이 부정적으로 인식하면 음기가 만들어진다. 이때 만들어진 음기는 머리와 장으로 이동한다.
머리로 이동한 음기가 식업과 함께 내장되면 식이 분리되는 원인이 되고 장으로 이동한 음기가 심업과 함께 내장되면 감정이 치성해지는 원인이 된다.
이 과정이 반복되게 되면 머리와 오장이 음화된다.
머리와 오장이 정도 이상 음화되면 의식과 감정의 교류가 무작위로 일어난다.
이렇게 되면 통제되지 않는 번뇌에 빠지게 된다.
이와 같은 번뇌에 빠지지 않으려면 항상 긍정적으로 인식하는 습관을 키워야 한다.

경계와 외부의식의 침해는 일치와 뒤섞임을 통해 이루어진다.
의식과 감정은 일치와 뒤섞임의 성향을 함께 갖고 있다.
일치적 성향은 밝은성품에서 비롯된 것이고 뒤섞임의 성향은 업식에서 비롯된 것이다.
의식과 감정은 생멸정보가 쌓여서 생겨난 것이다.
영의 몸에 정보가 쌓여지면 의식이 되고 혼의 몸에 정보가 쌓여지면 감정이 된다.
육체 안에서는 인식 정보의 성향에 따라 두 가지 쌓임이 한꺼번에 일어난다. 의식 정보는 중추신경에 쌓여지고 감정 정보는 육장에 쌓여진다.

새로운 정보는 세 가지 경로를 통해서 유입된다.

첫 번째 경로는 인식기관이다.
눈·귀·코·입·몸·생각이 그것이다.
두 번째 경로는 식의 틀이다.
6식, 7식, 8식의 틀이 그것이다.
세 번째 경로는 다른 생명의 유입이다.
세균이나 바이러스, 체백과 혼성의 유입이 그것이다.

경계는 첫 번째 경로로 들어오는 정보이다.
외부 의식의 침해는 두 번째 경로를 통해 이루어진다.
세 번째 경로의 경우에는 대부분 질병이 수반된다.
새로운 정보가 들어오면 기존의 정보들과 뒤섞임이 일어난다. 그 과정에서 번뇌가 일어난다.
일치는 세 가지 경로에서 모두 일어난다.
일치를 하면 상대가 갖고 있는 정보를 공유하게 된다.
일치를 통한 정보의 공유는 알면서 이루어지는 경우도 있고 모르면서 이루어지는 경우도 있다.
일치가 이루어질 때는 짜증이 많은 사람과 같이 있게 되면 짜증이 나고 아픈 사람 옆에 있으면 같이 아프게 된다.

외부의식의 침해는 일시적으로 이루어지는 경우가 있고 장기적으로 이루어지는 경우가 있다.
또 부분적으로 이루어지는 경우가 있고 전체적으로 이루어지는 경우가 있다.

일시적으로 이루어지는 침해나 부분적으로 이루어지는 침해는 고통이 크지 않다. 하지만 장기적인 침해나 전체적인 침해는 주체의식을 상실해 버릴 만큼 큰 고통을 당하게 된다. 그런 고통에 빠지지 않으려면 중심을 세우고 본성을 인식해야 한다.

중심의 이면을 세워서 관여되지 않는 자리를 확보하면 일치를 통해 생겨나는 번뇌에서 벗어날 수 있고 본성을 인식하면 외부 의식의 침해에서 벗어날 수 있다.

본성을 망각한 존재들은 의식·감정·의지를 자기라고 생각한다. 때문에 의식·감정·의지를 충족시켜 주기 위해 모든 노력을 바친다. 하지만 그것들은 밖에서 들어온 도둑일 뿐이다. 본래 나의 주인은 본성이다.

주인이 집을 비우면 도둑이 들어오듯이 본성을 망각하니 의식·감정·의지가 주인 노릇을 하는 것이다.

몸과 마음을 도둑이 지배하니 편할 날이 없다.

도둑들은 서로가 주인이라고 우기면서 다툼을 일으킨다.

지식(知識)을 자기라고 생각한다. 지식은 습득된 것이다. 때문에 남의 것이다.

남의 것을 내 것이라고 생각하고 그것이 나라고 행세를 한다. 남이 내 노릇을 하고 있다.

나는 김씨인데 내 안에 들어온 이씨가 김씨 노릇을 하는 것이다. 그러니 김씨는 죽은 송장이 되고 바깥에서 들어온 이씨가 주인 노릇을 하게 된다.
그런 존재를 '나한'이라 한다. 나한은 도둑이라는 뜻이다.
도둑이 주인 노릇을 한다.
그 도둑을 굴복시킨 사람을 '아라한'이라 한다.
나한으로 살지 않으려면 각성으로서 본성을 투철하게 주시하고 그것을 자기로 삼을 줄 알아야 한다.

단절과 고립은 이기심에서 생겨난다.
이기심은 '아상(我相)'에서 생겨난다.
의식·감정·의지를 자기라고 생각하는 것이 아상이다.
이기심에 국집되면 다른 생명과 호응을 이루지 못한다.
그러면서 고립이 시작된다.
생명과 생명 사이에서 이루어지는 교류는 심과 식의 관점에서만 이루어지는 것이 아니다.
에너지와 업(業), 복(福)의 교류가 함께 이루어진다.
단절이라는 것은 이 세 가지 관점의 교류가 끊어졌다는 말이다.

에너지적 교류는 초양자, 양자, 전자기적 관점에서 이루어진다.
초양자적 교류는 생멸문의 주체와 교류하는 것이다.
원초신이 생성해내는 밝은성품과 개체생명이 생성해내는 밝은성품 간의 교류가 초양자적 교류이다.

8식 간의 교류이다.
양자적 교류는 감성적 교류이다.
혼과 혼이 서로 교류하면서 만들어내는 감성이 양자 에너지를 생성해 낸다.
7식 간의 교류이다.
전자기적 교류는 접촉을 통한 교류이다.
살갗과 살갗이 부딪치면서 전자기 에너지가 생성된다.
육체적 교류이다.
이기심이 팽만해지면 생명 에너지가 개체식의 틀 안에 갇히게 된다. 그 결과로 에너지적 교류가 단절된다.
에너지적 교류가 단절되면서 외로움이 생겨난다.
업(業)과 복(福)은 양면의 얼굴이다.
교류가 이루어질 때 반목이 일어나면 업력이 증장되고 호응이 일어나면 복력이 증장된다.
업력이 많은 생명은 부정적인 응보(應報)를 받게 된다.
생명력이 약해지고 고난과 역경에 처해지게 된다.
반대로 복력이 많은 생명은 긍정적인 응보를 받게 된다.
생명력이 커지고 귀한 삶을 살게 된다.
업력이 정도 이상 커지게 되면 단절과 고립이 이루어진다.
생명이 이런 상태에 처해지지 않으려면 이기심을 버리고 이타심을 갖추어야 한다.
그런 다음에 다른 생명의 호응을 얻을 수 있어야 한다.
6바라밀로써 이기심을 극복하고 뭇 생명들의 호응을 얻는다.

"중생탁"은 중생의 마음에서 생겨난다.
중생은 의식·감정·의지가 자기라고 생각하는 존재이다. 중생은 의식·감정·의지를 충족시켜서 자기만족을 얻는다.
의식의 만족을 위해서 일으키는 마음이 취심(醉心)이다.
감정을 만족시키기 위해 일으키는 마음이 희심(喜心), 락심(樂心), 애심(愛心)이다.
의지를 만족시키기 위해서 일으키는 마음이 선택과 분별이다.
하지만 이 세 가지 마음에는 반드시 그늘이 수반된다.
취심에서 탐욕의 그늘이 생겨난다.
희심, 애심, 락심에서는 노심(怒心), 우심(憂心), 비심(悲心), 고뇌(苦惱)가 생겨난다.
선택과 분별에서는 망각(忘覺)과 우치(愚痴)가 생겨난다.
이것으로 인해 괴로움이 생겨난다.
그때의 괴로움이 중생탁을 만든다.
중생탁에 빠지지 않으려면 욕심을 내지 말고 감정에서 벗어나며 선택과 분별을 일으키지 말아야 한다.
무념과 무소유로 탐심에서 벗어나고 무심으로 감정에서 벗어난다. 각성을 얻어서 선택과 분별에서 벗어난다.

"견탁"은 자기 안목과 관념에서 생긴다.
견(見)은 보는 것이다.
두 가지 봄이 있다.
눈으로 보는 것과 견해(見解)로써 보는 것이다.

눈은 보는 기능이 있지만 스스로가 옳고 그름, 좋고 나쁨을 일으키지 않는다.
비교와 분별을 일으키는 것은 견해이다.
견해로 인해 견탁이 생긴다.
견해의 원인은 관념이다.
좋고 나쁨이 관념에서 생긴다.
관념으로 견해가 지어지면 그것 이외의 것은 싫은 것이 된다. 그런데 스스로가 어떤 관념을 갖고 있는지 알지 못한다.
세상을 보고, 시대를 보고, 상대를 보는데 스스로가 어떤 관념에 빠져 있는지를 보지 못하면 있는 그대로의 모습을 보지 못한다. 그렇게 되면 왜곡되고 편협된 시각으로 경계를 인식하게 된다.
그런 상태를 견탁에 빠져 있다고 말한다.
견탁에 빠져 있는 것은 감옥에 갇혀 있는 것이다.
스스로가 감옥에 갇혀 있는데도 그것을 알지 못한다.
오히려 자기 견해를 올바르다고 생각하고 합리화시킨다.

견탁에 빠지지 않으려면 스스로가 갖고 있는 인식의 틀을 점검할 줄 알아야 한다.
그런 다음 그 얽매임에서 자기를 해방시켜야 한다.
삶의 목적, 세상을 바라보는 관점, 존재 간의 교류방식, 삶의 가치를 놓고서 어떤 인식의 틀을 갖고 있는지 점검해 보고 단호하고 과감하게 벗어나야 한다.
'이것만이 옳다' '오로지 이것이어야 한다'라고 고집하지 않고 그 관념의 틀에서 벗어날 수 있으면 무한 생명으로 발전할 수 있다.
그 가능성을 열어주는 것 또한 수행이다.

"명탁"은 생사의 반복을 통해서 생긴다.
명은 수명(壽命)을 의미한다.
수명은 육체 생명에게 나타나는 생의 현상이다.
영혼으로 존재할 때는 수명이 없다.
본래 모든 생명은 수명이 없다.
생과 사는 생명이 일으키는 변화일 뿐이다.
하지만 중생은 그것을 모른다. 생과 생 사이가 단절되었기 때문이다. 그 이치를 모르는 중생들은 죽음을 두려워한다. 죽음이 스스로를 소멸시킨다고 생각하기 때문이다.
생사를 반복하면서 중생들이 일으키는 두려움이 명탁을 만든다.

명탁에서 벗어나려면 '자기 본래면목'을 회복해야 한다.
빔비사라왕이 늙음을 한탄하자 부처님이 왕에게 묻는다.
"왕이여, 젊었을 때는 마음이 어떠했는가? 지금의 마음은 또 어떠한가?"
"그때 마음이나 지금 마음이나 똑같습니다."

"그러하다. 그대의 몸은 소년에서 늙은이로 바뀌었지만, 마음은 바뀌지 않았다. 그러니 마음에는 늙음이 없나니라."

본성은 명탁에 물들지 않는다.
명탁에 물드는 것은 거품이다.
의식·감정·의지라는 마음의 거품, 우주가 수축하고 팽창하면서 만들어내는 공간의 거품, 육체의 몸이 만들어내는 생사의 거품, 이런 거품들이 명탁에 물든다.
본성으로 돌아가서 본래면목을 회복하면 오탁악세에서 벗어날 수 있다.

본문

如是舍利弗。劫濁亂時眾生垢重。慳貪嫉妬成就諸不善根故。
여시사리불. 겁탁난시중생구중. 간탐질투성취제불선근고.
諸佛以方便力。於一佛乘分別說三。舍利弗。若我弟子。
제불이방편력. 어일불승분별설삼. 사리불. 약아제자.
自謂阿羅漢辟支佛者。不聞不知諸佛如來但教化菩薩事。
자위아라한벽지불자. 불문부지제불여래단교화보살사.
此非佛弟子。非阿羅漢。非辟支佛。
차비불제자. 비아라한. 비벽지불.

"이와 같이 사리불아, 겁이 흐리고 어지러운 시대에는 중생들의 업장이 무거워져서 인색하고 탐내고 질투하고 미워하는 마음이 치성하여 좋지 못한 근성이 마음을 사로잡고 있기 때문에 모든 부처님께서는 방편력으로써 일불승에서 쪼개고 나누어 삼승을 설하시느니라.

사리불아, 만일 나의 제자로서 스스로 아라한이나 벽지불이라고 말하더라도 모든 부처님께서 보살들만을 교화하는 줄을 듣지 못하고 알지 못한다면 이 사람은 부처님의 제자도 아니며 아라한도 아니고 벽지불도 아니니라."

강설

시대의 어지러움을 말씀하신다.
부처님 당시는 지금보다 훨씬 더 어지러운 시대였다.
인도 전역이 전쟁의 소용돌이에 휘말려 있었고 하루아침에도 수십 개의 나라가 멸망했다가 다시 또 세워지는 시기였다.
당시 인도는 수백 개의 나라로 분열되어 있었다.
그중에서 몇 개의 큰 나라가 인도의 패권을 쥐고 있었다.
그런 상황에서 계급 간에 갈등이 만연되어 있었다.
바라문 계급과 왕들, 귀족과 무사계급 간의 세력 경쟁이 있었다. 왕들은 바라문을 견제하기 위해 신흥 사상가들을 양성해 내었고 그들에 대한 지원을 아끼지 않았다.
그 일환으로 행해졌던 정책이 병역과 부역의 면제였다. 심지어는 죄를 지었어도 처벌을 하지 않았다.
부처님도 수행을 하면서 그런 혜택을 받았다.
부처님께서는 각계각층의 제자들을 받아들이면서 계급을 타파했다.
바라문도 제자로 받아들이고 999명을 죽인 앙굴라마라도 제자로 받아들였다. 도둑도 제자로 받아들이고 불가촉천민도 제자로 받아들였다. 이것은 혁명이었다.
왕과 바라문과 도둑과 살인귀가 한자리에 앉아서 부처님의 설법을 들었다. 그 자체로 희유한 일이었다.
부처님은 견성오도나 해탈도를 가르치고 아라한이나 벽지불을 양성하기 위해 오신 것이 아니라고 하신다.
오로지 보살들을 가르치기 위해서 오셨다고 하신다.

본문

又舍利弗。是諸比丘比丘尼。自謂已得阿羅漢是最後身究
우사리불. 시제비구비구니. 자위이득아라한시최후신구
竟涅槃。便不復志求阿耨多羅三藐三菩提。當知此輩皆是
경열반. 변불부지구아뇩다라삼먁삼보리. 당지차배개시
增上慢人。所以者何。若有比丘實得阿羅漢。若不信此法。
증상만인. 소이자하. 약유비구실득아라한. 약불신차법.
無有是處。除佛滅度後現前無佛。所以者何。佛滅度後。
무유시처. 제불멸도후현전무불. 소이자하. 불멸도후.

如是等經. 受持讀誦解義者. 是人難得. 若遇餘佛.
여시등경. 수지독송해의자. 시인난득. 약우여불.
於此法中便得決了.
어차법중변득결료.

"또 사리불아, 이 모든 비구, 비구니가 스스로 말하기를 이미 아라한의 경지를 얻어 최후의 몸이 되었으니 마침내 열반에 이르리라 하고, 더 이상 최상의 깨달음을 구하지 않는다면 이런 사람들은 모두 깨닫지도 못하였으면서도 깨달았다고 착각하는 교만한 사람인 줄을 알아야 하느니라.
왜냐하면, 만일 비구로서 참으로 아라한의 경지를 얻고도 이 법을 믿지 않는다면 그것은 옳지 않기 때문이니라.
다만 부처님이 열반한 뒤에 부처님이 계시지 않을 때는 제외하느니라.
왜냐하면, 부처님이 열반하신 뒤에는 이런 경전을 받아지니고 읽고 외우고 그 뜻을 잘 아는 사람을 만나기가 어렵고 이 사람이 만일 다른 부처님을 만난다 할지라도 이 법에서만이 곧 확연히 통달하게 되기 때문이니라."

강설

아라한의 경지를 이룬 사람도 그것이 공부의 끝이라고 생각하면 안 된다. 또 나아가서는 10지 보살도 그것이 공부의 끝이라고 생각해서는 안 된다. 10지 보살 이후에도 등각도와 묘각도의 과정이 있기 때문이다.
하물며 아라한이 되었다고 거기에 머물러서 그 이상의 노력을 하지 않는다는 것은 잘못된 것이라고 말씀하신 것이다.
다만 부처님이 열반하신 뒤라면 아라한에 머물러도 좋다고 하신다.
묘법연화경의 이치를 아는 사람을 만나는 것이 어렵기 때문이다.
아울러서 후세에 어떤 부처님을 만나더라도 일체종지를 얻는 것은 오로지 묘법연화경을 통해서라고 말씀하신다.

본문

舍利弗。汝等當一心信解受持佛語。諸佛如來言無虛妄。
사리불. 여등당일심신해수지불어. 제불여래언무허망.
無有餘乘唯一佛乘。爾時世尊。欲重宣此義。而說偈言。
무유여승유일불승. 이시세존. 욕중선차의. 이설게언.

"사리불아, 그대들은 이 법화경의 가르침을 반드시 일심으로 믿고 알아서 부처님의 말씀을 마음속 깊이 받아 가질지니라. 모든 부처님의 말씀에는 허망됨과 거짓이 없나니 이승이나 삼승은 없고 오직 일불승만 있느니라."
그때 세존께서 이 뜻을 거듭 펴려고 게송으로 말씀하셨다.

比丘比丘尼
비구비구니
如是四衆等
여시사중등
護惜其瑕疵
호석기하자
斯人尠福德
사인선복덕
舍利弗善聽
사리불선청
衆生心所念
중생심소념
佛悉知是已
불실지시이
或說修多羅
혹설수다라
譬喩幷祇夜
비유병기야
於諸無量佛
어제무량불
我設是方便
아설시방편
所以未曾說

有懷增上慢
유회증상만
其數有五千
기수유오천
是小智已出
시소지이출
不堪受是法
불감수시법
諸佛所得法
제불소득법
種種所行道
종종소행도
以諸緣譬喩
이제연비유
伽陀及本事
가타급본사
優婆提舍經
우바제사경
不行深妙道
불행심묘도
令得入佛慧
영득입불혜
說時未至故

優婆塞我慢
우바새아만
不自見其過
불자견기과
衆中之糟糠
중중지조강
此衆無枝葉
차중무지엽
無量方便力
무량방편력
若干諸欲性
약간제욕성
言辭方便力
언사방편력
本生未曾有
본생미증유
鈍根樂小法
둔근락소법
衆苦所惱亂
중고소뇌란
未曾說汝等
미증설여등
今正是其時

優婆夷不信
우바이불신
於戒有缺漏
어계유결루
佛威德故去
불위덕고거
唯有諸貞實
유유제정실
而爲衆生說
이위중생설
先世善惡業
선세선악업
令一切歡喜
영일체환희
亦說於因緣
역설어인연
貪著於生死
탐착어생사
爲是說涅槃
위시설열반
當得成佛道
당득성불도
決定說大乘

소이미중설
我此九部法
아차구부법
有佛子心淨
유불자심정
爲此諸佛子
위차제불자
以深心念佛
이심심염불
佛知彼心行
불지피심행
乃至於一偈
내지어일게
無二亦無三
무이역무삼
說佛智慧故
설불지혜고
終不以小乘
종불이소승
定慧力莊嚴
정혜력장엄
若以小乘化
약이소승화

설시미지고
隨順衆生說
수순중생설
柔軟亦利根
유연역이근
說是大乘經
설시대승경
修持淨戒故
수지정계고
故爲說大乘
고위설대승
皆成佛無疑
개성불무의
除佛方便說
제불방편설
諸佛出於世
제불출어세
濟度於衆生
제도어중생
以此度衆生
이차도중생
乃至於一人
내지어일인

금정시기시
入大乘爲本
입대승위본
無量諸佛所
무량제불소
我記如是人
아기여시인
此等聞得佛
차등문득불
聲聞若菩薩
성문약보살
十方佛土中
시방불토중
但以假名字
단이가명자
唯此一事實
유차일사실
佛自住大乘
불자주대승
自證無上道
자증무상도
我則墮慳貪
아즉타간탐

결정설대승
以故說是經
이고설시경
而行深妙道
이행심묘도
來世成佛道
내세성불도
大喜充徧身
대희충변신
聞我所說法
문아소설법
唯有一乘法
유유일승법
引導於衆生
인도어중생
餘二則非眞
여이즉비진
如其所得法
여기소득법
大乘平等法
대승평등법
此事爲不可
차사위불가

若人信歸佛
약인신귀불
故佛於十方
고불어시방
無量衆所尊
무량중소존
欲令一切衆
욕령일체중
化一切衆生
화일체중생
無智者錯亂
무지자착란
堅著於五欲
견착어오욕
輪廻六趣中
윤회육취중
薄德少福人
박덕소복인
依止此諸見
의지차제견
我慢自矜高
아만자긍고
亦不聞正法

如來不欺誑
여래불기광
而獨無所畏
이독무소외
爲說實相印
위설실상인
如我等無異
여아등무이
皆令入佛道
개령입불도
迷惑不受敎
미혹불수교
癡愛故生惱
치애고생뇌
備受諸苦毒
비수제고독
衆苦所逼迫
중고소핍박
具足六十二
구족육십이
諂曲心不實
첨곡심불실
如是人難度

亦無貪嫉意
역무탐질의
我以相嚴身
아이상엄신
舍利弗當知
사리불당지
如我昔所願
여아석소원
若我遇衆生
약아우중생
我知此衆生
아지차중생
以諸欲因緣
이제욕인연
受胎之微形
수태지미형
入邪見稠林
입사견조림
深著虛妄法
심착허망법
於千萬億劫
어천만억겁
是故舍利弗

斷諸法中惡
단제법중악
光明照世間
광명조세간
我本立誓願
아본립서원
今者已滿足
금자이만족
盡敎以佛道
진교이불도
未曾修善本
미증수선본
墜墮三惡道
추타삼악도
世世常增長
세세상증장
若有若無等
약유약무등
堅受不可捨
견수불가사
不聞佛名字
불문불명자
我爲設方便

역불문정법
說諸盡苦道
설제진고도
諸法從本來
제법종본래
我有方便力
아유방편력
今此諸大衆
금차제대중
過去無數劫
과거무수겁
如是諸世尊
여시제세존
是諸世尊等
시제세존등
又諸大聖主
우제대성주
更以異方便
갱이이방편
若聞法布施
약문법보시
如是諸人等
여시제인등

여시인난도
示之以涅槃
시지이열반
常自寂滅相
상자적멸상
開示三乘法
개시삼승법
皆應除疑惑
개응제의혹
無量滅度佛
무량멸도불
種種緣譬喩
종종연비유
皆說一乘法
개설일승법
知一切世間
지일체세간
助顯第一義
조현제일의
或持戒忍辱
혹지계인욕
皆已成佛道
개이성불도

시고사리불
我雖說涅槃
아수설열반
佛子行道已
불자행도이
一切諸世尊
일체제세존
諸佛語無異
제불어무이
百千萬億種
백천만억종
無數方便力
무수방편력
化無量衆生
화무량중생
天人群生類
천인군생류
若有衆生類
약유중생류
精進禪智等
정진선지등
諸佛滅度已
제불멸도이

아위설방편
是亦非眞滅
시역비진멸
來世得作佛
내세득작불
皆說一乘道
개설일승도
唯一無二乘
유일무이승
其數不可量
기수불가량
演說諸法相
연설제법상
令入於佛道
영입어불도
深心之所欲
심심지소욕
値諸過去佛
치제과거불
種種修福慧
종종수복혜
供養舍利者
공양사리자

묘법연화경 방편품 • 195

起萬億種塔	金銀及玻璃	硨磲與瑪瑙	玫瑰琉璃珠
기만억종탑	**금은급파리**	**자거여마노**	**매괴유리주**
淸淨廣嚴飾	莊校於諸搭	或有起石廟	栴檀及沈水
청정광엄식	**장교어제탑**	**혹유기석묘**	**전단급침수**
木櫁幷餘材	甎瓦泥土等	若於曠野中	積土成佛廟
목밀병여재	**전와니토등**	**약어광야중**	**적토성불묘**
乃至童子戱	聚沙爲佛搭	如是諸人等	皆已成佛道
내지동자희	**취사위불탑**	**여시제인등**	**개이성불도**
若人爲佛故	建立諸形像	刻彫成衆相	皆已成佛道
약인위불고	**건립제형상**	**각조성중상**	**개이성불도**
或以七寶成	鍮鉐赤白銅	白鑞及鉛錫	鐵木及與泥
혹이칠보성	**유석적백동**	**백랍급연석**	**철목급여니**
或以膠漆布	嚴飾作佛像	如是諸人等	皆已成佛道
혹이교칠포	**엄식작불상**	**여시제인등**	**개이성불도**
彩畫作佛像	百福莊嚴相	自作若使人	皆已成佛道
채화작불상	**백복장엄상**	**자작약사인**	**개이성불도**
乃至童子戱	若草木及筆	或以指爪甲	而畫作佛像
내지동자희	**약초목급필**	**혹이지조갑**	**이화작불상**
如是諸人等	漸漸積功德	具足大悲心	皆已成佛道
여시제인등	**점점적공덕**	**구족대비심**	**개이성불도**
但化諸菩薩	度脫無量衆	若人於塔廟	寶像及畫像
단화제보살	**도탈무량중**	**약인어탑묘**	**보상급화상**
以華香幡蓋	敬心而供養	若使人作樂	擊鼓吹角貝

이화향번개 경심이공양 약사인작악 격고취각패
簫笛琴箜篌 琵琶鐃銅鈸 如是衆妙音 盡持以供養
소적금공후 비파요동발 여시중묘음 진지이공양
或以歡喜心 歌唄頌佛德 乃至一小音 皆已成佛道
혹이환희심 가패송불덕 내지일소음 개이성불도
若人散亂心 乃至以一華 供養於畫像 漸見無數佛
약인산란심 내지이일화 공양어화상 점견무수불
或有人禮拜 或復但合掌 乃至擧一手 或復小低頭
혹유인예배 혹부단합장 내지거일수 혹부소저두
以此供養像 漸見無量佛 自成無上道 廣度無數衆
이차공양상 점견무량불 자성무상도 광도무수중
入無餘涅槃 如薪盡火滅 若人散亂心 入於塔廟中
입무여열반 여신진화멸 약인산란심 입어탑묘중
一稱南無佛 皆已成佛道 於諸過去佛 在世或滅後
일칭나무불 개이성불도 어제과거불 재세혹멸후
若有聞是法 皆已成佛道 未來諸世尊 其數無有量
약유문시법 개이성불도 미래제세존 기수무유량
是諸如來等 亦方便說法 一切諸如來 以無量方便
시제여래등 역방편설법 일체제여래 이무량방편
度脫諸衆生 入佛無漏智 若有聞法者 無一不成佛
도탈제중생 입불무루지 약유문법자 무일불성불
諸佛本誓願 我所行佛道 普欲令衆生 亦同得此道
제불본서원 아소행불도 보욕령중생 역동득차도

묘법연화경 방편품 • 197

未來世諸佛
미래세제불
諸佛兩足尊
제불양족존
是法住法位
시법주법위
天人所供養
천인소공양
安穩眾生故
안은중생고
雖示種種道
수시종종도
過去所習業
과거소습업
譬喻亦言辭
비유역언사
以種種法門
이종종법문
方便說諸法
방편설제법
見六道眾生
견육도중생
深著於五欲

雖說百千億
수설백천억
知法常無性
지법상무성
世間相常住
세간상상주
現在十方佛
현재시방불
亦說如是法
역설여시법
其實爲佛乘
기실위불승
欲性精進力
욕성정진력
隨應方便說
수응방편설
宣示於佛道
선시어불도
皆令得歡喜
개령득환희
貧窮無福慧
빈궁무복혜
如犛牛愛尾

無數諸法門
무수제법문
佛種從緣起
불종종연기
於道場知已
어도량지이
其數如恒沙
기수여항사
知第一寂滅
지제일적멸
知眾生諸行
지중생제행
及諸根利鈍
급제근이둔
今我亦如是
금아역여시
我以智慧力
아이지혜력
舍利弗當知
사리불당지
入生死險道
입생사험도
以貪愛自蔽

其實爲一乘
기실위일승
是故說一乘
시고설일승
導師方便說
도사방편설
出現於世間
출현어세간
以方便力故
이방편력고
深心之所念
심심지소념
以種種因緣
이종종인연
安穩眾生故
안은중생고
知眾生性欲
지중생성욕
我以佛眼觀
아이불안관
相續苦不斷
상속고부단
盲瞑無所見

不求大勢佛
불구대세불
爲是衆生故
위시중생고
於三七日中
어삼칠일중
衆生諸根鈍
중생제근둔
爾時諸梵王
이시제범왕
幷餘諸天衆
병여제천중
我卽自思惟
아즉자사유
破法不信故
파법불신고
尋念過去佛
심념과거불
作是思惟時
작시사유시
第一之導師
제일지도사

여모우애미
及與斷苦法
급여단고법
而起大悲心
이기대비심
思惟如是事
사유여시사
著樂癡所盲
착락치소맹
及諸天帝釋
급제천제석
眷屬百千萬
권속백천만
若但讚佛乘
약단찬불승
墜於三惡道
추어삼악도
所行方便力
소행방편력
十方佛皆現
시방불개현
得是無上法
득시무상법

이탐애자폐
深入諸邪見
심입제사견
我始坐道場
아시좌도량
我所得智慧
아소득지혜
如斯之等類
여사지등류
護世四天王
호세사천왕
恭敬合掌禮
공경합장례
衆生沒在苦
중생몰재고
我寧不說法
아녕불설법
我今所得道
아금소득도
梵音慰喩我
범음위유아
隨諸一切佛
수제일체불

맹명무소견
以苦欲捨苦
이고욕사고
觀樹亦經行
관수역경행
微妙最第一
미묘최제일
云何而可度
운하이가도
及大自在天
급대자재천
請我轉法輪
청아전법륜
不能信是法
불능신시법
疾入於涅槃
질입어열반
亦應說三乘
역응설삼승
善哉釋迦文
선재석가문
而用方便力
이용방편력

我等亦皆得
아등역개득
小智樂小法
소지락소법
雖復說三乘
수부설삼승
深淨微妙音
심정미묘음
如諸佛所說
여제불소설
諸法寂滅相
제법적멸상
是名轉法輪
시명전법륜
從久遠劫來
종구원겁래
舍利弗當知
사리불당지
咸以恭敬心
함이공경심
我卽作是念
아즉작시념
舍利弗當知

最妙第一法
최묘제일법
不自信作佛
부자신작불
但爲教菩薩
단위교보살
稱南無諸佛
칭나무제불
我亦隨順行
아역수순행
不可以言宣
불가이언선
便有涅槃音
변유열반음
讚示涅槃法
찬시열반법
我見佛子等
아견불자등
皆來至佛所
개래지불소
如來所以出
여래소이출
鈍根小智人

爲諸衆生類
위제중생류
是故以方便
시고이방편
舍利弗當知
사리불당지
復作如是念
부작여시념
思惟是事已
사유시사이
以方便力故
이방편력고
及以阿羅漢
급이아라한
生死苦永盡
생사고영진
志求佛道者
지구불도자
曾從諸佛聞
증종제불문
爲說佛慧故
위설불혜고
著相憍慢者

分別說三乘
분별설삼승
分別說諸果
분별설제과
我聞聖師子
아문성사자
我出濁惡世
아출탁악세
卽趣波羅奈
즉취바라나
爲五比丘說
위오비구설
法僧差別名
법승차별명
我常如是說
아상여시설
無量千萬億
무량천만억
方便所說法
방편소설법
今正是其時
금정시기시
不能信是法

사리불당지	둔근소지인	착상교만자	불능신시법
今我喜無畏	於諸菩薩中	正直捨方便	但說無上道
금아희무외	어제보살중	정직사방편	단설무상도
菩薩聞是法	疑網皆已除	千二百羅漢	悉亦當作佛
보살문시법	의망개이제	천이백나한	실역당작불
如三世諸佛	說法之儀式	我今亦如是	說無分別法
여삼세제불	설법지의식	아금역여시	설무분별법
諸佛興出世	懸遠值遇難	正使出于世	說是法復難
제불흥출세	현원치우난	정사출우세	설시법부난
無量無數劫	聞是法亦難	能聽是法者	斯人亦復難
무량무수겁	문시법역난	능청시법자	사인역부난
譬如優曇華	一切皆愛樂	天人所希有	時時乃一出
비여우담화	일체개애락	천인소희유	시시내일출
聞法歡喜讚	乃至發一言	即爲已供養	一切三世佛
문법환희찬	내지발일언	즉위이공양	일체삼세불
是人甚希有	過於優曇華	汝等勿有疑	我爲諸法王
시인심희유	과어우담화	여등물유의	아위제법왕
普告諸大衆	但以一乘道	敎化諸菩薩	無聲聞弟子
보고제대중	단이일승도	교화제보살	무성문제자
汝等舍利弗	聲聞及菩薩	當知是妙法	諸佛之秘要
여등사리불	성문급보살	당지시묘법	제불지비요
以五濁惡世	但樂著諸欲	如是等衆生	終不求佛道
이오탁악세	단락착제욕	여시등중생	종불구불도

當來世惡人	聞佛說一乘	迷惑不信受	破法墮惡道
당내세악인	**문불설일승**	**미혹불신수**	**파법타악도**
有慚愧淸淨	志求佛道者	當爲如是等	廣讚一乘道
유참괴청정	**지구불도자**	**당위여시등**	**광찬일승도**
舍利弗當知	諸佛法如是	以萬億方便	隨宜而說法
사리불당지	**제불법여시**	**이만억방편**	**수의이설법**
其不習學者	不能曉了此	汝等旣已知	諸佛世之師
기불습학자	**불능효료차**	**여등기이지**	**제불세지사**
隨宜方便事	無復諸疑惑	心生大歡喜	自知當作佛
수의방편사	**무부제의혹**	**심생대환희**	**자지당작불**

교만심과	아상품은	비구들과	비구니들
아만높은	우바새와	신심없는	우바이들
이와같은	사부대중	그숫자가	오천여명
자기허물	보지않고	청정계행	깨트리며
자기잘못	감추려는	못난자들	떠났으니
쌀겨나	찌꺼기같이	열매없는	이들이라
부처님의	법력으로	덕에눌려	갔느니라
이런사람	복이작아	이법문을	못듣노라
여기남은	대중들은	잔가지나	잎은없고
알맹이만	남았으니	사리불아	잘듣거라
거룩하신	부처님들	얻으신바	미묘한법
한량없는	방편으로	중생위해	설하노라

중생들의
많고많은
부처님은
이야기와
어느때는
신비로운
근기둔한
생사집착
미묘한도
내가이런
방편으로
너희들도
때가아직
지금이때
내가말한
대승근본
불자마음
한량없는
이런불자
오는세상
마음깊이
성불한단
부처님은

여러생각
욕망성질
모두알아
방편으로
경율론과
과거사연
중생들은
사로잡혀
닦지않고
중생위해
부처님의
성불한다
이른까닭
너희에게
구부의법
삼으려고
깨끗하고
부처님께
위하여서
부처된다
염불하고
말을듣고
그불자들

가지가지
지난세상
여러가지
일체중생
부처님의
여러경을
소승법을
한량없는
괴로움에
열반법을
밝은지혜
그말일찍
지금에야
대승법을
중생근기
이경전을
부드럽고
미묘한도
대승경전
성불수기
청정계율
큰기쁨이
마음들과

행하는일
선악의업
인연비유
기쁘도록
전생담과
설하니라
즐기면서
부처님의
시달리니
설했으며
들게했네
안한것은
때가되니
말하노라
따름이니
설하노라
총명하며
행하며는
설해주며
주느니라
닦은불자
온몸가득
행하는바

아시기에
성문이나
한게송만
시방세계
이승삼승
삼승이란
부처님의
모든부처
오직하나
그외다른
마침내는
부처님이
선정지혜
평등하고
단한사람
나는즉시
이와같이
누구든지
속이잖고
모든악을
홀로이
삼십이상
온세간에

그들위해
보살들이
기억해도
불국토에
없음이나
이름빌려
크신지혜
이세상에
일승법만
두가지는
소승으로
대승법에
장엄하여
위없는도
일지라도
인색하고
하는것은
귀의하면
탐욕이나
끊어주니
두려움이
좋은상호
광명비춰

대승경전
내가설한
성불함은
일승법만
부처방편
중생구제
설하고자
출현하여
참다운
진실하지
중생제도
머무르며
중생제도
대승법을
소승으로
탐욕함에
옳지못한
부처님은
질투하지
세존께선
없으신
몸과마음
대중존경

설하노라
법문듣고
의심없다
있음이요
제하노라
하신것은
하심이라
나오심은
진실이요
못하나니
못하니라
얻으신법
하시나니
증득하고
교화하면
떨어지니
일이니라
누구라도
않으시고
시방세계
까닭이다
장엄하니
받으시며

제법실상 　진실의법 　설하여 　　주시느니
사리불아 　바로알라 　내가본래 　세운원은
모든중생 　나와같이 　다름없게 　함이니라
오래전에 　품은소원 　이제만족 　하였나니
일체중생 　교화하여 　부처님도 　들게하네
내가중생 　만나면은 　부처님법 　가르치나
무지한이 　미혹하여 　가르침을 　받지않네
이런중생 　일찍부터 　선한공덕 　심지못해
오욕에만 　애착하여 　어리석고 　화잘내고
탐욕에만 　속박되어 　삼악도에 　떨어지니
여섯갈래 　헤매면서 　모진고통 　다받는다
탯속에서 　받는몸이 　날때마다 　죄만지어
생사윤회 　끝없으며 　덕도없고 　복도없어
고통속에 　시달리며 　마음속에 　나쁜소견
혹은있다 　혹은없다 　삿된편견 　점점늘어
육십이견 　외도사견 　허망한법 　고집하니
아만높고 　교만하고 　아첨하고 　왜곡되어
뒤틀리고 　굽은마음 　진실하지 　못하나니
이런사람 　천만억겁 　오랜세월 　지나도록
부처이름 　못들으며 　정법또한 　못들으니
그렇기에 　이런사람 　제도하기 　어렵도다
사리불아 　이들위해 　방편법을 　베풀어서
고통끊는 　길을말해 　열반법을 　보였으나

이건소승 멸제일뿐 참열반은 아니니라
모든법은 본래부터 스스로 적멸하니
불자들이 이러한도 행한뒤에 끝마치면
다가오는 세상에서 닦은대로 부처된다
내가이제 방편으로 삼승법을 보였으며
시방세계 모든부처 일승법만 설하느니
여기모인 대중들은 모두의심 버릴지라
부처말씀 모두같아 일승일뿐 이승없다
지난세상 무수한겁 열반하신 여러부처
백천만억 그수효를 헤아릴수 없건마는
이와같은 부처님들 가지가지 인연비유
무수한 방편으로 법의실상 설하시니
이와같은 여러부처 모두다들 일승설해
무량중생 교화하사 불도에 들게하네
대성주인 부처님들 일체세간 모든중생
애착하는 마음욕망 속속들이 다아시고
다시다른 방편으로 가장높은 뜻보이네
만약어떤 중생들이 과거여러 부처뵙고
법문듣고 보시하며 계율지켜 인욕하고
정진선정 지혜등의 복과덕을 닦았으면
이와같은 사람들은 모두이미 성불했고
부처님들 열반한뒤 사리공양 하기위해
천만억의 탑을세워 금과은과 수정들과

자거마노 매괴들과 아름다운 진주구슬
맑고크고 깨끗하고 장엄하게 탑꾸미고
혹은돌로 탑을짓고 전단향과 침수향과
여러나무 다른재목 기와벽돌 진흙으로
넓고좋은 들판에다 흙을쌓아 불당짓고
아이들이 장난으로 흙모래로 탑세워도
이와같은 사람들도 이미모두 성불했네
어떤사람 부처위해 부처형상 세우거나
불상을 조각하면 그들모두 성불했고
일곱가지 보석이나 혹은놋쇠 백동들과
납과주석 쇳덩이나 나무들과 진흙으로
부처님상 조성하여 아교로써 옻칠하면
이와같은 사람들도 모두성불 하였노라
채색으로 그린불상 장엄하게 완성하면
제가하나 남시키나 이미모두 성불했고
아이들이 장난삼아 풀과나무 붓이거나
꼬챙이나 손톱으로 부처모양 그리면은
이와같은 여러사람 그공덕이 점점쌓여
큰자비심 갖추어서 모두성불 하였으니
모든보살 교화하여 무량중생 제도했네
어떤사람 탑과절과 불상이나 불화앞에
꽃과향과 깃발로써 일심으로 공양하며
악사시켜 풍악치고 북도치고 소라불며

퉁소피리 거문고나 비파징과 바라들로
이와같은 묘한음악 정성으로 공양하며
기뻐하는 마음으로 부처공덕 노래하되
아주작게 한마디만 불렀어도 성불하며
어떤사람 산란하고 어지러운 마음이되
정성다해 꽃한송이 불상앞에 공양하면
이와같은 인연으로 많은부처 뵙게되며
어떤사람 부처님께 예배커나 합장하며
손한번을 든다거나 머리조금 숙이어도
이런공양 하는이도 무량부처 친견하고
위없는도 이루어서 많은중생 제도하여
섶다타면 불꺼지듯 무여열반 들게하네
어떤사람 산란하고 어지러운 마음으로
탑과법당 들어가서 거룩하신 부처님께
나무불을 한번해도 모두성불 하였으며
지난세상 여러부처 계실때나 열반한뒤
법화경을 들은이는 모두성불 하였노라
오는세상 부처님도 그수효가 한량없어
이에모든 여래들도 방편으로 설법하리
일체모든 부처님은 한량없는 방편으로
모든중생 건져내어 무루지혜 들게하니
이런법문 들은이는 성불못한 이가없네
부처님들 본래서원 내가행한 불도로써

중생들도　　부처처럼　　도를얻게　　함이니라
오는세상　　부처님들　　백천만억　　많은법문
설하셔도　　그내용은　　오직일승　　뿐이니라
성품없는　　진실한법　　양족존은　　알지마는
부처되는　　종자들이　　인연따라　　생기므로
말씀하신　　일승의법　　법의자리　　머무르나
세간모습　　이미알고　　방편으로　　말하니라
하늘사람　　공양받는　　시방세계　　부처님들
항하강의　　모래처럼　　인간세상　　출현하사
중생들을　　편케하려　　법화경을　　설하시니
적멸법이　　제일인줄　　알면서도　　방편으로
가지가지　　길보이나　　일불승을　　위함이라
중생들의　　모든행과　　마음속에　　짓는생각
지난세상　　익힌업과　　욕심성질　　정진력과
각자지닌　　근기알아　　가지가지　　인과연과
여러가지　　사연비유　　방편따라　　설하나니
지금나도　　그와같이　　중생들을　　편케하려
여러가지　　법문으로　　불도를　　　보이노라
지혜의　　　힘으로써　　중생들의　　근기살펴
방편으로　　설법하여　　기쁘도록　　하여주네
사리불아　　바로알라　　내가부처　　눈으로써
육도중생　　살펴보니　　빈궁하고　　지혜없어
생사의길　　잘못들어　　갖은고통　　다겪는데

오욕락에 　탐착하되 　물소꼬리 　사랑하듯
탐애속에 　갇혀있어 　눈도멀고 　소견없어
큰부처를 　구하잖고 　고통의길 　끊지않아
삿된소견 　깊이빠져 　괴로움에 　얽혔으니
이런중생 　위하여서 　대자비심 　내었노라
내가처음 　붓다가야 　보리수 　아래앉아
깨달음을 　성취한뒤 　그도량에 　경행하며
삼칠일을 　지내면서 　이런일을 　사유하되
내가얻은 　큰지혜는 　미묘하기 　제일이나
중생근기 　둔하여서 　쾌락에만 　집착하고
어리석고 　어두우니 　어떻게 　제도할까
그때모든 　범천왕과 　제석천왕 　사천왕과
대자대천 　여러하늘 　백천만의 　권속들이
합장공경 　예배하며 　법륜굴려 　달라하니
내스스로 　생각하니 　일승법만 　찬탄하면
고통속에 　빠진중생 　이법믿지 　않으리라
믿지않고 　비방하면 　삼악도에 　떨어지니
내차라리 　설법않고 　바로열반 　들려다가
지난세상 　부처님들 　행한방편 　생각하고
내가지금 　얻은도를 　삼승으로 　설하리라
이런생각 　하였을때 　시방부처 　모두나와
범음으로 　위로하되 　훌륭하다 　석가모니
제일가는 　도사시여 　위없는법 　얻었건만

과거여러	부처처럼	방편의힘	쓰시도다
미묘한	제일의법	우리도	얻었으나
모든중생	위하여서	삼승법을	설하였소
지혜작은	소승들이	자기성불	믿지않아
방편으로	분별하여	성문연각	보살경지
여러과를	설하였고	삼승법을	설한것은
결국에는	보살들을	교화하기	위함일세
사리불아	바로알라	나는그때	부처들의
맑고깊고	미묘하온	음성듣고	기뻐하여
나무불을	부르면서	이런생각	다시하되
흐린세상	내가와서	여러부처	설한대로
나도따라	방편으로	삼승법을	행하리라
이와같이	생각하고	바라나에	나아가서
모든법의	적멸상을	말로할수	없지마는
삼승방편	힘으로써	다섯비구	제도하니
이를일러	전법륜	그와같이	부르노라
이로부터	열반도와	아라한과	법보승보
차별화된	이름으로	구별하게	되었노라
머나먼겁	내려오며	열반법을	찬탄하되
생사고통	다한다고	나는항상	설했노라
사리불아	바로알라	불자들을	내가보니
부처님법	구하려는	한량없는	많은보살
공경하는	마음으로	부처처소	찾아와서

부처님의	모든법문	방편설을	들었으니
이제내가	생각하니	여래께서	출현함은
부처지혜	설하는것	지금바로	그때로다
사리불아	바로알라	근기둔한	소승들은
아상많고	교만하여	이법을	못믿지만
나는이제	환희하고	두려없이	방편버려
여러보살	들으라고	위없는도	설하리라
보살들은	이법듣고	의심모두	풀어지며
일천이백	아라한도	모두다	성불하리
삼세의	모든부처	설법하던	의식대로
나도이제	분별없는	일승법을	설하노라
부처출현	드물어서	만나뵙기	어려운데
이세상에	출현해도	이법설함	더어렵다
한량없는	겁이가도	이법듣기	어려우며
들을줄을	아는사람	또한찾기	어려우니
우담바라	꽃이피면	하늘이나	인간이나
일체모두	사랑하고	기쁘게	여기지만
그런때가	희귀하여	때가되야	한번피듯
법을듣고	기뻐하며	찬탄의말	한번해도
삼세모든	부처님께	공양함이	되올진데
이런사람	귀하기가	우담바라	출현보다
더욱더	희유함을	너희에게	말하노라
너희들은	의심말라	나는모든	법왕으로

대중에게	이르노니	다만오직	일승도로
보살들을	교화할뿐	성문제자	없느니라
사리불아	너희들	성문보살	알지어다
이묘법은	여러모든	부처님의	비법이다
오탁악세	중생들은	온갖애욕	사로잡혀
부처님법	찾지않고	욕락만을	탐욕하니
오는세상	악한사람	일승법문	듣더라도
미혹해서	믿지않아	바른법을	깨트리고
그로인해	그들모두	악도에	떨어지나
자기잘못	참회하고	청정한	마음으로
정성다해	불도를	구하는이	있으며는
마땅히	이들위해	일승도를	찬탄하리
사리불아	바로알라	모든불법	이러하여
억만가지	방편으로	인연따라	설법하니
배우지를	않는자는	일승법을	모르리라
부처님이	모든세상	스승되어	설하시니
인연따라	방편으로	하시는일	알았으면
다시는	여러가지	의심말고	기뻐하며
마땅히	스스로	성불함을	알지어다

강설

삼승 수행은 생멸 수행이다.

곧 생멸문에 사는 중생들의 수행이다.
의식·감정·의지가 생멸심이다.
생멸심을 닦기 위해서는 먼저 본성을 체득해야 한다.
그런 다음 본성에 입각해서 의식·감정·의지를 제도해야 한다. 이 과정이 해탈도이다.
견성오도 이후에 해탈도를 닦는 방법에 대해 말씀하신 경전이 금강경과 반야심경이다.
금강경에서는 오로지 '무소구행(無所求行)'을 통해 '제상비상즉견여래(諸相非相卽見如來)'를 이루라고 말씀하시고 반야심경에서는 반야해탈을 통해 의식·감정·의지를 분리시키라고 말씀하신다.

'무소구행'이란 오로지 본성에 머무르라는 말이다.
'불응색성향미촉법(不應色聲香味觸法)' '응무소주이생기심(應無所住而生起心)'이 '무소구행'이다.
'약견제상비상(若見諸相非相)'이란 본제의 면모에서 비상을 보라는 말이다. 본성을 이루고 있는 무념·무심·간극 중에 간극에 머무르는 것이 비상을 보는 것이다.
'즉견여래'란 여래를 본다는 말이다.
실상 이 대목은 약간의 어폐가 있다.
본제의 간극을 보는 것은 대적정에 들어가는 것이다.
대적정은 일심법계의 반쪽이다.
때문에 대적정에 들었다 해도 여래의 전부를 보는 것이

아니다. 여래의 반쪽을 보는 것이다.
아라한에 머물면 부처님의 참다운 뜻을 보지 못한다고 말씀하신 것이 이런 이유 때문이다.
아라한이 진여출가를 해서 대자비문을 이루었을 때 비로소 부처의 본래면목을 볼 수 있게 된다.
부처님께서는 반야해탈을 통해 의식·감정·의지를 분리시켰어도 이것은 멸성제를 이룬 것일 뿐 도성제로 들어온 것이 아니라고 말씀하신다.
도성제는 보살도에서 시작해서 묘각도에서 마무리가 된다.
부처님은 오로지 도성제의 완성을 위해서 보살들을 가르치신다.

《묘법연화경 비유품 妙法蓮華經 譬喩品 第三》

본문

爾時舍利弗踊躍歡喜。 卽起合掌瞻仰尊顔。 而白佛言。
이시사리불용약환희. 즉기합장첨앙존안. 이백불언.
今從世尊聞此法音。 心懷踊躍得未曾有。 所以者何。 我昔
금종세존문차법음. 심회용약득미증유. 소이자하. 아석
從佛聞如是法。 見諸菩薩受記作佛。 而我等不預斯事。
종불문여시법. 견제보살수기작불. 이아등불예사사.
甚自感傷。 失於如來無量知見。 世尊。 我常獨處山林樹
심자감상. 실어여래무량지견. 세존. 아상독처산림수
下。 若坐若行。 每作是念。 我等同入法性。 云何如來以
하. 약좌약행. 매작시념. 아등동입법성. 운하여래이
小乘法而見濟度。 是我等咎非世尊也。 所以者何。 若我
소승법이견제도. 시아등구비세존야. 소이자하. 약아
等待說所因成就阿耨多羅三藐三菩提者。 必以大乘而得
등대설소인성취아뇩다라삼먁삼보리자. 필이대승이득
度脫。 然我等不解方便隨宜所說。 初聞佛法遇便信受思
도탈. 연아등불해방편수의소설. 초문불법우변신수사
惟取證。 世尊。 我從昔來終日竟夜每自剋責。 而今從佛

유취증. 세존. 아종석래종일경야매자극책. 이금종불
聞所未聞未曾有法。斷諸疑悔。身意泰然快得安穩。今日
문소미문미증유법. 단제의회. 신의태연쾌득안은. 금일
乃知眞是佛子。從佛口生從法化生。得佛法分。爾時舍利
내지진시불자. 종불구생종법화생. 득불법분. 이시사리
弗。欲重宣此義。而說偈言。
불. 욕중선차의. 이설게언.

이때 사리불이 뛸 듯이 기뻐하며 일어나 합장하고 부처님 존안을 우러러보면서 부처님께 사뢰었다.
"이제 세존의 이러한 법문을 들어 마음이 매우 기뻐 전에 없던 일을 얻었나이다.
왜냐하면, 제가 예전에 부처님을 따라서 이런 법문을 들을 때, 모든 보살들이 성불하리라고 수기 받는 것을 보았으나, 저희는 그 일에 참여하지 못하여 여래의 한량없는 지견을 잃었음을 슬퍼하였나이다.
세존이시여 저는 숲속이나 나무 밑에서 홀로 앉기도 하고 또는 거닐기도 하면서 생각하기를, 우리도 법의 성품에 함께 들었는데 어찌하여 여래께서는 소승법으로 제도하시는가 하였더니, 이것은 우리의 허물이요 세존 탓이 아니었습니다.
왜냐하면, 저희가 만일 아뇩다라삼먁삼보리를 성취할 수 있는 방법을 설하시기를 기다렸더라면 반드시 대승으로써 제도하셨을 것인데, 짐짓 방편으로 마땅하게 말씀하신 것인 줄을 알지 못하고, 부처님의 법문을 처음 듣고는 곧 믿고 그대로 증득하였다고 생각하고 있었기 때문입니다.
세존이시여, 제가 예전부터 지금까지 밤낮으로 스스로 책망하였더니, 이제 부처님께 듣지 못했던 미증유한 법을 듣고는 모든 의혹과 뉘우침을 끊어 몸과 마음이 태연하여 편안함을 얻었사오니 저희들은 오늘에야 부처님의 참된 아들이 되어, 부처님께서 설하신 법문을 듣고 귀의하였으며, 법을 따라서 화생하였으며, 불법의 분신을 얻었음을 알았나이다."
이때, 사리불이 이 뜻을 거듭 펴려고 게송으로 말하였다.

강설

"모든 의혹과 뉘우침을 끊고 몸과 마음이 태연하여 편안함을 얻었습니다."

'모든 의혹이 끊어지는 것'은 법을 이해하고 알았기 때문이다.
'뉘우침이 끊어진 것'은 비로소 진여출가의 발심을 했기 때문이다.
'몸과 마음이 태연한 것'은 한가롭다는 말이다.
일상이 한가로워야 한다. 이 한가로움을 지키는 것이 쉽지 않다. 시시때때로 놓쳐버리기 때문이다.
중심을 세우고 선정을 얻으면 편안함이 생긴다.

편안함을 갖추는 것과 일상을 한가롭게 유지하는 것이 항상 같이 가야 된다.
정진에 매진하다 보면 오히려 한가로움을 잃어버리게 된다. 그렇게 되면 수행의 성취가 더뎌진다.
조급하게 애쓰지 말고 한가롭고 편안하게 수행하는 것이 대단히 중요하다.

법의 요지를 알고, 자기 수행의 성취를 점검할 줄 알며, 앞으로 나아가야 할 바를 알고, 천지만물의 이치를 알 때 모든 의혹이 끊어진다. 그런 경지를 얻기가 대단히 어렵다. 확철한 지혜를 얻어서 이치에 막힘이 없고, 법을 놓고서 현재 성취한 것과 앞으로 성취할 것에 대해 명확하게 알고, 당당하고 떳떳하고 한가로우며, 항상 편안함을 지켜가야 한다. 그래야만이 부처님에게 인정을 받고 수기를 받을 수 있다.

본문

我聞是法音	得所未曾有	心懷大歡喜	疑網皆已除
아문시법음	**득소미증유**	**심회대환희**	**의망개이제**
昔來蒙佛敎	不失於大乘	佛音甚希有	能除衆生惱
석래몽불교	**불실어대승**	**불음심희유**	**능제중생뇌**
我已得漏盡	聞亦除憂惱	我處於山谷	或在樹林下

아이득누진	**문역제우뇌**	**아처어산곡**	**혹재수림하**
若坐若經行	常思惟是事	嗚呼深自責	云何而自欺
약좌약경행	**상사유시사**	**오호심자책**	**운하이자기**
我等亦佛子	同入無漏法	不能於未來	演說無上道
아등역불자	**동입무루법**	**불능어미래**	**연설무상도**
金色三十二	十力諸解脫	同共一法中	而不得此事
금색삼십이	**십력제해탈**	**동공일법중**	**이부득차사**
八十種妙好	十八不共法	如是等功德	而我皆已失
팔십종묘호	**십팔불공법**	**여시등공덕**	**이아개이실**
我獨經行時	見佛在大衆	名聞滿十方	廣饒益衆生
아독경행시	**견불재대중**	**명문만시방**	**광요익중생**
自惟失此利	我爲自欺誑	我常於日夜	每思惟是事
자유실차리	**아위자기광**	**아상어일야**	**매사유시사**
欲以問世尊	爲失爲不失	我常見世尊	稱讚諸菩薩
욕이문세존	**위실위불실**	**아상견세존**	**칭찬제보살**
以是於日夜	籌量如此事	今聞佛音聲	隨宜而說法
이시어일야	**주량여차사**	**금문불음성**	**수의이설법**
無漏難思議	令衆至道場	我本著邪見	爲諸梵志師
무루난사의	**영중지도량**	**아본착사견**	**위제범지사**
世尊知我心	拔邪說涅槃	我悉除邪見	於空法得證
세존지아심	**발사설열반**	**아실제사견**	**어공법득증**
爾時心自謂	得至於滅度	而今乃自覺	非是實滅度
이시심자위	**득지어멸도**	**이금내자각**	**비시실멸도**

若得作佛時
약득작불시
是時乃可謂
시시내가위
聞如是法音
문여시법음
將非魔作佛
장비마작불
其心安如海
기심안여해
安住方便中
안주방편중
亦以諸方便
역이제방편
得道轉法輪
득도전법륜
此是我定知
차시아정지
聞佛柔軟音
문불유연음
疑悔永已盡
의회영이진
轉無上法輪

具三十二相
구삼십이상
永盡滅無餘
영진멸무여
疑悔悉已除
의회실이제
惱亂我心耶
뇌란아심야
我聞疑網斷
아문의망단
亦皆說是法
역개설시법
演說如是法
연설여시법
亦以方便說
역이방편설
非是魔作佛
비시마작불
深遠甚微妙
심원심미묘
安住實智中
안주실지중
教化諸菩薩

天人夜叉衆
천인야차중
佛於大衆中
불어대중중
初聞佛所說
초문불소설
佛以種種緣
불이종종연
佛說過去世
불설과거세
現在未來佛
현재미래불
如今者世尊
여금자세존
世尊說實道
세존설실도
我墮疑網故
아타의망고
演暢清淨法
연창청정법
我定當作佛
아정당작불

龍神等恭敬
용신등공경
說我當作佛
설아당작불
心中大驚疑
심중대경의
譬喻巧言說
비유교언설
無量滅度佛
무량멸도불
其數無有量
기수무유량
從生及出家
종생급출가
波旬無此事
파순무차사
謂是魔所爲
위시마소위
我心大歡喜
아심대환희
爲天人所敬
위천인소경

전무상법륜　　교화제보살

이런법문	내가듣고	전에없던	법을얻어
마음크게	즐거웁고	의심또한	없나이다
옛날부터	교화받아	대승법을	잃지않고
부처말씀	희유하사	중생번뇌	없게하니
그렇기에	나는이미	번뇌다해	없었으나
이법문을	듣고서는	근심걱정	사라지네
깊은산속	골짜기나	수풀속을	찾아가서
앉았거나	거닐적에	항상이일	생각하며
스스로를	책망하길	어찌나를	속였던가
우리들도	불자로서	무루법에	들었거늘
미래세에	위없는도	설법하지	못할런가
금색몸에	삼십이상	열가지힘	여러해탈
그모두가	한가지법	이런법을	못얻었고
여든가지	묘한상호	열여덟의	불공법과
이와같은	공덕들을	나는모두	잃었구나
거닐면서	내가보니	대중속에	계신부처
시방세계	이름퍼져	많은중생	이익커늘
나는이익	못얻으니	내스스로	속음이라
밤낮없이	나는항상	이런일만	생각하며
잃었는가	안잃었나	부처님께	여쭈려다
세존께서	여러보살	칭찬하심	내가보고

낮이거나 밤이거나 이런생각 했나이다
부처말씀 들으오니 뜻을따라 하신말씀
번뇌없고 부사의라 도량으로 이끌건만
삿된소견 잘못들어 범지스승 되었더니
세존께서 내맘알고 열반법을 설하시어
나쁜견해 다버리고 공한법을 증득하여
그때내가 생각키를 열반이제 얻었노라
이제와서 알고보니 참열반이 아니로다
만일부처 되었다면 삼십이상 구족하고
하늘인간 야차들과 용과귀신 공경하리
이가참된 열반이요 남음없는 멸도거늘
부처님이 대중앞에 나의성불 수기하니
그법문을 듣고서야 모든의심 풀리오네
부처말씀 처음듣고 크게놀라 의심하길
부처탈쓴 마구니의 농락인가 하였더니
부처님의 여러인연 방편비유 말씀듣고
내마음이 편안하고 많던의혹 없어지네
지난세상 부처님들 방편속에 계시면서
이러한법 설했다고 세존께서 말씀하네
이세상과 오는세상 한량없는 부처님들
여러가지 방편으로 이러한법 말씀하며
지금세존 부처님도 탄생하여 출가하사
법륜굴려 설법할새 방편으로 말하시니

묘법연화경 비유품 • 223

부처님의	참된설법	파순이야	할수있나
그러므로	알았나니	그가바로	부처인데
의심그물	걸리어서	마구닌가	하였었네
세존말씀	듣고보니	깊고멀고	미묘하사
청정한법	설하시니	내마음이	크게기뻐
의심후회	모두끊고	참된지혜	들었나니
나도필경	성불하여	천상인간	공경받고
무상법륜	굴리어서	보살교화	하오리다

강설

"이런법문 내가듣고 전에없던 법을얻어
마음크게 즐거웁고 의심또한 없나이다
옛날부터 교화받아 대승법을 잃지않고
부처말씀 희유하사 중생번뇌 없게하니
그렇기에 나는이미 번뇌다해 없었으나
이법문을 듣고서는 근심걱정 사라지네"

수보리는 아라한이다.
때문에 생멸심으로 생기는 번뇌는 이미 다했다.
하지만 부처님 같은 깨달음을 얻지 못한 것에 대한 근심이 있었다. 이제 그 법문을 듣게 될 것이니 그 근심마저 없어질 것이라고 말하는 것이다.

"깊은산속　골짜기나　수풀속을　찾아가서
 앉았거나　거닐적에　항상이일　생각하며
 스스로를　책망하길　어찌나를　속였던가
 우리들도　불자로서　무루법에　들었거늘
 미래세에　위없는도　설법하지　못할런가"

아라한으로서 무루법을 얻었지만 그것은 반쪽의 성취일뿐 완전한 깨달음이 아니다. 수보리가 그것을 자각한 것이다.

"금색몸에　삼십이상　열가지힘　여러해탈
 그모두가　한가지법　이런법을　못얻었고"

완전한 깨달음을 얻었다면 삼십이상과 십력을 갖추고 있어야 하는데 그것이 갖추어지지 않았다.
또한 팔해탈을 통해 대자비문을 이루지 못했다.
그런 연유로 수보리는 완전한 깨달음을 얻지 못했다고 생각하는 것이다.
삼십이상은 삼십이진로 수행을 통해 갖추어진다.
수능엄삼매와 연계되어 있다.

"여든가지　묘한상호　열여덟의　불공법과
 이와같은　공덕들을　나는모두　잃었구나"

일불승의 법을 얻지 못했기에 팔십종호를 갖추지 못했고 '18불공법'을 성취하지 못했다는 말이다.
'18불공법'이란 부처님만이 갖추고 계시는 18가지 면모를 말한다. 십력, 사무소외, 3념주, 대자비가 그것이다.

십력이란 부처님만이 갖고 계시는 열 가지 능력을 말한다. 처비처지력(處非處智力), 업이숙지력(業異熟智力), 정려해탈등지등지지력(靜慮解脫等持等至智力), 근상하지력(根上下智力), 종종승해지력(種種勝解智力), 종종계지력(種種界智力), 편취행지력(遍趣行智力), 숙주수념지력(宿住隨念智力), 사생지력(死生智力), 누진지력(漏盡智力)이 그것이다.

사무소외란 부처님만이 갖고 계시는 네 가지 걸림 없는 마음을 말한다. 사무외라고도 한다.
정등각무외(正等覺無畏), 일체누진무외(一切漏盡無畏), 설장법무외(說障法無畏), 설진고도무외(說盡苦道無畏)가 그것이다.

3념주(三念住)란 부처님께서 중생제도를 행할 때 정념(正念)과 정지(正止)에 안주하는 세 가지 경우를 말한다.
제1염주, 제2염주, 제3염주가 있다.
정념(正念)이란 지켜보는 마음이 편협되지 않고 흐트러지지 않는 것을 말한다.
정지(正止)란 올바른 멈춤을 말한다.

본성을 이루고 있는 세 가지 요소 중 한 가지에 머물러 있는 것이 정지이다. 무념지(無念止), 무심지(無心止), 간극지(間隙止)가 있다.

제1염주란 중생들이 부처님에 대한 신앙심을 내어도 부처님은 정념, 정지에 머물러 있는 것이다.
제2염주란 중생들이 부처님을 믿지 않아도 부처님은 정념, 정지에 머물러 있는 것이다.
제3염주란 어떤 사람은 믿고 어떤 사람은 믿지 않더라도 부처님은 정념, 정지에 머물러 있는 것이다.

대자비란 부처님만이 갖고 계시는 자비심을 말한다.
부처님은 스물세 단계의 자비관으로 대자비문을 성취하신다. 등각 이전의 자비관은 중생들에게 향해지는 자비심이다. 스물두 단계의 자비관이 여기에 쓰인다.
등각보살이 되면 자비관의 대상이 불세계에 계시는 수기불이 된다. 수기불에 대한 그리움을 일으키는 것이 스물세 번째 자비관이다. 이것이 부처님만이 갖고 계시는 대자비이다.

"거닐면서   내가보니   대중속에   계신부처
 시방세계   이름퍼져   많은중생   이익커늘
 나는이익   못얻으니   내스스로   속음이라"

이미 부처님은 여러 곳에서 일승법을 설하셨는데 스스로가 어리석어서 그 법을 얻지 못했다는 말이다.

"밤낮없이　나는항상　이런일만　생각하며
　잃었는가　안잃었나　부처님께　여쭈려다"

아라한이 되었지만 스스로가 갖추지 못한 부족함 때문에 부처님께 여쭤보려고 고심했다는 말이다.

"세존께서　여러보살　칭찬하심　내가보고
　낮이거나　밤이거나　이런생각　했나이다
　부처말씀　들으오니　뜻을따라　하신말씀
　번뇌없고　부사의라　도량으로　이끌건만
　삿된소견　잘못들어　범지스승　되었더니"

부처님께서 삼승법을 설한 것은 중생으로 하여금 발심토록 한 것인데 그것을 몰랐다는 말이다.

"세존께서　내맘알고　열반법을　설하시어
　나쁜견해　다버리고　공한법을　증득하여
　그때내가　생각키를　열반이제　얻었노라
　이제와서　알고보니　참열반이　아니로다"

아라한으로 열반을 얻은 것을 수행의 완성이라고 생각했었는데 보살도 법문을 들어보니 그것은 수행의 시작이었다는 말이다.

"만일부처 되었다면 삼십이상 구족하고
 하늘인간 야차들과 용과귀신 공경하리
 이가참된 열반이요 남음없는 멸도거늘"

만약 스스로가 불도를 이루었다면 삼십이상이 갖춰져 있을텐데, 그렇지 않은 것은 아직까지 그와 같은 성취를 이루지 못했다는 말이다.

"부처님이 대중앞에 나의성불 수기하니
 그법문을 듣고서야 모든의심 풀리오네"

비로소 부처님께 수기를 받고 나니 아직까지 이해하지 못했던 가르침을 이해하게 되었다는 말이다.

"부처말씀 처음듣고 크게놀라 의심하길
 부처탈쓴 마구니의 농락인가 하였더니
 부처님의 여러인연 방편비유 말씀듣고
 내마음이 편안하고 많던의혹 없어지네"

수보리도 처음에는 부처님을 믿지 않았다는 말이다.

"지난세상　　부처님들　　방편속에　　계시면서
　이러한법　　설했다고　　세존께서　　말씀하네
　이세상과　　오는세상　　한량없는　　부처님들
　여러가지　　방편으로　　이러한법　　말씀하며
　지금세존　　부처님도　　탄생하여　　출가하사
　법륜굴려　　설법할새　　방편으로　　말하시니
　부처님의　　참된설법　　파순이야　　할수있나"

과거세의 부처님과 현세의 모든 부처님이 방편으로 삼승법을 설했다는 말이다.

"그러므로　　알았나니　　그가바로　　부처인데
　의심그물　　걸리어서　　마구니가　　하였었네
　세존말씀　　듣고보니　　깊고멀고　　미묘하사
　청정한법　　설하시니　　내마음이　　크게기뻐
　의심후회　　모두끊고　　참된지혜　　들었나니
　나도필경　　성불하여　　천상인간　　공경받고
　무상법륜　　굴리어서　　보살교화　　하오리다"

수보리의 성불 서원이다.

본문

爾時佛告舍利弗。 吾今於天人沙門婆羅門等大衆中說。
이시불고사리불. 오금어천인사문바라문등대중중설.
我昔曾於二萬億佛所。 爲無上道故常敎化汝。 汝亦長夜
아석증어이만억불소. 위무상도고상교화여. 여역장야
隨我受學。 我以方便引導汝故生我法中。 舍利弗。
수아수학. 아이방편인도여고생아법중. 사리불.
我昔敎汝志願佛道。 汝今悉忘。 而便自謂已得滅度。
아석교여지원불도. 여금실망. 이변자위이득멸도.
我今還欲令汝憶念本願所行道故。 爲諸聲聞說是大乘經。
아금환욕령여억념본원소행도고. 위제성문설시대승경.
名妙法蓮華敎菩薩法佛所護念。 舍利弗。 汝於未來世過
명묘법연화교보살법불소호념. 사리불. 여어미래세과
無量無邊不可思議劫。 供養若干千萬億佛。 奉持正法。
무량무변불가사의겁. 공양약간천만억불. 봉지정법.
具足菩薩所行之道。 當得作佛。 號曰華光如來應供正遍知
구족보살소행지도. 당득작불. 호왈화광여래응공정변지
明行足善逝世間解無上士調御丈夫天人師佛世尊。
명행족선서세간해무상사조어장부천인사불세존.
國名離垢。 其土平正淸淨嚴飾。 安穩豊樂天人熾盛。
국명이구. 기토평정청정엄식. 안온풍락천인치성.

琉璃爲地有八交道。 黃金爲繩以界其側。 其傍各有七寶行
유리위지유팔교도. 황금위승이계기측. 기방각유칠보행
樹。 常有華果。 華光如來亦以三乘敎化衆生。 舍利弗。
수. 상유화과. 화광여래역이삼승교화중생. 사리불.
彼佛出時雖非惡世。 以本願故說三乘法。 其劫名大寶莊
피불출시수비악세. 이본원고설삼승법. 기겁명대보장
嚴。 何故名曰大寶莊嚴。 其國中以菩薩爲大寶故。 彼諸菩
엄. 하고명왈대보장엄. 기국중이보살위대보고. 피제보
薩無量無邊不可思議。 算數譬喩所不能及。 非佛智力無能
살무량무변불가사의. 산수비유소불능급. 비불지력무능
知者。 若欲行時寶華承足。 此諸菩薩非初發意。 皆久植德
지자. 약욕행시보화승족. 차제보살비초발의. 개구식덕
本。 於無量百千萬億佛所淨修梵行。 恒爲諸佛之所稱歎。
본. 어무량백천만억불소정수범행. 항위제불지소칭탄.
常修佛慧具大神通。 善知一切諸法之門。 質直無僞志念堅
상수불혜구대신통. 선지일체제법지문. 질직무의지념견
固。 如是菩薩充滿其國。 舍利弗。 華光佛壽十二小劫。
고. 여시보살충만기국. 사리불. 화광불수십이소겁.
除爲王子未作佛時。 其國人民壽八小劫。 華光如來過十二
제위왕자미작불시. 기국인민수팔소겁. 화광여래과십이
小劫。 授堅滿菩薩阿耨多羅三藐三菩提記。 告諸比丘。
소겁. 수견만보살아누다라삼막삼보리기. 고제비구.

是堅滿菩薩次當作佛。號曰華足安行多陀阿伽度阿羅詞三
시견만보살차당작불. 호왈화족안행다타아가도아라하삼
藐三佛陀。其佛國土亦復如是。舍利弗。是華光佛滅度之
먁삼불타. 기불국토역부여시. 사리불. 시화광불멸도지
後。正法住世三十二小劫。像法住世亦三十二小劫。
후. 정법주세삼십이소겁. 상법주세역삼십이소겁.
爾時世尊。欲重宣此義。而說偈言。
이시세존. 욕중선차의. 이설게언.

이때 부처님이 사리불에게 말씀하셨다.
"내가 이제 천상과 천하의 사람과 사문과 바라문 등 대중 가운데서 말하노라.
내가 옛적에 이만억 부처님의 처소에서 위 없는 도를 위하여 너희를 항상 교화하였고, 너희도 또한 오랜 세월을 두고 나의 가르침을 받았거니와, 내가 방편으로 너희를 인도하여 나의 법 가운데 나게 하였느니라.
사리불이여, 내가 너를 가르쳐 부처님의 도에 뜻을 두게 하였는데, 네가 지금 잊어버리고 스스로 생각하기를 이미 멸도를 얻었노라 하기에, 내가 이제 너로 하여금 본래의 서원으로 행하려던 도를 다시 염원하게 하려고 성문들에게 대승경을 말하노니, 이름이 묘법연화경이며 보살을 교화하는 법이요, 부처님이 호념하시는 바니라.
사리불아, 너는 오는 세상에 한량없고 그지없는 부사의한 겁을 지나면서 수많은 천만억 부처님께 공양하고 바른 법을 받아지니며, 보살이 행하는 도를 구족하여 마땅히 성불하리니, 이름은 화광여래, 응공, 정변지, 명행족, 선서, 세간해, 무상사, 조어장부, 천인사, 불세존이라 하리라.

나라 이름은 이구인데, 그 땅은 평정하고 청정하게 꾸며졌으며, 안락하고 풍족하여 천상과 천하의 사람이 번영할 것이며, 유리로 땅이 되고 8방으로 뻗어나간 길은 황금 줄로 길가에 경계를 치고, 그 길옆에는 칠보로 된 가로수가 있어 꽃과 과실이 무성한데, 화광여래는 그곳에서 역시 삼승법으로 중생을 교화하리라.

사리불아, 그 부처님이 나는 때가 비록 나쁜 세상은 아니지만, 본래의 서원으로 삼승법을 설할 것이니라.

그때 겁의 이름은 대보장엄이라 하리니, 왜 대보장엄이라 하느냐 하면, 그 나라에서는 보살로써 큰 보배를 삼는 연고이니라. 그 보살들은 한량없고 그지없고 부사의하여, 숫자로나 비유로 헤아릴 수 없나니 부처님의 지혜가 아니고는 알 사람이 없느니라.

걸어 다닐 적에는 보배로운 꽃이 발을 받들 것이니, 그 보살들은 처음으로 발심한 이가 아니고 오래전부터 공덕의 근본을 심었으며, 한량없는 백천만억 부처님 처소에서 범행을 닦아 여러 부처님의 칭찬을 받았으며, 항상 부처님의 지혜를 닦아 큰 신통을 갖추었으며, 온갖 법에 들어가는 문을 잘 알았고, 질박하고 정직하여 거짓이 없으며, 뜻이 견고하니, 이런 보살들이 그 국토에 가득하니라.

사리불이여, 화광불의 수명은 12소겁이니, 왕자로 있어 성불하기 전 세월은 제외한 것이며, 그 나라 백성들의 수명은 8소겁이니라.

화광여래가 12소겁을 지내고는 견만보살에게 아뇩다라삼먁삼보리의 수기를 주면서 여러 비구들에게 말하기를 이 견만보살이 다음에 부처가 되리니, 이름은 화족안행 다타아가타, 아라하, 삼먁삼불타이며, 그 부처님의 국토도 지금과 같으리라 하리라.

사리불아, 이 화광불이 열반한 뒤 정법이 세상에 머무름은 32소겁이며, 상법도 또한 32소겁을 머무를 것이니라."

그때 세존이 이 뜻을 거듭 펴려고 게송을 설하셨다.

강설

"내가 옛적에 이만억 부처님의 처소에서 위없는 도를 위하여 너희를 항상 교화하였고, 너희도 또한 오랜 세월을 두고 나의 가르침을 받았거니와, 내가 방편으로 너희를 인도하여 나의 법 가운데 나게 하였느니라."

부처님은 이미 이만억 부처님들의 처소에서 지금의 제자들을 가르치셨다. 그런 뒤에 현세에 다시 태어나게 하여 제자로 삼았다는 말씀이시다.

"사리불이여, 내가 너를 가르쳐 부처님의 도에 뜻을 두게 하였는데, 네가 지금 잊어버리고 스스로 생각하기를 이미 멸도를 얻었노라 하기에"

아라한은 멸성제를 이룬 것이지 도성제를 이룬 것이 아니다. 그런데 수보리는 도성제를 이루었다고 착각하고 있었다는 말씀이시다.
'멸도'란 멸성제와 도성제의 줄임말이다.

"내가 이제 너로 하여금 본래의 서원으로 행하려던 도를 다시 염원하게 하려고 성문들에게 대승경을 말하노니, 이름이 묘법연화경이며 보살을 교화하는 법이요, 부처님이 호념하시는 바니라."

진여출가의 목적과 의미를 말하기 위해 묘법연화경을 설하신다는 말씀이시다.

"12소겁"

소겁(小劫) 때는 생멸문을 이루고 있는 일부 세계에서만이 수축이 일어난다. 세 가지 형태의 소겁이 있다. 화재겁(火災劫), 수재겁(水災劫), 풍재겁(風災劫)이 그것이다.
각각의 겁이 도래하는 형태에 따라서 수축되는 세계가 서로 다르다.
화재겁 때는 색계 1천인 대범천까지 수축기에 들어간다.
수재겁 때는 색계 2천인 광음천까지 수축기에 들어간다.
풍재겁 때는 색계 3천인 변정천까지 수축기에 들어간다.

대겁(大劫)은 생멸문 전체가 수축기에 들어가는 것이다.
33천 전체가 수축기에 들어가서 생멸문을 이루는 천지만물이 한 생명으로 합쳐지는 것을 대겁이라 한다.
1대겁은 성겁(成劫), 주겁(住劫), 괴겁(壞劫), 공겁(空劫)으로 이루어져 있다.
대겁과 소겁 사이에 중겁(中劫)이 있다.
중겁 또한 세 가지 형태가 있다.
질병겁(疾病劫), 기근겁(飢饉겁), 도병겁(刀兵劫)이 그것이다.
네 번의 중겁이 일어나면 1대겁에 들어간다.
중겁이 일어나면 생멸문을 이루고 있는 스물네 개의 천상세계와 오도(五道) 윤회계가 함께 수축된다. 그때에는 무색계 4천만 남아있고 나머지 육도윤회계가 모두 수축된다.
무색계 4천의 생명들은 영혼의 몸으로 존재한다.
모든 욕심이 없고 몸에 대한 집착이 없고 수명 또한 무한하다.
무색계 4천이 생멸문의 중심이다.
무색계 4천의 존재들이 생성해내는 생명 에너지가 생멸문을 팽창시킨다. 그들이 창조신이다.

5선정의 공무변처정, 6선정의 식무변처정, 7선정의 무소유처정, 8선정의 비상비비상처정을 증득한 사람이 욕념이 없고 육체에 대한 집착이 없으면 무색계 4천에 태어난다.
우주 나이가 150억 년이라 하는데 1겁은 그보다 훨씬 더 긴 시간이다.
중겁의 시기를 겪으면서 합쳐지지 않았던 무색계의 생명들은 그 다음 겁이 열릴 때 창조신의 역할을 한다. 광음천(光音天)으로 합쳐졌던 생명들이 다시 분리되어 나올 때 그 형태를 보존시켜 주고 육체의 몸을 갖고 있는 생명들이 정착할 수 있는 별 환경을 만들어주는 것이 창조신들이다.

부처님께서 도솔천에서 호명보살로 계실 때의 일이다.
창조신들이 대겁이 온다고 하면서 호명보살을 찾아왔다. 그 당시 호명보살은 10지 보살이었다.
앞으로 10만년 후에 대겁이 오는데 그때가 되면 무색계 4천조차도 하나로 합쳐져서 생명들이 개체성을 잃어버린다는 것이다.
호명보살이 "그것을 막을 수가 있는가?" 라고 물었더니 그러한 서원을 갖고 있는 부처님이 출현하면 막을 수 있다고 했다.
호명보살이 그런 서원을 한 적이 있는지 전생을 돌아보고 대답해 줄 테니까 3일만 기다려달라고 했다.

3일 동안 호명보살이 선정에 들어보니 옛날 옛적에 그런 서원을 한 적이 있었다. 그래서 신들을 만나서 그 역할을 하겠다고 했다.

도솔천에는 영혼의 크기를 조율하는 공간이 있다.

그 공간을 낙타방이라 한다.

호명보살이 낙타방에 들어가서 태어날 땅과 인연 맺어질 부모, 태어날 시기를 관찰하고 영혼의 크기를 조절했다.

그런 다음 석가모니로 태어났다.

열반에 든 다음에는 자기 밝은성품으로 생멸문 전체를 덮고 계신다. 그 상태를 반열반이라 한다.

겁과 겁 사이에서 개체식이 소멸되면 한 겁 동안 닦았던 깨달음과 성취가 모두 사라진다.

그것을 안타깝게 여겨서 석가모니 부처님이 개체식을 보존시켜 주는 역할을 하고 계신다.

이 역할 또한 정토불사의 한 가지 유형이다.

천백억 화신 중에 한 분의 화신이 그 역할을 하고 계신다.

본문

舍利弗來世　成佛普智尊　號名曰華光　當度無量衆
사리불래세　성불보지존　호명왈화광　당도무량중
供養無數佛　具足菩薩行　十力等功德　證於無上道
공양무수불　구족보살행　십력등공덕　증어무상도

過無量劫已	劫名大寶嚴	世界名離垢	淸淨無瑕穢
과무량겁이	**겁명대보엄**	**세계명이구**	**청정무하예**
以瑠璃爲地	金繩界其道	七寶雜色樹	常有華果實
이유리위지	**금승계기도**	**칠보잡색수**	**상유화과실**
彼國諸菩薩	志念常堅固	神通波羅蜜	皆已悉具足
피국제보살	**지념상견고**	**신통바라밀**	**개이실구족**
於無數佛所	善學菩薩道	如是等大士	華光佛所化
어무수불소	**선학보살도**	**여시등대사**	**화광불소화**
佛爲王子時	棄國捨世榮	於最末後身	出家成佛道
불위왕자시	**기국사세영**	**어최말후신**	**출가성불도**
華光佛住世	壽十二小劫	其國人民衆	壽命八小劫
화광불주세	**수십이소겁**	**기국인민중**	**수명팔소겁**
佛滅度之後	正法住於世	三十二小劫	廣度諸衆生
불멸도지후	**정법주어세**	**삼십이소겁**	**광도제중생**
正法滅盡已	像法三十二	舍利廣流布	天人普供養
정법멸진이	**상법삼십이**	**사리광유포**	**천인보공양**
華光佛所爲	其事皆如是	其兩足聖尊	最勝無倫匹
화광불소위	**기사개여시**	**기양족성존**	**최승무륜필**
彼卽是汝身	宜應自欣慶		
피즉시여신	**의응자흔경**		

사리불이   오는세상   성불하여   부처되면
그이름은   화광여래   무량중생   제도하리

많은부처	공양하고	보살행과	10력과
모든공덕	다갖추어	위없는도	증득하리
무량한겁	지낸뒤에	대보장엄	겁이되면
세계이름	이구리니	청정하고	때없으며
유리로써	땅이되고	황금줄을	길에늘여
칠보로된	가로수엔	꽃과열매	만발하리
그세계의	보살들은	뜻과생각	견고하며
큰신통과	바라밀이	모두다	구족하며
무량무수	부처님께	보살도를	잘배우니
이와같은	보살들을	화광여래	교화하네
왕자로서	태어나서	그영화를	다버리고
최후의몸	받은뒤에	출가하여	성불하니
화광불의	세간수명	길고길어	십이소겁
그나라의	국민들도	여덟소겁	수명이라
그부처님	멸도후에	정법이	머물기는
삼십이	소겁이니	널리중생	제도하고
그정법이	끝난뒤엔	상법또한	삼십이겁
사리널리	유포되어	하늘인간	공양받네
화광여래	하시는일	모두다가	이와같아
복과지혜	구족하신	거룩하신	세존께선
훌륭하기	짝이없어	견줄사람	없을지니
그가바로	네몸이라	마음깊이	기뻐하라

爾時四部衆. 比丘比丘尼優婆塞優婆夷. 天龍夜叉乾闥婆
이시사부중. 비구비구니우바새우바이. 천룡야차건달바
阿修羅迦樓羅緊那羅摩睺羅加等大衆. 見舍利弗於佛前受
아수라가루라긴나라마후라가등대중. 견사리불어불전수
阿耨多羅三藐三菩提記. 心大歡喜踊躍無量. 各各脫身所
아누다라삼먁삼보리기. 심대환희용약무량. 각각탈신소
著上衣. 以供養佛. 釋提桓因梵天王等. 與無數天子.
착상의. 이공양불. 석제환인범천왕등. 여무수천자.
亦以天妙衣天曼陀羅華摩訶曼陀羅華等. 供養於佛. 所散
역이천묘의천만다라화마하만다라화등. 공양어불. 소산
天衣住虛空中. 而自廻轉. 諸天伎樂百千萬種. 於虛空中
천의주허공중. 이자회전. 제천기악백천만종. 어허공중
一時俱作. 雨衆天華. 而作是言. 佛昔於波羅奈 初轉法
일시구작. 우중천화. 이작시언. 불석어바라나 초전법
輪. 今乃復轉無上最大法輪. 爾時諸天子. 欲重宣此義.
륜. 금내부전무상최대법륜. 이시제천자. 욕중선차의.
而說偈言.
이설게언.

그때 4부대중인 비구, 비구니, 우바새, 우바이, 하늘, 용, 야차, 건달바, 아수라, 가루라, 긴나라, 마후라가 등의 모든 대중들은 사리불이 부처님 앞에서 아뇩다라삼먁삼보리의 수기를 받는 것을 보고 그 마음이 환희로워 한량없이 뛰면서 제각기 몸에 입었던 웃옷을 벗어 부처님께 공양하고, 제석천왕, 범천왕들도 수없는 천자들과 함께 묘한 하늘의 옷과 하늘의 만다라 꽃과 큰 만다라 꽃들을 부처님께 공양하니 그 뿌린 하늘옷은 허공에 머물러 빙글빙글 돌고, 여러 백천만 가지 하늘의 풍악이 허공 가운데서 함께 울리며, 하늘 꽃들이 비 오듯 내리더니, 이런 소리가 허공에서 들렸다. '부처님께서 옛적에 바라나에서 처음 법륜을 굴리시더니, 이제 또 위없는 가장 큰 법륜을 굴리시네.'

그때 여러 천자들은 이 뜻을 거듭 펴려고 게송을 설하였다.

昔於波羅奈　　轉四諦法輪　　分別說諸法　　五衆之生滅
석어바라나　　전사제법륜　　분별설제법　　오중지생멸
今復轉最妙　　無上大法輪　　是法甚深奧　　少有能信者
금부전최묘　　무상대법륜　　시법심심오　　소유능신자

오랜옛날　　바라나에서　　4제법륜　　굴리시어
다섯가지　　쌓임으로　　생멸함을　　설하시고
위없이큰　　이법륜을　　이제다시　　굴리시니
깊고깊은　　미묘한법　　믿을사람　　많지않네

강설

'4제 법륜'이란 사성제를 말한다.
'다섯 가지 쌓임'이란 오온(五蘊)을 말한다.

본문

我等從昔來　數聞世尊說　未曾聞如是　深妙之上法
아등종석래　삭문세존설　미증문여시　심묘지상법
世尊說是法　我等皆隨喜　大智舍利弗　今得受尊記
세존설시법　아등개수희　대지사리불　금득수존기
我等亦如是　必當得作佛　於一切世間　最尊無有上
아등역여시　필당득작불　어일체세간　최존무유상
佛道叵思議　方便隨宜說　我所有福業　今世若過世
불도파사의　방편수의설　아소유복업　금세약과세
及見佛功德　盡廻向佛道
급견불공덕　진회향불도

저희들이　옛날부터　세존말씀　들었지만
깊고묘한　이러한법　예전에는　못들었네
오늘세존　법설하니　우리들도　따라기뻐
지혜제일　사리불이　성불수기　받사오니
저희들도　그와같이　오는세상　성불하여
세상에서　가장높은　세존이　되오리다
부사의한　부처님도　근기따라　설하시니

저희들이   지은복덕   지금이나   지난세상
부처님을   찾아뵙고   갖추어서   쌓은공덕
미묘하온   큰불도에   마음다해   회향하리

爾時舍利弗白佛言. 世尊. 我今無復疑悔. 親於佛前得受
이시사리불백불언. 세존. 아금무부의회. 친어불전득수
阿耨多羅三藐三菩提記. 是諸千二百心自在者. 昔住學
아뇩다라삼먁삼보리기. 시제천이백심자재자. 석주학
地. 佛常敎化言. 我法能離生老病死究竟涅槃. 是學無
지. 불상교화언. 아법능리생로병사구경열반. 시학무
學人. 亦各自已離我見及有無見等. 謂得涅槃. 而今於
학인. 역각자이리아견급유무견등. 위득열반. 이금어
世尊前聞所未聞皆墮疑惑. 善哉世尊. 願爲四衆說其因
세존전문소미문개타의혹. 선재세존. 원위사중설기인
緣令離疑悔.
연영리의회.

이때 사리불이 부처님께 사뢰었다.
"세존이시여, 저는 이제 다시 의심이 없사오며 친히 부처님 앞에서 아뇩다라삼먁삼보리의 수기를 받았나이다.
그러나 마음이 자재한 이 1천2백 사람들은 옛날에 배우는 자리에 있을 적에 부처님께서 교화하시기를, 내 법은 나고 늙고 병들고 죽는 일을 떠나서 필경에 열반을 얻나리라 하시매, 이 배우는 이와 다 배운 이들도 제각기 '나'라는 소견과 '있다' '없다' 하는 소견을 떠나 열반을 얻었다고 생각했습니다.
그런데 지금 세존의 앞에서 일찍이 듣지 못하던 말씀을 듣고 모두 의혹에 빠져 있나이다.
거룩하신 세존이시여, 원하옵건대 사부대중을 위하여 그 인연을 말씀해서 그들로 하여금 의혹이 없도록 해주십시오."

강설

천이백 아라한들도 사리불과 같이 의혹에 빠져있으니 그들에게도 수기를 주어서 그 의혹을 해소시켜 달라는 말이다.

본문

爾時佛告舍利弗。 我先不言諸佛世尊。 以種種因緣譬喩
이시불고사리불. 아선불언제불세존. 이종종인연비유
言辭方便說法。 皆爲阿耨多羅三藐三菩提耶。 是諸所說皆
언사방편설법. 개위아누다라삼먁삼보리야. 시제소설개
爲化菩薩故。 然舍利弗。 今當復以譬喩更明此義。 諸有智
위화보살고. 연사리불. 금당부이비유갱명차의. 제유지
者。 以譬喩得解。 舍利弗。 若國邑聚落有大長者。 其年
자. 이비유득해. 사리불. 약국읍취락유대장자. 기년

衰邁財富無量。 多有田宅及諸僮僕。 其家廣大。 唯有一
쇠매재부무량.　다유전택급제동복.　기가광대.　유유일
門。 多諸人衆。 一百二百乃至五百人。 止住其中。 堂閣
문.　다제인중.　일백이백내지오백인.　지주기중.　당각
朽牆壁隤隕落。 柱根腐敗梁棟傾危。 周帀俱時欻然火起焚
후고장벽퇴락.　주근부패양동경위.　주잡구시훌연화기분
燒舍宅。 長者諸子。 若十二十或至三十。 在此宅中。 長
소사택.　장자제자.　약십이십혹지삼십.　재차택중.　장
者見是大火從四面起。 卽大驚怖。 而作是念。 我雖能於此
자견시대화종사면기.　즉대경포.　이작시념.　아수능어차
所燒之門安隱得出。 而諸子等。 於火宅內樂著嬉戲。 不覺
소소지문안은득출.　이제자등.　어화택내낙착희희.　불각
不知不驚不怖。 火來逼身苦痛切已。 心不厭患無求出意。
부지불경불포.　화래핍신고통절이.　심불염환무구출의.
舍利弗。 是長者作是思惟。 我身手有力。 當以衣裓。 若
사리불.　시장자작시사유.　아신수유력.　당이의극.　약
以几案。 從舍出之。 復更思惟。 是舍唯有一門。 而復狹
이궤안.　종사출지.　부갱사유.　시사유유일문.　이부협
小。 諸子幼稚未有所識。 戀著戲處。 或當墮落為火所燒。
소.　제자유치미유소식.　연착희처.　혹당타락위화소소.
我當為說怖畏之事。 此舍已燒宜時疾出。 無令為火之所燒
아당위설포외지사.　차사이소의시질출.　무령위화지소소

害。作是念已。如所思惟。具告諸子。汝等速出。父雖憐
해. 작시념이. 여소사유. 구고제자. 여등속출. 부수연
愍善言誘喩。而諸子等。樂著嬉戲不肯信受。不驚不畏了
민선언유유. 이제자등. 낙착희희불긍신수. 불경불외요
無出心。亦復不知何者是火何者爲舍。云何爲失。但東西
무출심. 역부부지하자시화하자위사. 운하위실. 단동서
走戲視父而已。爾時長者卽作是念。此舍已爲大火所燒。
주희시부이이. 이시장자즉작시념. 차사이위대화소소.
我及諸子。若不時出。必爲所焚。我今當設方便。令諸
아급제자. 약불시출. 필위소분. 아금당설방편. 영제
子等得免斯害。父知諸子先心各有所好。種種珍玩奇異
자등득면사해. 부지제자선심각유소호. 종종진완기이
之物情必樂著。而告之言。汝等所可玩好希有難得。汝若
지물정필낙착. 이고지언. 여등소가완호희유난득. 여약
不取後必憂悔。如此種種羊車鹿車牛車今在門外。可以遊
불취후필우회. 여차종종양거녹거우거금재문외. 가이유
戲。汝等於此火宅宜速出來。隨汝所欲皆當與汝。爾時諸
희. 여등어차화택의속출래. 수여소욕개당여여. 이시제
子聞父所說。珍玩之物適其願故。心各勇銳互相推排。
자문부소설. 진완지물적기원고. 심각용예호상퇴배.
競共馳走爭出火宅。是時長者。見諸子等安穩得出。皆於
경공치주쟁출화택. 시시장자. 견제자등안온득출. 개어

四衢道中露地而坐。無復障礙。其心泰然歡喜踊躍。時諸
사구도중노지이좌. 무부장애. 기심태연환희용약. 시제
子等。各白父言。父先所許玩好之具。羊車鹿車牛車願時
자등. 각백부언. 부선소허완호지구. 양거녹거우거원시
賜與。舍利弗。爾時長者。各賜諸子等一大車。其車高
사여. 사리불. 이시장자. 각사제자등일대거. 기거고
廣衆寶莊校。周帀欄楯四面懸鈴。又於其上張設幰蓋。
광중보장교. 주잡난순사면현령. 우어기상장설헌개.
亦以珍奇雜寶而嚴飾之。寶繩交絡　垂諸華瓔。重敷婉筵
역이진기잡보이엄식지. 보승교락　수제화영. 중부완연
安置丹枕。駕以白牛。膚色充潔形體姝好。有大筋力。
안치단침. 가이백우. 부색충결형체주호. 유대근력.
行步平正。其疾如風。又多僕從而侍衛之。所以者何。
행보평정. 기질여풍. 우다복종이시위지. 소이자하.
是大長者。財富無量。種種諸藏悉皆充溢。而作是念。
시대장자. 재부무량. 종종제장실개충일. 이작시념.
我財物無極。不應以下劣小車與諸子等。今此幼童皆是吾
아재물무극. 불응이하열소거여제자등. 금차유동개시오
子。愛無偏黨。我有如是七寶大車。其數無量。應當等
자. 애무편당. 아유여시칠보대거. 기수무량. 응당등
心各各與之。不宜差別。所以者何。以我此物周級一國。
심각각여지. 불의차별. 소이자하. 이아차물주급일국.

猶尙不匱。 何況諸子。 是時諸子。 各乘大車得未曾有。
유상불궤.　하황제자.　시시제자.　각승대거득미증유.
非本所望。 舍利弗。 於汝意云何。 是長者等與諸子珍寶大
비본소망.　사리불.　어여의운하.　시장자등여제자진보대
車。寧有虛妄不。 舍利弗言。 不也世尊。 是長者。 但令
거.　영유허망부.　사리불언.　불야세존.　시장자.　단령
諸子得免火難。全其軀命非爲虛妄。何以故。若全身命。
제자득면화난.　전기구명비위허망.　하이고.　약전신명.
便爲已得玩好之具。況復方便於彼火宅而拔濟之。 世尊。
변위이득완호지구.　황부방편어피화택이발제지.　세존.
若是長者。 乃至不與最小一車。 猶不虛妄。 何以故。
약시장자.　내지불여최소일거.　유불허망.　하이고.
是長者先作是意。 我以方便令子得出。 以是因緣無虛妄也。
시장자선작시의.　아이방편영자득출.　이시인연무허망야.
何況長者。 自知財富無量。 欲饒益諸子等與大車。 佛告舍
하황장자.　자지재부무량.　욕요익제자등여대거.　불고사
利弗。 善哉善哉。 如汝所言。 舍利弗。 如來亦復如是。
리불.　선재선재.　여여소언.　사리불.　여래역부여시.
則爲一切世間之父。 於諸怖畏 衰惱憂患無明暗蔽。 永盡
즉위일체세간지부.　어제포외　쇠뇌우환무명암폐.　영진
無餘。 而悉成就無量知見力無所畏。 有大神力及智慧力。
무여.　이실성취무량지견역무소외.　유대신력급지혜력.

具足方便智慧婆羅蜜大慈大悲常無懈倦。 恒求善事利益一
구족방편지혜바라밀대자대비상무해권. 항구선사이익일

切。 而生三界朽故火宅。 爲度衆生生老病死憂悲苦惱愚癡
체. 이생삼계후고화택. 위도중생생로병사우비고뇌우치

闇蔽 三毒之火。 敎化令得阿耨多羅三藐三菩提。
암폐 삼독지화. 교화영득아누다라삼먁삼보리.

이때 부처님께서 사리불에게 말씀하셨다.
"내가 먼저 말하지 않았느냐. 부처님 세존은 갖가지 인연과 비유와 언사를 가지고 방편으로 법을 설하는 것은 모두 아뇩다라삼먁삼보리를 위함이라고 말하지 아니하였느냐.
이렇게 설하는 것이 모두 보살을 교화하기 위한 것이니라.
그러나 사리불아, 내 이제 다시 비유를 들어 이 뜻을 다시 밝히리니, 모든 지혜 있는 사람들은 비유로써 이해할 수 있느니라.
사리불아, 어떤 나라의 한 마을에 큰 장자가 있었는데, 나이 늙었으나 재산이 한량없었으며, 전답과 가옥과 시종들이 많았느니라. 그 집이 매우 크건마는 문은 하나뿐이고 식구가 많아서 1백, 2백, 내지 5백인이 그 안에 살고 있었으며, 집과 누각은 낡고 담과 벽은 퇴락하였으며 기둥은 썩고 대들보는 기울어졌는데, 4면에서 한꺼번에 불이 일어나 방사들이 한창 타고 있었으며, 장자의 여러 아들들 20명 내지 30명 아들들도 그 집에 있었는데 장자는 불이 4면에서 타오르는 것을 보고 깜짝 놀라면서 이렇게 생각하였느니라.

'나는 비록 이 불붙은 집에서 무사히 나왔으나, 아들들은 불붙은 집에서 장난치고 노는 것만 좋아하며, 알지도 못하고 놀라지도 두려워하지도 않으며, 불길이 곧 몸에 닿아 고통이 닥칠 것인데도 싫어하거나 걱정하지도 않고, 나오려는 생각도 하지 않는구나.'

사리불아, 장자는 또 이렇게 생각하였느니라.

'나는 기운이 세니 옷 담는 상자나 책궤 따위에 담아 들고 나올까?' 하다가 다시 생각하기를 '이 집에 문이 하나뿐이고 또 좁은데, 소견 없고 장난을 좋아하는 어린것들이 혹 땅에 넘어져 불에 타지나 않을까? 그러므로 내가 그 어린 것들한테 이 집이 한창 불에 타고 있어 무섭다는 말을 일러 주고, 지금 빨리 뛰어나오지 아니하면 불에 타서 죽는다고 하리라.'

이와 같이 생각한 장자는 그 여러 자식들에게 빨리 나오라고 소리쳤느니라.

아버지는 애가 타서 좋은 말로 타이르고 달랬지만, 그 어린 자식들은 장난에만 정신이 팔려서 믿지도 않고 놀라지도 아니하고 두려워하지도 아니하여 나오려는 마음이 전연 없었으며, 더구나 불이 무엇이지, 집이 무엇인지, 어떤 것이 타는 것인지도 모르고, 동서로 왔다 갔다 하면서 아버지를 슬쩍 쳐다보고 놀 뿐이었느니라.

이때 장자는 또 이런 생각을 하였느니라.

'이 집은 벌써 맹렬한 불길에 싸여 타고 있으니, 저 자식들이 지금 이 시각에 나오지 아니하면 반드시 타 버릴 것이니, 내

가 방법을 내어 자식들로 하여금 피해를 입지 않게 하리라.'
아버지는 그 아들들이 장난감으로 생긴 여러 가지 기이한 물건을 좋아하였음을 상기하고, 그런 것을 보면 반드시 좋아할 것으로 알고 그들에게 이렇게 말하였다.
"너희가 좋아하고 가지고 싶어 하던 희유한 장난감이 여기 있는데, 너희가 지금 와서 가지지 아니하면 반드시 후회하리라. 저렇게 좋은 양이 끄는 수레, 사슴이 끄는 수레, 소가 끄는 수레가 지금 대문 밖에 있으니, 타고 놀기가 좋으니라. 너희는 이 불타는 집에서 빨리 나오너라. 달라는 대로 너희에게 주마."
이때 여러 아이들은 아버지가 말하는 장난감이 마음에 들어 매우 기뻐하면서 서로 밀치고 앞을 다투어 불타는 집에서 뛰쳐나왔느니라.
이때 장자는 여러 자식들이 무사히 나와 네거리 한곳에 모여 있어 다시 장애됨이 없음을 보고 마음이 흐뭇하고 기뻤느니라. 그때 여러 아이들은 아버지에게 말하였느니라.
"아버지께서 주신다던 양 수레, 사슴 수레, 소 수레의 장난감을 지금 주십시오."
사리불아, 그때 장자는 아들들에게 다 같이 큰 수레를 나누어 주었으니, 그 수레는 높고 크고 여러 가지 보배로 장식되었으며, 주위에 난간을 두르고 사면에 풍경을 달았고, 그 위에는 일산과 휘장을 쳤는데 모두 보배로 꾸몄고, 보배로 된 줄을 얽어 드리웠고, 화려한 영락을 드리웠으며, 부드러운 자리를 겹겹으로 깔고, 붉고 아름다운 베개를 안치했으며, 흰 소가

메게 했으니, 빛깔이 깨끗하고 몸이 충실하며 큰 힘이 있어 걸음이 평탄하고 바람같이 빠르며, 또 여러 시중들이 시위하였느니라.

왜냐하면, 이 장자는 재물이 한량없어 창고마다 가득 차 있으므로 이런 생각을 하였느니라. 나의 재산이 한량없으니, 변변치 못한 작은 수레를 아이들에게 줄 것이 아니라, 이 아이들이 모두 내 자식이니 누구를 치우치게 사랑할 것이 아니라 내게는 이렇게 칠보로 꾸민 큰 수레가 그 수효를 셀 수 없이 많으니, 마땅히 평등한 마음으로 골고루 나누어 줄 것이고 차별이 있어서는 아니되리라.

그 까닭은 내가 이런 것을 온 나라 사람들에게 모두 주더라도 모자라지 아니할 것이거늘 하물며 내 아들일까 보냐.

이때 모든 아들이 각각 큰 수레를 타고 전에 없이 즐거움을 얻었는데, 이것은 본래 희망하던 것은 아니었느니라.

사리불아, 너는 어떻게 생각하느냐. 이 장자가 여러 아들에게 훌륭한 보배 수레를 똑같이 준 것을 허망하다 하겠느냐."

사리불이 말하였다.

"아니옵니다, 세존이시여. 이 장자가 여러 아들로 하여금 화재를 면하고 목숨만 보전하게 하였더라도 허망한 것이 아니오니 그 까닭을 말하면, 목숨만 보전한 것도 이미 훌륭한 장난감을 얻은 것 이상이었거늘, 하물며 방편으로써 그 불붙은 집에서 구제함이오리까.

세존이시여, 만일 이 장자가 가장 작은 수레 하나를 주지 아니하였다 하여도 허망하다 할 수 없사오니, 그 이유는 이 장자가 처음에 생각하기를 내가 방편으로써 이 아이들을 불붙은 집에서 나오게 하리라 한 것이오니 그러므로 허망함이 없사온데, 하물며 장자가 자기의 재물이 한량없음을 알고 자식들을 이롭게 하려고 똑같이 큰 수레를 나누어 줌이오리까."
부처님이 말씀하셨다.
"훌륭하고 훌륭하다. 바로 네 말과 같느니라. 사리불아, 여래도 또한 그와 같아서, 모든 세상의 아버지로서 온갖 공포와 쇠잔하고 시끄러움과 근심 걱정과 무명과 어두움이 영원히 다하여 남음이 없으며, 한량없는 지견과 힘과 두려움 없음을 모두 성취하고, 큰 신통한 지혜의 힘이 있으며, 방편 바라밀다와 지혜 바라밀다와 대자대비를 모두 갖추어 언제나 게으르지 않고 착한 일을 구하여 모든 중생을 이롭게 하느니라.
그리하여 삼계의 낡고 썩은 불붙은 집에 나서, 중생들의 나고 늙고 병들고 죽고 근심하고 슬퍼하고 괴로워함과 어리석고 우매한 세 가지 독의 불에서 그들을 건져 교화하여 아뇩다라삼먁삼보리를 얻게 하려는 것이니라."

강설

불붙은 집은 삼계를 상징한다.
삼계는 색계, 욕계, 무색계이다.
곧 생멸문을 이루는 33천이 삼계이다.

중겁에 소멸되지 않는 무색계 4천조차도 화택이다.

아버지 장자는 부처님을 상징한다.
아들들은 사생으로 태어나는 모든 중생들이다.
부처님은 사생의 자부이시다.
알로 낳는 것, 태로 낳는 것, 화생으로 낳는 것, 습생으로 낳는 것이 모든 생명의 아버지이다.
부처님은 삼계화택에 머물러있는 중생들을 구제해서 진여문으로 이끌어가고자 대자비를 일으킨다.
중생들은 심식의가 갖고 있는 유희성에 빠져서 스스로 살고 있는 집이 불타고 있는지를 모른다.
노는 데 정신 팔린 중생들을 어떻게든지 구제하려고 이런저런 방편을 썼던 것이다.
그렇게 해서라도 심식의의 놀음에 빠져있는 중생들을 진여세계로 이끌어내는 것이 아버지로서의 도리라고 말씀하시는 것이다.

장자의 집에 오로지 문이 하나밖에 없다는 것은 삼계화택에서 벗어나는 유일한 방법이 부처님의 가르침뿐이라는 말씀이시다.
그 문이 좁다는 것은 그 유일한 법을 만나기가 어렵다는 비유이다.

양이 끄는 수레, 사슴이 끄는 수레, 소가 끄는 수레는 일승, 이승, 삼승에 비유한 것이다.
세 가지 동물과 세 종류 수레는 각성의 상태와 제도의 역량을 비유한 것이다.
뿔의 형태를 놓고서 각성에 비유했고, 수레의 크기를 놓고서 제도의 역량에 비유했다.
양이 끄는 수레는 삼승법을 상징한다.
생멸수행의 견성오도와 해탈도가 양이 끄는 수레이다.
사슴이 끄는 수레는 이승법을 상징한다.
진여수행의 보살도 과정이 사슴이 끄는 수레이다.
소가 끄는 수레는 일승법을 상징한다.
진여수행의 등각도가 소가 끄는 수레이다.

양은 뿔이 있어도 감겨진 형태를 하고 있다.
그래서 양뿔은 뿔로써의 기능을 제대로 하지 못한다.
견성오도를 통해 증득한 일시적 무위각이 양의 뿔과 같다.
무위각을 갖추었지만 아직 심·식·의에 천착되어 있다.
각성이 약해서 심·식·의의 습성을 극복하지 못한 상태이다.
해탈도의 과정도 마찬가지이다.
대적정을 이루어서 심식의를 분리시켰지만, 아직 한 개의 뿔만 돋아난 것이다. 대자비를 얻어야 두 개의 뿔이 갖추어진다.

사슴뿔은 크지만 가지가 많다.
사슴뿔이 갖고 있는 얼크러진 가지는 제도할 습성이 많이 남아있는 것을 상징한다.
진여문에 들어간 보살은 스스로가 분리시켜놓은 생멸심을 제도해서 대자비문을 이루어야 한다.
그 과정이 사슴뿔의 모양처럼 복잡하게 얽혀있다.
진여보살은 스물두 단계의 자비관을 통해 대자비를 성취한다. 그 과정, 과정이 사슴뿔을 다듬는 것과 같다.
진여문의 보살은 스스로가 번뇌를 갖고 있는 것이 아니다. 분리시켰던 생멸심의 번뇌와 제도해야 할 중생이 갖고 있는 번뇌가 진여보살의 번뇌가 된다.

소뿔은 크고 단출하다.
마치 일체의 번뇌를 다스린 등각보살의 면모와 같다.
두 개의 뿔은 생멸문과 진여문을 상징하고 공여래장과 불공여래장을 상징하며 대적정문과 대자비문을 상징한다.

부처가 중생을 제도할 때는 서로 다른 방편을 활용한다.
심식의를 자기로 아는 중생을 위한 방편이 있고, 심식의가 자기가 아닌 줄 알면서도 심식의의 습성에 매여있는 사람을 위한 방편이 있다.
심식의 습성을 제도해서 진여문에 들어간 보살들을 위한 방편도 있다. 묘법연화경은 보살들을 위해서 말씀하신 방편이다.

본문

見諸衆生爲生老病死憂悲苦惱之所燒煮亦以五欲財利故受
견제중생위생로병사우비고뇌지소소자역이오욕재리고수
種種苦。又以貪著追求故現受衆苦。後受地獄畜生餓鬼之
종종고. 우이탐착추구고현수중고. 후수지옥축생아귀지
苦。若生天上及在人間。貧窮困苦愛別離苦怨憎會苦。
고. 약재천상급재인간. 빈궁곤고애별리고원증회고.
如是等種種諸苦。衆生沒在其中。歡喜遊戲。不覺不知不
여시등종종제고. 중생몰재기중. 환희유희. 불각부지불
驚不怖。亦不生厭不求解脫。於此三界火宅東西馳走。
경불포. 역불생염불구해탈. 어차삼계화택동서치주.
雖遭大苦不以爲患。舍利弗。佛見此已便作是念。我爲衆
수조대고불이위환. 사리불. 불견차이변작시념. 아위중
生之父。應拔其苦難。與無量無邊佛智慧樂。令其遊戲。
생지부. 응발기고난. 여무량무변불지혜락. 영기유희.
舍利弗。如來復作是念。若我但以神力及智慧力。捨於方
사리불. 여래부작시념. 약아단이신력급지혜력. 사어방
便。爲諸衆生。讚如來知見力無所畏者。衆生不能以爲得
편. 위제중생. 찬여래지견력무소외자. 중생불능이위득

度。所以者何。是諸衆生。未免生老病死憂悲苦惱。而
도. 소이자하. 시제중생. 미면생로병사우비고뇌. 이
爲三界 火宅所燒。何由能解佛之智慧。舍利弗。如彼長
위삼계 화택소소. 하유능해불지지혜. 사리불. 여피장
者。雖復身手有力而不用之。但以慇懃方便。勉濟諸子火
자. 수부신수유력이불용지. 단이은근방편. 면제제자화
宅之難。然後各與珍寶大車。如來亦復如是。雖有力無所
택지난. 연후각여진보대거. 여래역부여시. 수유력무소
畏。而不用之。但以智慧方便。於三界火宅拔濟衆生。爲
외. 이불용지. 단이지혜방편. 어삼계화택발제중생. 위
說三乘聲聞辟支佛佛乘。而作是言。汝等莫得樂住三界火
설삼승성문벽지불불승. 이작시언. 여등막득락주삼계화
宅。勿貪麤弊色聲香味觸也。若貪著生愛則爲所燒。汝速
택. 물탐추폐색성향미촉야. 약탐착생애즉위소소. 여속
出三界。當得三乘聲聞辟支佛佛乘。我今爲汝保任此事。
출삼계. 당득삼승성문벽지불불승. 아금위여보임차사.
終不虛也。汝等但當勤修精進。如來以是方便誘進衆生。
종불허야. 여등단당근수정진. 여래이시방편유진중생.
復作是言。汝等當知。此三乘法皆是聖所稱歎。自在無繫
부작시언. 여등당지. 차삼승법개시성소칭탄. 자재무계
無所依求。乘是三乘。以無漏根力覺道禪定解脫三昧等。

무소의구. 승시삼승. 이무루근역각도선정해탈삼매등.
而自娛樂。 便得無量安穩快樂。 舍利弗。 若有衆生。
이자오락. 변득무량안온쾌락. 사리불. 약유중생.
內有智性。 從佛世尊聞法信受。 慇懃精進欲速出三界。
내유지성. 종불세존문법신수. 은근정진욕속출삼계.
自求涅槃。 是名聲聞乘。 如彼諸子 爲求羊車出於火宅.
자구열반. 시명성문승. 여피제자 위구양거출어화택.

"모든 중생을 보건대 나고, 늙고, 병, 죽음, 근심, 슬픔, 괴로움 등의 불에 타고 있으며, 또 다섯 가지 욕망과 재물을 위하여 모든 고통을 받으며, 또 탐착하고 끝없이 구하느라 현세에서 온갖 고통을 받다가 나중에는 지옥, 축생, 아귀의 괴로움을 받기도 하고, 어쩌다가 천상이나 인간에 나더라도 빈궁하여 고생스러우며, 사랑하는 사람을 여의는 괴로움, 미워하는 사람을 만나는 괴로움 등 여러 가지 괴로움을 받으면서도 중생은 그 가운데 빠져서 즐겁게 뛰노느라고 깨닫지도 알지도 못하고, 놀라지도 무서워하지도 않으며, 또 싫어할 줄도 모르고 해탈을 구하려 하지도 않으며, 이 삼계라는 불타는 집에서 동서로 뛰어다니면서 큰 고통을 만나고도 근심조차 않고 있다고 보았느니라.
사리불아, 부처님이 이런 것을 보시고 이렇게 생각하셨느니라. 내가 중생의 아버지가 되었으니, 마땅히 이러한 고통에서 건져내어 한량없고 그지없는 부처님 지혜의 낙을 주어 그들로

하여금 즐겁게 살게 하리라.

사리불아, 여래는 또 이렇게 생각하셨느니라.

내가 만일 신통의 힘과 지혜의 힘만으로 방편을 버리고 중생에게 여래의 지견과 힘과 두려움 없음을 찬탄하면, 중생들이 이것으로는 제도되지 못하리라. 왜냐하면 이 중생들이 나고 늙고 병들고 죽고 근심하고 슬퍼하고 괴로워함을 면치 못하여 삼계라는 불타는 집에서 불타게 될 것이기 때문이다. 그러하니 어떻게 능히 부처님의 지혜를 이해할 수 있으랴.

사리불아, 마치 저 장자가 몸과 팔에 기운은 있으나 쓰지 않고 은근하게 방편으로 여러 자식들을 불타는 집에서 건져 낸 뒤에 보배로 된 큰 수레를 준 것과 같이, 여래도 그와 같아서 비록 힘과 두려움 없음이 있지마는 쓰지 아니하고, 다만 지혜와 방편으로써 삼계라는 불타는 집에서 중생들을 제도하기 위하여 성문승, 벽지불승, 일불승의 3승을 연설하면서 이렇게 말씀하시느니라.

너희들은 이 삼계라는 불타는 집에 있기를 좋아하지 말 것이며, 변변치 않은 빛깔, 소리, 냄새, 맛, 닿음을 탐하지 말라. 만일 탐내어 애착하면 반드시 불타게 되느니라.

너희들이 이 삼계에서 빨리 나오면 마땅히 성문승, 벽지불승, 일불승을 얻으리라. 내가 이제 너희에게 이 일을 책임지고 보증하노니, 결코 허망하지 아니하니라. 너희들은 다만 부지런히 정진하라.

여래는 이와 같은 방편으로 중생을 달래어 나오게 하고서 또

말씀하느니라.

너희는 이런 줄을 알라. 이 3승의 법은 성인들의 칭탄하는 바로써, 자유자재하여 속박이 없고 의지하여 구할 것도 없나니, 이 3승에 의하면 번뇌가 없는 5근, 5력, 7각지, 8정도, 선정, 해탈, 삼매 등을 스스로 즐기면서 한량없이 편안하고 쾌락함을 얻게 되리라.

사리불아, 만일 어떤 중생이 안으로 지혜가 있으면서 부처님 세존의 법을 듣고 믿으며, 부지런히 정진하여 삼계에서 빨리 벗어나려 스스로 열반을 구하는 사람은 성문승이니, 저 아들들이 양이 끄는 수레를 가지려고 불타는 집에서 뛰쳐나옴과 같느니라."

강설

"5근"

번뇌를 누르고 깨달음의 길로 가는 다섯 가지 근기를 말한다. 신근(信根), 정진근(精進根), 염근(念根), 정근(定根), 혜근(慧根)이 그것이다.

"신근(信根)"은 믿음으로 얻어지는 네 가지 기쁨을 말한다. 첫 번째 기쁨은 놓고 맡김에서 생겨난다.
스스로에게 다가오는 모든 경계를 신앙의 대상에게 놓고

맡긴다. 좋은 일도 맡기고 나쁜 일도 맡긴다.
되는 일도 맡기고 안 되는 일도 맡긴다.
지금 이 순간도 맡기고 앞으로 다가올 인연도 맡긴다.
오로지 맡길 뿐, 스스로는 어떠한 분별도 일으키지 않는다. 그로써 얻어지는 기쁨이 있다.
믿음의 대상과 함께하는 기쁨이다.
두 번째 기쁨은 깨어있음에서 생겨난다.
항상 믿음의 대상을 놓치지 않는다.
그리움과 갈망으로 나의 모든 의지가 믿음의 대상에게 향해져 있다. 깨어있기 때문에 스스로를 망각하지 않는다.
의식·감정·의지가 조화롭게 쓰이고 탐·진·치에 빠지지 않는다. 그로써 얻어지는 기쁨이 있다.
지혜와 명석함에서 생겨나는 기쁨이다.
세 번째 기쁨은 안식과 평안에서 생겨난다.
믿음의 대상에게 모든 것을 놓고 맡기니 걱정과 근심이 생기지 않는다.
그분께서 사랑과 자비로써 모든 것을 내려주시니 더 이상 구하지도 않는다.
평안하고 행복하다.
네 번째 기쁨은 감사하는 마음에서 생겨난다.
믿음의 대상과 한순간도 동떨어지지 않으니 매 순간 가피와 은총이 함께한다.
오로지 감사할 뿐이다.

"정진근"은 사정단을 닦는 것이다.

사정단이란 정진에 필요한 네 가지 바른 노력을 말한다. 정진근(精進根), 정진력(精進力), 정진각지(精進覺支), 정정진(正精進)이 그것이다.

정진근(精進根)이란 정진을 할 수 있는 근기를 갖추는 것이다. 정진의 근기는 악습을 끊어냄으로써 갖추어진다.

악습이란 의식·감정·의지가 만들어내는 탐·진·치를 말한다. 마음 챙김을 통해 탐·진·치에 빠지지 않으면 정진할 수 있는 근기가 갖추어진 것이다. 이 상태를 단단(斷斷)이라 한다.

정진력(精進力)이란 정진의 힘을 얻는 것이다.

선나와 사마타로써 정진의 힘을 키운다.

편안함과 아무렇지 않은 마음을 주체로 해서 의식·감정·의지를 지켜보게 되면 탐진치의 악습이 생겨나지 않는다.

이 상태를 율의단(律儀斷)이라 한다.

정진각지(精進覺支)란 정진을 할 수 있는 각성을 얻는 것이다. 네 종류 각성이 있다.

표면적유위각(表面的有爲覺), 미세적유위각(微細的有爲覺), 일시적무위각(一始的無爲覺), 본연적무위각(本緣的無爲覺)이 그것이다.

표면적유위각은 초선정에서 갖추어진다.

미세적유위각은 이선정과 삼선정에서 갖추어진다.

일시적무위각은 사선정의 견성오도에서 갖추어진다.

본연적무위각은 칠선정의 무소유처정에서 갖추어진다.

선정의 진보를 통해 각성을 증장시키는 것이 정진각지를 이루는 것이다. 이 상태를 수호단(隨護斷)이라 한다.
정정진(正精進)이란 바른 정진을 행하는 것이다.
바른 정진이란 다섯 단계의 깨달음을 성취하고 각성의 무명적 습성과 밝은성품의 자연적 성향, 일체의 생멸심을 제도하는 것이다. 견성오도, 해탈도, 보살도, 등각도, 묘각도가 다섯 단계의 깨달음이다.
바른 정진을 일러서 수단(修斷)이라 한다.

"염근(念根)"은 사념처를 닦는 것이다.
사념처란 신념처(身念處), 수념처(受念處), 심념처(心念處), 법념처(法念處)를 말한다.
사념처를 관찰하는 것을 사념처관(四念處觀)이라 한다.
신념처관이란 몸의 감각 작용을 관찰하는 것이다.
살갗으로 이루어져 있는 바깥 몸의 작용을 관찰하고 신경과 장부, 근골격으로 이루어져 있는 안 몸의 상태를 관찰한다.
신념처관의 방편으로 쓰이는 것이 호흡과 심장박동, 선나와 사마타 그리고 뇌척수로 운동법이다.
수념처관이란 감정과 느낌을 관찰하는 방법이다.
감정의 근본은 혼성(魂性)이다.
혼성은 장부와 세포, 소뇌와 시상, 대뇌변연계에 나누어져서 내장되어 있다.

수념처관은 혼성이 내재된 각각의 부위를 관찰하면서 감정과 느낌이 생겨나는 경로를 지켜보는 것이다.
수념처관의 방편으로 쓰이는 것이 호흡과 발성, 선나와 사마타, 심장박동과 뇌척수로 운동법이다.
심념처관이란 의식·감정·의지가 일어나는 경로를 관찰하는 방법이다.
의식·감정·의지는 생멸연기의 과정에서 취득된 생멸 정보이다.
의식·감정·의지의 정보는 영의 몸과 혼의 몸, 육체의 몸에 나누어져서 내장되어 있다.
영의 몸에는 의식과 의지의 정보가 내장되어 있다.
8식이라 한다.
혼의 몸에는 의식·감정·의지의 정보가 내장되어 있다.
7식이라 한다.
육체의 몸에는 영의 몸과 혼의 몸에 내장되어 있던 생멸 정보들이 함께 내장되어 있다. 6식이라 한다.
영의 정보는 육체 안에서 대뇌피질, 소뇌와 뇌줄기, 척수 영역에 분리된 상태로 내장되어 있다.
대뇌피질에는 수정란 이후에 습득한 정보가 내장되어 있고 소뇌와 뇌줄기에는 유전정보가 내장되어 있다.
척수 영역에는 본래 영의 몸에 내장되어 있던 8식 정보가 내장되어 있다.
심념처관이란 의식·감정·의지가 내장된 6식, 7식, 8식의 상태를 관찰하는 방법이다.

심념처관의 방편으로 쓰이는 것이 선나와 사마타, 호흡과 심장박동, 발성과 뇌척수로 운동, 척수막관법이다.
법념처관이란 일체법이 생겨나는 원인과 과정을 살펴보고 진여심을 체득하는 것이다.
일체법이란 6근(根), 6식(識), 6경(境)의 작용으로 생겨나는 모든 생멸 작용을 말한다.
6근이란 눈·귀·코·입·몸·생각(머리)를 말한다.
6식이란 보는 의식, 듣는 의식, 냄새 맡는 의식, 말하는 의식, 움직이는 의식, 생각하는 의식을 말한다.
6경이란 형상, 소리, 향기, 맛, 촉감, 생각을 말한다.
법념처를 관하는 것은 6식이 어떤 경로를 통해 6근으로 드러나며, 6근으로 인식한 6경이 어떤 경로를 통해 6식에 내장되는지 그 경로를 관찰하는 것이다.
그러면서 6근, 6식, 6경의 습성을 제도하고 진여심을 체득하는 것이다.
6식, 6근, 6경의 상태를 관찰할 때는 신념처, 수념처, 심념처관에 쓰여졌던 모든 방편이 함께 쓰여진다.
진여심을 관찰할 때는 무념·무심이 서로를 비춰보는 본제관(本際觀)이 쓰여진다.
이때의 무념은 안 몸이 비워진 감각으로 갖추어진다.
무심은 바깥 몸이 비워진 감각으로 갖추어진다.
안 몸과 바깥 몸이 무념·무심으로 서로를 비춰보면 그 상간에서 간극이 드러난다.

간극과 무념, 무심을 함께 관찰하다 보면 간극에서 밝은성품이 생성되는 것을 인식하게 된다.
본성을 이루고 있는 세 가지 요소와 밝은성품을 함께 인식하는 것이 진여심을 체득한 것이다.

"정근"은 사선(四禪)을 닦는 것이다.
초선정에서 사선정까지의 과정을 사선이라 한다.
초선정은 정(定)의 주체가 갖춰진 것을 말한다.
정(定)의 주체는 무념과 무심이다.
머릿골 속에서 인식되는 텅 빈 공간과 아무렇지 않은 마음이 무념이다.
가슴 바탕에서 세워지는 편안한 마음이 무심이다.
무념과 무심이 표면과 이면으로 세워지고 그 상태를 기쁘게 누릴 줄 아는 것이 2선정이다.
무심처가 철벽을 이루고 무념처와 일여(一如)를 이룬 것이 삼선정이다.
무심처가 텅 비워지고 무념처와 한 자리를 이룬 것이 사선정이다. 사선정에서 본성이 드러난다.

"혜근"이란 사성제를 통찰하는 것이다.
사성제의 도성제를 해탈도의 관점으로 바라보는 것이 혜근을 갖춘 것이다.

"5력"

5근으로 갖춰지는 다섯 가지 힘을 말한다.
신력, 정진력, 염력, 정력, 혜력이 그것이다.

"신력"은 믿음으로 성취되는 힘을 말한다.
두 가지 믿음이 있다.
하나는 대상 있는 믿음이다.
또 하나는 대상 없는 믿음이다.
대상 있는 믿음으로 얻어지는 힘은 네 가지 기쁨에서 얻어진다.
놓고 맡김에서 긍정의 힘이 성취된다.
깨어있음에서 각성의 힘이 키워진다.
감사하는 마음에서 겸양의 덕이 생겨난다.
안식과 평안에서 평등심이 생겨난다.
하지만 그것은 참다운 것이 아니다.
생멸심으로 지어지는 유루복(有漏福)일 뿐이다.
대상 있는 믿음은 중생의 의타심에서 생겨난다.
중생의 의타심은 스스로를 나약하게 하고 자기 창조성을 말살시킨다.
잠시의 평안은 생길 수 있지만 그 이상의 힘은 주지 못한다. 마치 풀잎에 맺힌 이슬과 같다.
대상 없는 믿음이 참다운 믿음이다.

모르는 것, 드러나지 않는 것을 믿어야 한다.
그것이 수행자의 믿음이다.
수행자는 귀신도 의지하지도 않고 부처도 의지하지 않는다. 부처를 믿는 것은 그 깨달음과 가르침을 믿는 것이다.
대상 없는 믿음을 가졌을 때 생겨나는 세 가지 공덕이 있다.
첫 번째 공덕은 '순응의 공덕'이다.
우주의 발원처가 모르는 자리이다.
그것을 철저하게 믿고 그 자리에 놓고 맡김을 행하면 우주의 본원과 순응이 일어난다.
그렇게 되면 한없이 평화로운 마음이 생겨난다.
그러면서 가슴은 항상 뿌듯하게 부풀어있다.
호연지기가 거기에서 나온다.

두 번째 공덕은 '숙명통'이다.
순응이 일어나면 생각하지 않았던 미래의 일들이 인식되기 시작한다. 그것이 한 시간 뒤의 일일 수도 있고 잠시 뒤의 일일 수도 있다.
세 번째 공덕은 생명과 생명, 자연과 자연이 서로 어우러지는 관계의 틈을 보는 것이다.
바람에 흔들리는 숲이 있다.
물소리가 들리고, 하늘에 구름이 떠가고, 새가 허공을 날아간다.
그 장면을 바라보면서 바람에 반응하는 숲의 느낌을 본다.

그리고 물소리와 숲의 움직임 사이에서 그것들이 주고받는 에너지를 본다.
하늘에 떠 있는 하얀 구름과 그 공간을 날아가는 새가 어떤 느낌을 주고받는지 그것을 보게 된다.
모르는 것을 믿고 그 상태를 주시의 대상으로 삼아서 일체의 경계를 놓고 맡기다 보면 그런 능력들이 하나씩 깨어난다. 본성을 깨닫기 전에도 이미 그 힘이 나타난다.

"정진력"은 사정단을 통해서 심·식·의를 바르게 제도했을 때 갖추어지는 선정의 힘이다.
정진근(精進根)을 통해서 탐·진·치를 제도하고 무념·무심·무위각을 갖춘다.
정진력(精進力)을 통해서 심·식·의에 머물지 않고 무소구행을 성취한다.
정진각지(精進覺支)를 통해서 본연적 무위각을 증득하고 해탈도를 이룬다.
정정진(正精進)을 통해서 진여문에 들어가고 보살도, 등각도, 묘각도를 이룬다.

"염력"은 사념처를 살펴서 관조하는 힘을 얻는 것이다.
신념처를 살펴서 안 몸과 바깥 몸을 관찰하고 몸의 부정성을 제도한다. 그로써 지·수·화·풍 사대를 다룰 수 있는 힘을 얻는다.

수념처를 살펴서 7식을 발현시키고 일치를 이룰 수 있는 역량을 갖춘다.
심념처를 살펴서 6근(根), 6경(境), 6식(識)을 제도하고 일체지(一切知)를 이룬다.
법념처를 살펴서 생멸심을 분리시키고 진여문에 들어간다.

"정력"은 무념과 무심을 통해 얻어지는 선정과 삼매의 힘이다.
아홉 단계의 선정에 따라 서로 다른 능력이 갖춰진다.
초선정에서는 편안함이 증득된다.
2선정에서는 일치를 이루는 능력이 생긴다.
3선정에서는 심의 철벽을 이룬다.
4선정에서는 본성이 쓰인다.
8식이 발현되고 다른 세계와의 교류가 이루어진다.
5선정에서는 본성에 입각해서 감정의 추업과 세업이 제도된다. 금강해탈도와 공무변처정을 이루어서 무색계와 교류할 수 있는 역량이 갖춰진다.
6선정에서는 중추신경을 제도하게 된다.
본제를 이루는 세 가지 요소를 척수막관에 활용해서 식업을 제도한다. 44가지 사마타가 증득된다.
7선정에서는 일체지에 들어간다.
본제의 간극에 머물러서 본각을 증득하고 수다원, 사다함, 아나함과를 증득한다.

8선정에서는 비상비비상처해탈을 이룬다.
밝은성품의 자연적 성향을 제도하고 수능엄삼매와 삼십이 진로 수행을 익힌다.
9선정에서는 아라한과를 증득한다.
심식의를 완전하게 분리시키고 멸진정에 들어간다.

"혜력"은 도성제를 실천하면서 증득하는 깨달음의 힘이다.
견성오도와 해탈도의 과정에서 서로 다른 혜력이 성취된다.
견성오도를 통해 본성을 인식하면 8식이 깨어난다.
8식을 발현시키게 되면 다른 세계와 연결을 이룰 수 있는 능력이 생긴다. 그 능력을 활용해서 이치를 통관할 수 있는 사유를 하게 된다.
이때 연결되는 세계가 28천이다.
중추신경막관을 통해 다른 세계와 연결을 이룬다.
대뇌피질에서부터 뇌척수로 경로를 따라 내려오면서 시상, 중뇌, 교뇌, 연수, 경수, 척수의 각각의 분절을 발성으로 자극한다. 그런 다음 그 부위의 에너지를 활성화시킨다.
해당 부위에 마음을 집중하면 에너지 진동이 일어나면서 그와 연관된 세계가 연결된다.
그러면서 그 세계의 생명들과 교류하고 그 세계의 정보를 인식할 수 있게 된다.
경수는 육도윤회계와 교류할 수 있는 기능이 있고 흉수는 특정한 하늘 세계와 연결을 이룰 수 있는 기능이 있다.

해탈도를 이루어서 아라한이 되면 여섯 가지 신통이 갖추어진다. 천이통, 천안통, 타심통, 숙명통, 신족통, 누진통이 그것이다.

"칠각지"

깨달음으로 이끌어가는 일곱 가지 요소를 말한다.

"염각지"는 생각을 관찰하고 마음 챙김이 지속되는 상태를 말한다.
"택법각지"는 바른 법을 선택하는 안목을 말한다.
"정진각지"는 쉼 없이 정진하려 하는 의도를 말한다.
"희각지"는 깨달음의 기쁨을 누리는 것이다.
"경안각지"는 편안하고 한가로운 마음을 갖춘 것이다.
"정각지"는 선정의 주체를 세운 것이다.
"사각지"는 평상심에서 본성을 유지하는 것이다.

"8정도"

깨달음을 얻기 위한 여덟 가지 수행을 말한다.
정견(正見), 정사유(正思惟), 정어(正語), 정업(正業), 정명(正命), 정념(正念), 정정진(正精進), 정정(正定)이 그것이다.
8정도의 정(正)은 두 가지 의미가 있다.

하나는 본성이라는 의미이다.
또 하나는 조화라는 의미이다.

"선정(禪定)"

선은 적정(寂靜)을 닦는 것이다. '사마타'라 한다.
정은 적멸(寂滅)을 닦는 것이다. '선나'라 한다.

"해탈"

의식·감정·의지를 벗어난 것을 해탈이라 한다.

"삼매"

본성을 이루는 세 가지 요소 중 한 가지 요소에 머물러 있는 것을 말한다.
무념삼매, 무심삼매, 간극삼매가 그것이다.

"부지런히 정진하여 삼계에서 빨리 벗어나려 스스로 열반을 구하는 사람은 성문승이니, 저 아들들이 양이 끄는 수레를 가지려고 불타는 집에서 뛰쳐나옴과 같느니라."

견성오도한 성문승과 해탈도를 이룬 아나함이 진여출가를

위해 발심을 하는 것이 양이 끄는 수레를 얻은 것과 같다는 말씀이다.

본문

若有衆生。從佛世尊聞法信受。 慇懃精進求自然慧。
약유중생. 종불세존문법신수. 은근정진구자연혜.
樂獨善寂深知諸法因緣。是名辟支佛乘。
낙독선적심지제법인연. 시명벽지불승.
如彼諸子爲求鹿車出於火宅。
여피제자위구녹거출어화택.

"만일 어떤 중생이 부처님 세존의 법을 듣고 믿으며, 부지런히 정진하여 자연의 지혜를 구하며, 혼자 있기를 좋아하고, 고요한 곳을 즐기며, 모든 법의 인연을 깊이 알면 이를 벽지불승이라 하나니 저 아들들이 사슴이 끄는 수레를 가지려고 불타는 집에서 뛰쳐나옴과 같느니라."

강설

벽지불은 멸진정에 들어있는 존재를 말한다. 벽지불이 진여출가를 하는 것이 사슴이 끄는 수레에 올라탄 것이라는 말씀이시다.

본문

若有衆生。從佛世尊聞法信受。勤修精進。求一切智佛智
약유중생. 종불세존문법신수. 근수정진. 구일체지불지
自然智無師智。如來知見力無所畏。愍念安樂無量衆生。
자연지무사지. 여래지견역무소외. 민념안락무량중생.
利益天人 度脫一切是名大乘。菩薩求此乘故名爲摩詞薩。
이익천인 도탈일체시명대승. 보살구차승고명위마하살.
如彼諸子爲求牛車出於火宅。
여피제자위구우거출어화택.

"만일 어떤 중생이 부처님 세존에게서 법을 듣고 믿으며 부지런히 정진하여, 일체지와 불지와 자연지(自然智)와 무사지(無師智)와 여래의 지견과 힘과 두려움 없음을 구하고, 한량없는 중생을 가엾이 여기어 안락하게 하며, 천상천하의 사람들을 이롭게 하며, 모든 사람을 제도하면 이를 대승이라 하며, 보살이 대승을 구하므로 마하살이라 하나니, 저 아들들이 소가 끄는 수레를 가지려고 불타는 집에서 뛰쳐나옴과 같느니라."

강설

보살이 마하살이 되고자 노력하는 것이 소가 끄는 수레에 올라탄 것이라는 말씀이다. 마하살이 곧 등각이다.

"일체지(一切智)"란 본성의 간극에 머물러있는 것을 말한다. 대적정에 들어있는 것이다.

"불지(佛智)"란 묘각을 이룬 뒤에 불세계와의 교류를 통해서 갖추어진 부처님의 지혜를 말한다.

"자연지(自然智)"란 밝은성품의 자연적 성향을 제도해서 갖추어진 지혜를 말한다.
비상비비상처해탈을 통해 이루어지는 성취이다.

"무사지(無師智)"란 본원본제의 열 가지 상태를 알고 여래장연기의 원인과 과정에 대해 아는 것을 말한다.

"여래지견(如來知見)"이란 불세계의 일을 알고 본원본제와 동법계를 이룰 수 있는 방법을 아는 것이다.

"여래력(如來力)"이란 부처님의 능연지력(能緣智力)을 말한다. 십력(十力)이 능연지력에서 나온다.

"두려움 없음(無所畏)"이란 사무소외를 말한다.

본문

舍利弗。 如彼長者見諸子等安穩得出火宅到無畏處。 自惟
사리불. 여피장자견제자등안온득출화택도무외처. 자유
財富無量等以大車而賜諸子。 如來亦復如是。 爲一切衆生
재부무량등이대거이사제자. 여래역부여시. 위일체중생
之父。 若見無量億千衆生以佛敎門出三界苦怖畏險道得涅
지부. 약견무량억천중생이불교문출삼계고포외험도득열
槃樂。 如來爾時便作是念。 我有無量無邊智慧力無畏等諸
반락. 여래이시변작시념. 아유무량무변지혜력무외등제
佛法藏。 是諸衆生皆是我子。 等與大乘。 不令有人獨得滅
불법장. 시제중생개시아자. 등여대승. 불령유인독득멸
度。 皆以如來滅度而滅度之。 是諸衆生脫三界者。 悉與諸
도. 개이여래멸도이멸도지. 시제중생탈삼계자. 실여제
佛禪定解脫等娛樂之具。 皆是一相一種聖所稱歎。 能生淨
불선정해탈등오락지구. 개시일상일종성소칭탄. 능생정
妙第一之樂。 舍利弗。 如彼長者初以三車誘引諸子。 然後
묘제일지락. 사리불. 여피장자초이삼거유인제자. 연후
但與大車寶物莊嚴安穩第一。 然彼長者。 無虛妄之咎。
단여대거보물장엄안온제일. 연피장자. 무허망지구.
如來亦復如是。 無有虛妄。 初說三乘引導衆生。 然後但以
여래역부여시. 무유허망. 초설삼승인도중생. 연후단이
大乘而度脫之。 何以故。 如來有無量智慧力無所畏諸法之
대승이도탈지. 하이고. 여래유무량지혜역무소외제법지

藏。能與一切衆生大乘之法。但不盡能受。舍利弗。
장. 능여일체중생대승지법. 단부진능수. 사리불.
以是因緣。當知諸佛方便力故。於一佛乘分別說三。
이시인연. 당지제불방편력고. 어일불승분별설삼.
佛欲重宣此義。而說偈言。
불욕중선차의. 이설게언.

"사리불아, 마치 저 장자가 여러 아들이 불타는 집에서 무사히 나와 두려움이 없는 곳에 이르렀음을 보고 자기의 재산이 한량없음을 생각하여 모든 아들에게 평등하게 큰 수레를 준 것과 같이, 여래도 또한 그와 같아서 모든 중생의 아버지인지라, 한량없는 억 천 중생이 부처님의 가르침을 따라 좁은 문으로 삼계의 고해에서 나와 무섭고 험한 길에서 열반을 얻었음을 보고는 여래께서 생각하기를 '내게는 한량없고 가없는 지혜와 힘과 두려움 없는 것 등의 여러 부처님의 법장(法藏)이 있으며, 이 중생들은 모두 나의 자식들이니, 평등하게 대승을 줄 것이요, 한 사람만 홀로 멸도를 얻게 할 것이 아니며 모두 여래의 멸도로써 열반하게 하리라' 하고, 삼계를 벗어난 모든 중생들에게 다 부처의 선정과 해탈의 오락 기구를 주었으니, 이것은 모두 한 모양과 한 종류로써 성인들께서 칭찬하시는 바이니, 능히 깨끗하고 묘하고 제일가는 즐거움을 낳는 것이니라.

사리불아, 저 장자가 처음에 세 가지 수레로 여러 자식들을 달래어 나오게 하고, 뒤에 보물로 장엄한 편안하고 제일가는 큰 수레를 주었으나, 저 장자에게 허망의 허물이 없는 것과 같이 여래도 허망함이 없느니라.
처음에는 3승을 설하여 중생들을 인도하고 뒤에는 대승으로 제도하여 해탈하게 하느니라.
왜냐하면 여래에게는 한량없는 지혜와 힘과 두려움 없는 법장이 있어서 모든 중생에게 모두 대승법을 줄 수 있지마는 저들이 능히 모두 받아들이지 못하기 때문이니라.
사리불아, 이러한 인연으로 부처님들이 방편의 힘으로써 일불승에서 분별하여 3승을 말하는 줄을 알아야 하느니라."
부처님께서 이 뜻을 거듭 펴려고 게송으로 말씀하셨다.

강설

"사리불아, 저 장자가 처음에 세 가지 수레로 여러 자식들을 달래어 나오게 하고, 뒤에 보물로 장엄한 편안하고 제일가는 큰 수레를 주었으나, 저 장자에게 허망의 허물이 없는 것과 같이 여래도 허망함이 없느니라."

'보물로 장엄한 편안하고 제일가는 큰 수레'는 묘각도의 불승을 말한다. 불승을 '제일가는 큰 수레'라고 말씀하신 것이다.

본문

譬如長者
비여장자
堂舍高危
당사고위
牆壁圮坼
장벽비탁
周障屈曲
주장굴곡
鴟梟鵰鷲
치효조취
守宮百足
수궁백족
屎尿臭處
시뇨취처
狐狼野干
호랑야간
由是群狗
유시군구
鬪諍攎掣
투쟁자철
處處皆有

有一大宅
유일대택
柱根摧朽
주근최후
泥塗阤落
니도치락
雜穢充徧
잡예충변
烏鵲鳩鴿
오작구합
鼬狸鼷鼠
유리혜서
不淨流溢
부정유일
咀嚼踐踏
저작천답
競來搏撮
경래박촬
喠㖇嘷吠
애재호폐
魑魅魍魎

其宅久故
기택구고
梁棟傾斜
양동경사
覆苫亂墜
부점난추
有五百人
유오백인
蚖蛇蝮蠍
원사복갈
諸惡蟲輩
제악충배
蜈蚣諸蟲
강랑제충
嚌齧死屍
제설사시
飢羸憔惶
기리장황
其舍恐怖
기사공포
夜叉惡鬼

而復頓弊
이부돈폐
基陛隤毀
기폐퇴훼
椽梠差脫
연려차탈
止住其中
지주기중
蜈蚣蚰蜒
오공유연
交橫馳走
교횡치주
而集其上
이집기상
骨肉狼藉
골육낭자
處處求食
처처구식
變狀如是
변상여시
食噉人肉

묘법연화경 비유품 • 283

처처개유	이매망량	야차악귀	식담인육
毒蟲之屬	諸惡禽獸	孚乳産生	各自藏護
독충지속	제악금수	부유산생	각자장호
夜叉競來	爭取食之	食之旣飽	惡心轉熾
야차경래	쟁취식지	식지기포	악심전치
鬪諍之聲	甚可怖畏	鳩槃茶鬼	蹲踞土埵
투쟁지성	심가포외	구반다귀	준거토타
或時離地	一尺二尺	往返遊行	縱逸嬉戱
혹시이지	일척이척	왕반유행	종일희희
捉狗兩足	撲令失聲	以脚加頸	怖狗自樂
착구양족	박령실성	이각가경	포구자락
復有諸鬼	其身長大	裸形黑瘦	常住其中
부유제귀	기신장대	나형흑수	상주기중
發大惡聲	叫呼求食	復有諸鬼	其咽如鍼
발대악성	규호구식	부유제귀	기인여침
復有諸鬼	首如牛頭	或食人肉	或復噉狗
부유제귀	수여우두	혹식인육	혹부담구
頭髮鬖亂	殘害兇險	飢渴所逼	叫喚馳走
두발봉난	잔해흉험	기갈소핍	규환치주
夜叉餓鬼	諸惡鳥獸	飢急四向	窺看牎牖
야차아귀	제악조수	기급사향	규간창유
如是諸難	恐畏無量	是朽故宅	屬于一人
여시제난	공외무량	시후고택	속우일인

其人近出	未久之間	於後宅舍	忽然火起
기인근출	미구지간	어후택사	홀연화기
四面一時	其炎俱熾	棟梁椽柱	爆聲震裂
사면일시	기염구치	동량연주	폭성진열
摧折墮落	牆壁崩倒	諸鬼神等	揚聲大叫
최절타락	장벽붕도	제귀신등	양성대규
雕鷲諸鳥	鳩槃荼等	周慞惶怖	不能自出
조취제조	구반다등	주장황포	불능자출
惡獸毒蟲	藏竄孔穴	毗舍闍鬼	亦住其中
악수독충	장찬공혈	비사사귀	역주기중
薄福德故	爲火所逼	共相殘害	飮血噉肉
박복덕고	위화소핍	공상잔해	음혈담육
野干之屬	並已前死	諸大惡獸	競來食噉
야간지속	병이전사	제대악수	경래식담
臭烟蓬髮	四面充塞	蜈蚣蚰蜒	毒蛇之類
취연봉발	사면충색	오공유연	독사지류
爲火所燒	爭走出穴	鳩槃荼鬼	隨取而食
위화소소	쟁주출혈	구반다귀	수취이식
又諸餓鬼	頭上火然	飢渴熱惱	周慞悶走
우제아귀	두상화연	기갈열뇌	주장민주
其宅如是	甚可怖畏	毒害火災	衆難非一
기택여시	심가포외	독해화재	중난비일
是時宅主	在門外立	聞有人言	汝諸子等

시시택주 　　　　재문외립 　　　　문유인언 　　　　여제자등
先因遊戱 　　　　來入此宅 　　　　稚小無知 　　　　歡娛樂著
선인유희 　　　　**내입차택** 　　　　**치소무지** 　　　　**환오락착**
長者聞已 　　　　警入火宅 　　　　方宜救濟 　　　　令無燒害
장자문이 　　　　**경입화택** 　　　　**방의구제** 　　　　**영무소해**
告喩諸子 　　　　說衆患難 　　　　惡鬼毒蟲 　　　　災火蔓延
고유제자 　　　　**설중환난** 　　　　**악귀독충** 　　　　**재화만연**
衆苦次第 　　　　相續不絶 　　　　毒蛇蚖蝮 　　　　及諸夜叉
중고차제 　　　　**상속부절** 　　　　**독사원복** 　　　　**급제야차**
鳩槃茶鬼 　　　　野干狐拘 　　　　鵰鷲鴟梟 　　　　百足之屬
구반다귀 　　　　**야간호구** 　　　　**조취치효** 　　　　**백족지속**
飢渴惱急 　　　　甚可怖畏 　　　　此苦難處 　　　　況復大火
기갈뇌급 　　　　**심가포외** 　　　　**차고난처** 　　　　**황부대화**
諸子無知 　　　　雖聞父誨 　　　　猶故樂著 　　　　嬉戱不已
제자무지 　　　　**수문부회** 　　　　**유고락착** 　　　　**희희불이**
是時長者 　　　　而作是念 　　　　諸子如此 　　　　益我愁惱
시시장자 　　　　**이작시념** 　　　　**제자여차** 　　　　**익아수뇌**
今此舍宅 　　　　無一可樂 　　　　而諸子等 　　　　耽湎嬉戱
금차사택 　　　　**무일가락** 　　　　**이제자등** 　　　　**탐면희희**
不受我敎 　　　　將爲火害 　　　　卽便思惟 　　　　設諸方便
불수아교 　　　　**장위화해** 　　　　**즉변사유** 　　　　**설제방편**
告諸子等 　　　　我有種種 　　　　珍玩之具 　　　　妙寶好車
고제자등 　　　　**아유종종** 　　　　**진완지구** 　　　　**묘보호거**

羊車鹿車
양거녹거
吾爲汝等
오위여등
諸子聞說
제자문설
到於空地
도어공지
住於四衢
주어사구
此諸子等
차제자등
多諸毒蟲
다제독충
而此諸子
이차제자
是故諸人
시고제인
皆詣父所
개예부소
如前所許
여전소허
今正是時
금정시시

大牛之車
대우지거
造作此車
조작차거
如此諸車
여차제거
離諸苦難
이제고난
坐師子座
좌사자좌
生育甚難
생육심난
魑魅可畏
이매가외
貪着嬉戲
탐착희희
我今快樂
아금쾌락
而白父言
이백부언
諸子出來
제자출래
惟垂給與
유수급여

今在門外
금재문외
隨意所樂
수의소락
卽時奔競
즉시분경
長者見子
장자견자
而自慶言
이자경언
愚小無知
우소무지
大火猛焰
대화맹염
我已救之
아이구지
爾時諸子
이시제자
願賜我等
원사아등
當以三車
당이삼거
長者大富
장자대부

汝等出來
여등출래
可以遊戲
가이유희
馳走而出
치주이출
得出火宅
득출화택
我今快樂
아금쾌락
而入險宅
이입험택
四面俱起
사면구기
令得脫難
영득탈난
知父安坐
지부안좌
三種寶車
삼종보거
隨汝所欲
수여소욕
庫藏衆多
고장중다

묘법연화경 비유품 • 287

금정시시
金銀琉璃
금은유리
莊校嚴飾
장교엄식
眞珠羅網
진주라망
衆綵雜飾
중채잡식
上妙細氈
상묘세전
有大白牛
유대백우
多諸儐從
다제빈종
諸子是時
제자시시
嬉戲快樂
희희쾌락
衆聖中尊
중성중존
深著世樂
심착세락

유수급여
硨磲瑪瑙
자거마노
周匝欄楯
주잡난순
張施其上
장시기상
周匝圍繞
주잡위요
價値千億
가치천억
肥壯多力
비장다력
而侍衛之
이시위지
歡喜踊躍
환희용약
自在無礙
자재무애
世間之父
세간지부
無有慧心
무유혜심

장자대부
以衆寶物
이중보물
四面懸鈴
사면현령
金華諸瓔
금화제영
柔軟繒纊
유연증광
鮮白淨潔
선백정결
形體姝好
형체주호
以是妙車
이시묘거
乘是寶車
승시보거
告舍利弗
고사리불
一切衆生
일체중생
三界無安
삼계무안

고장중다
造諸大車
조제대거
金繩交絡
금승교락
處處垂下
처처수하
以爲茵褥
이위인욕
以覆其上
이부기상
以駕寶車
이가보거
等賜諸子
등사제자
遊於四方
유어사방
我亦如是
아역여시
皆是吾子
개시오자
猶如火宅
유여화택

衆苦充滿
중고충만
如是等火
여시등화
寂然閑居
적연한거
其中衆生
기중중생
唯我一人
유아일인
於諸欲染
어제욕염
令諸衆生
영제중생
是諸子等
시제자등
有得緣覺
유득연각
以此譬喩
이차비유
於諸世間
어제세간
所應稱讚

甚可怖畏
심가포외
熾然不息
치연불식
安處林野
안처임야
悉是吾子
실시오자
能爲救護
능위구호
貪著深故
탐착심고
知三界苦
지삼계고
若心決定
약심결정
不退菩薩
불퇴보살
說一佛乘
설일불승
爲無有上
위무유상
供養禮拜

常有生老
상유생로
如來已離
여래이리
今此三界
금차삼계
而今此處
이금차처
雖復敎詔
수부교소
以是方便
이시방편
開示演說
개시연설
具足三明
구족삼명
汝舍利弗
여사리불
是乘微妙
시승미묘
佛所悅可
불소열가
無量億千

病死憂患
병사우환
三界火宅
삼계화택
皆是我有
개시아유
多諸患難
다제환란
而不信受
이불신수
爲說三乘
위설삼승
出世間道
출세간도
及六神通
급육신통
我爲衆生
아위중생
淸淨第一
청정제일
一切衆生
일체중생
諸力解脫

소응칭찬	**공양예배**	**무량억천**	**제력해탈**
禪定智慧	及佛餘法	得如是乘	令諸子等
선정지혜	**급불여법**	**득여시승**	**영제자등**
日夜劫數	常得遊戲	與諸菩薩	及聲聞衆
일야겁수	**상득유희**	**여제보살**	**급성문중**
乘此寶乘	直至道場	以是因緣	十方諦求
승차보승	**직지도량**	**이시인연**	**시방체구**
更無餘乘	除佛方便	汝等若能	信受是語
갱무여승	**제불방편**	**여등약능**	**신수시어**
一切皆當	成得佛道	告舍利弗	汝諸人等
일체개당	**성득불도**	**고사리불**	**여제인등**
皆是吾子	我則是父	汝等累劫	衆苦所燒
개시오자	**아즉시부**	**여등누겁**	**중고소소**
我皆濟拔	令出三界	我雖先說	汝等滅度
아개제발	**영출삼계**	**아수선설**	**여등멸도**
但盡生死	而實不滅	今所應作	唯佛智慧
단진생사	**이실불멸**	**금소응작**	**유불지혜**
若有菩薩	於是衆中	能一心聽	諸佛實法
약유보살	**어시중중**	**능일심청**	**제불실법**
諸佛世尊	雖以方便	所化衆生	皆是菩薩
제불세존	**수이방편**	**소화중생**	**개시보살**
若人小智	深著愛欲	爲此等故	說於苦諦
약인소지	**심착애욕**	**위차등고**	**설어고제**

衆生心喜	得未曾有	佛說苦諦	眞實無異
중생심희	**득미증유**	**불설고제**	**진실무이**
若有衆生	不知苦本	深著苦因	不能暫捨
약유중생	**부지고본**	**심착고인**	**불능잠사**
爲是等故	方便說道	諸苦所因	貪欲爲本
위시등고	**방편설도**	**제고소인**	**탐욕위본**
若滅貪欲	無所依止	滅盡諸苦	名第三諦
약멸탐욕	**무소의지**	**멸진제고**	**명제삼제**
爲滅諦故	修行於道	離諸苦縛	名得解脫
위멸제고	**수행어도**	**이제고박**	**명득해탈**

비유하면 어떤장자 크나큰집 지녔으나
그큰집은 오래되어 퇴락하고 낡았으며
집채마루 위태롭고 기둥뿌리 썩어들고
대들보는 기울어져 축대마저 무너지며
담과벽이 헐리우고 흙덩이가 떨어지고
지붕썩어 내려앉고 서까래도 부러지고
막혀버린 골목에는 오물만이 가득하며
그가운데 오백식구 우글우글 살고있네
소리개와 올빼미와 독수리와 부엉이들
까마귀와 까치들과 비둘기와 뻐꾸기며
독사뱀과 살모사와 전갈지네 노래기들
그리마와 도마뱀과 족제비와 살쾡이들

온갖생쥐	나쁜벌레	이리저리	기고뛰며
똥과오줌	냄새나고	더러운것	가득한데
말똥구리	벌레들이	날아들어	위를덮고
여우이리	야간들이	죽은것을	서로물고
찢고밟고	뜯고하여	살과뼈가	널려있네
배가주린	많은개들	몰려와서	끌고당겨
먹을것을	찾느라고	이리저리	날뛰면서
서로다퉈	싸우면서	으렁으렁	짖어대니
그집안의	무서움이	이와같이	험하니라
여기저기	간데마다	도깨비와	망량귀신
야차들과	아귀들이	사람고기	씹어먹고
사악하고	독한벌레	사나운	짐승들이
새끼쳐서	젖먹이고	제각기	기르건만
야차들이	달려와서	잡아먹고	배부르면
악한마음	치성하여	무서웁게	악을쓰며
구반다의	귀신들이	흙더미에	걸터앉아
어떤때는	땅위에서	한자두자	솟아뛰고
이리저리	뒹굴면서	제멋대로	장난하고
개다리를	움켜잡고	목을눌러	졸라대니
개는소리	못지르고	놀려대기	좋아하며
또한다른	귀신들은	그키들이	장대하며
검고야윈	헐벗은몸	그가운데	항상있어
사납게	악을쓰며	먹을것을	서로찾네

또한어떤 　귀신들은 　목구멍이 　바늘구멍
또한다른 　귀신들은 　머리통이 　소대가리
사람들도 　잡아먹고 　개고기를 　먹으면서
머리몰골 　흉악하며 　목마르고 　배고프니
그고통에 　시달리어 　울부짖고 　내달리네
야차들과 　아귀들과 　모든악한 　새와짐승
배고프고 　굶주려서 　창틈으로 　엿보나니
이와같은 　여러고난 　무서움이 　한이없네
이와같이 　낡은집이 　한사람의 　소유더니
그사람이 　외출한지 　오래되지 　않았을적
그런뒤에 　그집에서 　홀연히 　불일어나
사면으로 　한꺼번에 　맹렬하게 　타오르니
대들보와 　서까래와 　많고많은 　기둥들이
사면으로 　한꺼번에 　불길이 　맹렬하여
대들보와 　기둥들이 　불길속에 　튀는소리
벼락치듯 　진동하며 　꺾어지고 　부러지고
불길속에 　낡은그집 　담과벽이 　무너지네
여러가지 　귀신들이 　큰소리로 　울부짖고
부엉이와 　독수리와 　구반다의 　귀신들은
당황하고 　황급하여 　나올줄을 　모르더라
악한짐승 　독한벌레 　구멍찾아 　숨어들고
비사사의 　귀신들도 　그가운데 　머물더니
복과덕이 　없는고로 　불길속에 　쫓기면서

서로서로	잡아죽여	피를빨고	살을씹고
여우의	무리들은	이미모두	죽었는데
크고악한	짐승들이	몰려와서	씹어먹고
구린연기	자욱하여	사면에	가득하네
지네와	그리마와	독사의	무리들이
불에타고	뜨거워서	구멍에서	나올적에
구반다는	귀신들이	보는대로	주워먹네
또한모든	아귀들이	머리위에	불이붙어
배고프고	뜨거워서	황급하게	달아나니
그큰집이	이와같이	두려웁고	무서우며
독한피해	화재까지	그재난이	한이없네
바로이때	그집주인	대문밖에	서있는데
어떤이가	전해주길	당신여러	자식들이
장난질을	좋아하여	그집안에	들어갔고
어린것들	소견없어	노는데만	팔려있소
그장자는	이말듣고	불타는집	뛰어들어
방편으로	구제하여	불타죽게	안하려고
여러자식	타이르며	많은환난	설명하되
악한귀신	독한벌레	큰불까지	일었으니
모든고통	점차늘어	계속하여	안그치고
살모사와	독사전갈	여러가지	야차들과
구반다의	귀신이며	여우등과	개의무리
부엉이와	독수리와	소리개와	올빼미와

노래기와　지네들이　배고프고　목이말라
이런고통　난리속에　큰불까지　일어났네
아이들은　철이없어　아버지말　건성듣고
노는데만　정신팔려　희롱만　　일삼으니
바로이때　그장자는　이런생각　다시하길
자식들이　이같으니　내가더욱　걱정이라
지금이집　안에서는　기쁨하나　없건마는
여러자식　노는데만　정신없이　빠져있어
아비말을　듣지않아　장차불에　타리로다
그때문득　생각하고　여러방편　베풀어서
자식에게　하는말이　나에게는　여러가지
놀기좋은　장난감에　보배로된　수레있다
양의수레　사슴수레　소가끄는　수레들이
대문앞에　놓였으니　너희들은　빨리오라
내가너희　위하여서　이런수레　꾸몄으니
너희들은　마음대로　타고끌고　놀아보라
이런수레　있다는말　자식들이　듣고나서
앞뒤를　　다투면서　서로밀고　뛰쳐나와
넓은빈터　이르르니　모든환란　면하였네
그장자는　자식들이　불타는집　빠져나와
사거리에　앉은것을　사자좌서　굽어보고
흐뭇해서　하는말이　나는이제　즐겁도다
나의여러　자식들은　기르기도　어려우니

묘법연화경 비유품 • 295

어린것들 소견없어 위험한집 들었어라
독한벌레 득실거려 도깨비도 무서운데
맹렬하게 타는불길 사방에서 일건마는
철모르는 자식들이 놀기에만 팔린것을
내가이제 구하여서 재난에서 벗어나니
그러므로 사람들아 내마음이 즐겁도다
그때여러 자식들은 편안하게 앉아있는
아버지께 나아가서 바라보고 여쭙기를
세가지의 보배수레 우리에게 주옵소서
조금전에 하신말씀 저희들이 나오며는
세가지의 좋은수레 주신다고 하셨으니
지금바로 그때이니 나누어 주옵소서
큰부자인 그장자는 많고많은 창고마다
금과은과 유리들과 자거마노 산호진주
여러가지 보배들로 큰수레를 만드는데
훌륭하게 장식하고 난간좌우 둘렀으며
사면에 풍경달고 황금줄을 늘였으며
진주로써 만든그물 장막처럼 위를덮고
금색꽃에 여러영락 곳곳마다 드리우고
여러가지 채색으로 그림그려 둘렀으며
보드라운 비단으로 앉을자리 깔았으니
훌륭하고 묘한천이 천만냥의 값어치라
희고맑고 깨끗한것 수레위에 덮었으며

살이찌고	기운세며	몸매또한	아름다운
크고힘센	흰소에다	보배수레	메었으며
많고많은	시종들이	따라가며	호위하는
이와같은	좋은수레	자식한테	주었더니
바로이때	여러자식	즐거워라	뛰고놀며
보배로된	수레타고	사방으로	다니면서
재미있게	노는모양	걸림없이	자재하네
사리불아	말하노니	나도또한	그와같아
성인중의	가장높은	이세간의	아버지라
일체의	중생들이	모두나의	자식인데
세상욕락	깊이빠져	지혜의맘	하나없어
삼계모두	불안하기	불이타는	집과같고
여러고통	가득하니	무섭기가	한이없네
나고늙고	병들어서	죽는근심	항상있어
이와같은	불길들이	맹렬하게	타건마는
이삼계의	불타는집	여래께선	일찍떠나
고요한데	있으면서	숲과들에	편안하니
이삼계의	모두다가	지금현재	내것이요
그가운데	있는중생	모두나의	아들인데
지금이곳	삼계에는	모든환란	가득하니
오직나	아니며는	구제할이	없으리라
타이르고	가르쳐도	믿지않는	그마음은
여러가지	오욕락에	탐착하기	때문이다

묘법연화경 비유품 • 297

이와같은 방편으로 삼승법을 설한것은
중생들로 하여금 삼계고통 알게하고
세간에서 벗어난길 설법하여 보임이라
이런여러 자식들이 그마음을 결정하면
삼명이나 여섯신통 구족하게 하여주고
연각이나 불퇴하는 보살법을 얻으리라
사리불아 잘듣거라 나는중생 위하여서
이와같은 비유로써 일불승을 설하노니
너희들이 이내말을 능히믿고 수행하면
오는세상 누구든지 불도를 이루리라
일승법은 미묘하고 청정하기 제일이니
일체모든 세간에서 위없이 가장높다
부처님도 기뻐하고 일체모든 중생들도
찬탄하고 칭찬하며 공양하고 예배하니
한량없는 억천가지 여러힘과 해탈과
깊은선정 밝은지혜 여러가지 불법으로
일승법을 얻으며는 여러모든 자식들이
밤과낮의 오랜세월 기쁘도록 하여주며
또한여러 보살들과 많은성문 대중들이
이수레에 올라타면 불도량에 이르리라
이와같은 인연으로 사방에서 구하여도
부처방편 제하고는 진실한법 없느니라
사리불아 말하노니 너희들은 모두다

나의	아들이요	나는너희	아버지라
너희들은	오랜겁에	온갖고통	불타거늘
내가모두	제도하여	삼계에서	구해주리
내가앞서	너에게	멸도했다	하였으나
나고죽음	끝났을뿐	참멸도가	아니니라
이제응당	네가할일	오직부처	지혜리니
만일어떤	보살들이	이런대중	가운데서
한결같은	마음으로	부처님법	듣는다면
모든불	세존께서	비록방편	썼지마는
교화되는	중생들은	모두다	보살이라
어떤사람	지혜작아	애욕에만	집착하면
이런사람	위하여서	고제를	말하거늘
중생마음	모두기뻐	미증유를	얻나니
부처설법	고제는	진실하여	틀림없다
만일또한	어떤중생	고통근본	알지못해
고통원인	애착하여	잠시라도	못버리면
이런사람	위하여서	방편의도	말하오며
모든고통	그원인은	탐욕이	근본이라
만일탐욕	멸하며는	의지할바	전혀없어
온갖고통	멸하는길	그이름이	제삼제라
멸성제를	위하여서	도제를	수행하여
고의속박	여의는길	해탈이라	하느니라

강설

"어떤사람 지혜작아 애욕에만 집착하면
 이런사람 위하여서 고제를   말하거늘
 중생마음 모두기뻐 미증유를 얻나니
 부처설법 고제는   진실하여 틀림없다"

"고제"는 사성제의 고성제를 말한다.
고성제는 생멸심이 고(苦)의 원인이라는 것을 아는 것이다.
생멸수행에 있어서 고성제, 집성제는 자기를 이루고 있는 의식·감정·의지를 벗어나는 것을 목적으로 했고 멸성제는 의식·감정·의지를 분리시키는 것을 목적으로 했다.
하지만 이 대목에서 말씀하시는 것은 생멸문 자체를 고성제의 대상으로 보라는 것이다.
'생멸문 자체가 삼계화택이니 그곳에서 벗어나라.
그러기 위해서는 진여출가를 해라.'
이런 말씀을 하시는 것이다.
사슴이 끄는 수레에 올라타는 것이 진여출가를 하는 것이다. 어떻게 하는 것이 사슴이 끄는 수레에 올라타는 것인가? 그 말씀을 하시기 위해 장자 비유를 들어서 장구하게 서두를 여는 것이다.
생멸수행의 체계가 있고 진여수행의 체계가 있다.
성문연각의 견성오도와 해탈도가 생멸수행의 체계이다.

보살도, 등각도, 묘각도가 진여수행의 체계이다.
생멸수행은 생멸문 안에서 이루어지는 수행이다.
때문에 아라한이 되었어도 생멸문에 머물러 있는 것이다.
아라한의 열반은 불붙은 집에서 놀이에 열중하고 있는 아이들의 기쁨과 같은 것이다. 그런 작은 열반에 취해서 큰 열반을 놓쳐버리지 말라는 것이다. 아라한들에게 진여출가를 해서 어서 빨리 생멸문을 벗어나라고 이와 같은 비유를 든 것이다.

견성오도와 해탈도는 삼승법이다.
삼승법을 닦는 것은 진여출가를 하기 위한 근기를 닦는 것이다.
대적정을 이루는 것이 진여출가의 근기가 갖춰진 것이다.
반야해탈을 통해 분리시켰던 생멸심을 제도의 대상으로 삼고, 생멸문 전체를 제도의 대상으로 삼아서 대자비문을 이루고자 하는 의도를 내는 것이 진여출가의 발심이다.

탐심이 없어서 아무렇지 않고, 성냄이 없어서 편안하고, 분별이 없어서 지켜봄이 명료하더라도 그것은 생멸수행이다. 때문에 아직도 불타는 집 안에 있는 것이다.
벽지불, 아라한도 생멸수행에 머물러있는 것이다.
지금 이 순간에도 생멸문은 겁화에 불타고 있다.

본문

是人於何	而得解脫	但離虛妄	名爲解脫
시인어하	**이득해탈**	**단리허망**	**명위해탈**
其實未得	一切解脫	佛說是人	未實滅度
기실미득	**일체해탈**	**불설시인**	**미실멸도**
斯人未得	無上道故	我意不欲	令至滅度
사인미득	**무상도고**	**아의불욕**	**영지멸도**

이사람은	어찌하여	해탈을	얻었는가
허망함을	여읜것을	해탈이라	이름하나
실제로는	일체해탈	얻은것이	아니므로
부처님이	하시는말	참멸도가	못되나니
이사람은	위없는도	아직얻지	못한고로
멸도에	이르렀다	생각하지	않느니라

강설

생멸수행의 해탈도는 참다운 멸도가 아니라는 말씀이시다. 진여출가를 해서 생멸문 전체를 제도해야 참다운 멸도를 이룬 것이다.

본문

我爲法王
아위법왕
汝舍利弗
여사리불
在所遊方
재소유방
當知是人
당지시인
是人已曾
시인이증
若人有能
약인유능
及比丘僧
급비구승
淺識聞之
천식문지
於此經中
어차경중
以信得入
이신득입
隨順此經
수순차경
計我見者

於法自在
어법자재
我此法印
아차법인
勿妄宣傳
물망선전
阿毘跋致
아비발치
見過去佛
견과거불
信汝所說
신여소설
幷諸菩薩
병제보살
迷惑不解
미혹불해
力所不及
역소불급
況餘聲聞
황여성문
非己智分
비기지분
莫說此經

安穩衆生
안온중생
爲欲利益
위욕이익
若有聞者
약유문자
若有信受
약유신수
恭敬供養
공경공양
則爲見我
즉위견아
斯法華經
사법화경
一切聲聞
일체성문
汝舍利弗
여사리불
其餘聲聞
기여성문
又舍利弗
우사리불
凡夫淺識

故現於世
고현어세
世間故說
세간고설
隨喜頂受
수희정수
此經法者
차경법자
亦聞是法
역문시법
亦見於汝
역견어여
爲深智說
위심지설
及辟支佛
급벽지불
尙於此經
상어차경
信佛語故
신불어고
憍慢懈怠
교만해태
深著五欲

묘법연화경 비유품 • 303

계아견자	막설차경	범부천식	심착오욕
聞不能解	亦勿爲說	若人不信	毀謗此經
문불능해	역물위설	약인불신	훼방차경
則斷一切	世間佛種	或復嚬蹙	而懷疑惑
즉단일체	세간불종	혹부빈축	이회의혹
汝當聽說	此人罪報	若佛在世	若滅度後
여당청설	차인죄보	약불재세	약멸도후
其有誹謗	如斯經典	見有讀誦	書持經者
기유비방	여사경전	견유독송	서지경자
輕賤憎嫉	而懷結恨	此人罪報	汝今復聽
경천증질	이회결한	차인죄보	여금부청
其人命終	入阿鼻獄	具足一劫	劫盡更生
기인명종	입아비옥	구족일겁	겁진갱생
如是展轉	至無數劫	從地獄出	當墮畜生
여시전전	지무수겁	종지옥출	당타축생
若狗野干	其形乞丏瘦	鰲騾疥癩	人所觸嬈
약구야간	기형굴수	이담개라	인소촉요
又復爲人	之所惡賤	常困飢渴	骨肉枯竭
우부위인	지소오천	상곤기갈	골육고갈
生受楚毒	死被瓦石	斷佛種故	受斯罪報
생수초독	사피와석	단불종고	수사죄보
若作駱駝	或生驢中	身常負重	加諸杖捶
약작낙타	혹생노중	신상부중	가제장추

但念水草
단념수초
有作野干
유작야간
爲諸童子
위제동자
於此死已
어시사이
聾騃無足
농애무족
晝夜受苦
주야수고
若得爲人
약득위인
有所言說
유소언설
貧窮下賤
빈궁하천
雖親附人
수친부인
若修醫道
약수의도
若自有病
약자유병

餘無所知
여무소지
來入聚落
내입취락
之所打擲
지소타척
更受蟒身
갱수망신
蜿轉腹行
완전복행
無有休息
무유휴식
諸根闇鈍
제근암둔
人不信受
인불신수
爲人所使
위인소사
人不在意
인불재의
順方治病
순방치병
無人救療
무인구료

謗斯經故
방사경고
身體疥癩
신체개라
受諸苦痛
수제고통
其形長大
기형장대
爲諸小蟲
위제소충
謗斯經故
방사경고
矬陋攣躄
좌누연벽
口氣常臭
구기상취
多病痟瘦
다병소수
若有所得
약유소득
更增他疾
갱증타질
設服良藥

獲罪如是
획죄여시
又無一目
우무일목
或時致死
혹시치사
五百由旬
오백유순
之所咂食
지소잡식
獲罪如是
획죄여시
盲聾背傴
맹농배구
鬼魅所著
귀매소착
無所依怙
무소의호
尋復忘失
심부망실
或復致死
혹부치사
而復增劇
이부증극

약자유병	무인구료	설복양약	이부증극
若他反逆	抄劫竊盜	如是等罪	橫罹其殃
약타반역	**초겁절도**	**여시등죄**	**횡리기앙**
如斯罪人	永不見佛	衆聖之王	說法敎化
여사죄인	**영불견불**	**중성지왕**	**설법교화**
如斯罪人	常生難處	狂聾心亂	永不聞法
여사죄인	**상생난처**	**광농심란**	**영불문법**
於無數劫	如恒河沙	生輒聾瘂	諸根不具
여무수겁	**여항하사**	**생첩농아**	**제근불구**
常處地獄	如遊園觀	在餘惡道	如己舍宅
상처지옥	**여유원관**	**재여악도**	**여기사택**
駝驢猪狗	是其行處	謗斯經故	獲罪如是
타로저구	**시기행처**	**방사경고**	**획죄여시**
若得爲人	聾盲瘖瘂	貧窮諸衰	以自莊嚴
약득위인	**농맹음아**	**빈궁제쇠**	**이자장엄**
水腫乾痟	疥癩癰疽	如是等病	以爲衣服
수종건소	**개나옹저**	**여시등병**	**이위의복**
身常臭處	垢穢不淨	深著我見	增益瞋恚
신상취처	**구예부정**	**심착아견**	**증익진에**
婬欲熾盛	不擇禽獸	謗斯經故	獲罪如是
음욕치성	**불택금수**	**방사경고**	**획죄여시**
告舍利弗	謗斯經者	若說其罪	窮劫不盡
고사리불	**방사경자**	**약설기죄**	**궁겁부진**

以是因緣	我故語汝	無智人中	莫說此經
이시인연	**아고어여**	**무지인중**	**막설차경**
若有利根	智慧明了	多聞強識	求佛道者
약유이근	**지혜명료**	**다문강식**	**구불도자**
如是之人	乃可爲說	若人曾見	億百千佛
여시지인	**내가위설**	**약인증견**	**억백천불**
植諸善本	深心堅固	如是之人	乃可爲說
식제선본	**심심견고**	**여시지인**	**내가위설**
若人精進	常修慈心	不惜身命	乃可爲說
약인정진	**상수자심**	**불석신명**	**내가위설**
若人恭敬	無有異心	離諸凡愚	獨處山澤
약인공경	**무유이심**	**이제범우**	**독처산택**
如是之人	乃可爲說	又舍利弗	若見有人
여시지인	**내가위설**	**우사리불**	**약견유인**
捨惡知識	親近善友	如是之人	乃可爲說
사악지식	**친근선우**	**여시지인**	**내가위설**
若見佛子	持戒淸潔	如淨明珠	求大乘經
약견불자	**지계청결**	**여정명주**	**구대승경**
如是之人	乃可爲說	若人無瞋	質直柔軟
여시지인	**내가위설**	**약인무진**	**질직유연**
常愍一切	恭敬諸佛	如是之人	乃可爲說
상민일체	**공경제불**	**여시지인**	**내가위설**
復有佛子	於大衆中	以淸淨心	種種因緣

부유불자	여대중중	이청정심	종종인연
譬喩言辭	說法無礙	如是之人	乃可爲說
비유언사	**설법무애**	**여시지인**	**내가위설**
若有比丘	爲一切智	四方求法	合掌頂受
약유비구	**위일체지**	**사방구법**	**합장정수**
但樂受持	大乘經典	乃至不受	餘經一偈
단락수지	**대승경전**	**내지불수**	**여경일게**
如是之人	乃可爲說	如人至心	求佛舍利
여시지인	**내가위설**	**여인지심**	**구불사리**
如是求經	得已頂受	其人不復	志求餘經
여시구경	**득이정수**	**기인불부**	**지구여경**
亦未曾念	外道典籍	如是之人	乃可爲說
역미증념	**외도전적**	**여시지인**	**내가위설**
告舍利弗	我說是相	求佛道者	窮劫不盡
고사리불	**아설시상**	**구불도자**	**궁겁부진**
如是等人	則能信解	汝當爲說	妙法華經
여시등인	**즉능신해**	**여당위설**	**묘법화경**

나는법의	왕으로서	모든법에	자재하여
중생들을	편케하려	세상출현	했느니라
지혜제일	사리불아	잘듣거라	내법인은
인간세상	이익주려	설법하는	것이니라
가는곳이	어디든지	함부로	선전말고

만일알아 듣는사람 진심으로 기뻐하며
받아지녀 간직하면 바로알라 이런사람
물러남이 전혀없는 보살이라 하느니라
이경전을 받아지녀 믿는이가 있으면은
이사람은 지난세상 부처님을 찾아뵙고
공경하고 공양하며 일승법문 들었노라
만일어떤 사람있어 너의말을 믿는다면
그사람은 나를보며 또한다시 너를보고
비구승과 보살까지 보는것이 되느니라
이와같은 법화경전 깊은지혜 위함이니
옅은사람 들으면은 미혹하여 모르나니
일체모든 성문이나 일체모든 벽지불도
그들힘이 이경전에 미칠수가 없느니라
지금그대 사리불도 오히려 이경에는
믿는마음 가지고야 들어올수 있었거늘
어찌다른 성문이야 말을해서 무엇하랴
나머지의 성문들은 부처말씀 믿으므로
법화경을 따르지만 자기지혜 아니로다
사리불아 바로알라 교만하고 게으르며
아상가진 이에게는 이경전을 말을마라
식견얕은 범부들도 오욕락에 깊이묻혀
들어봐도 모르리니 그에게도 말을말라
믿지않는 어떤사람 이경전을 비방하면

일체모든	세간에서	부처종자	끊음이니
혹은얼굴	찌푸리며	의혹심을	품은자들
이런사람	죄의과보	너는이제	잘들으라
부처님이	계시거나	멸도하신	뒤에라도
이와같은	법화경전	비방하며	헐뜯거나
경전읽고	외우면서	쓰고지닌	사람들을
경멸하고	미워하며	원한까지	품는다면
이사람의	죄의과보	너는이제	들어보라
그사람은	죽은뒤에	아비지옥	들어가서
일겁을	다채우고	그리고	다시나며
이와같이	나고죽는	수없는겁	지내다가
지옥에서	다시나와	축생으로	태어나서
여우개의	무리되어	그형상이	수척하고
못생기고	더러워서	살닿는것	싫어하며
또한다시	미움받고	천대받게	되느니라
목마르고	배가고파	앙상하게	뼈만남고
살아서는	죽을고생	죽어서는	자갈무덤
부처종자	끊는고로	이런죄보	받느니라
만일다시	낙타로나	당나귀로	태어나면
무거운짐	항상지고	채찍질을	맞으면서
여물만	생각할뿐	다른것은	모르나니
법화경을	비방하면	이런죄보	받느니라
만일여우	몸받으면	온몸에	옴과버짐

한눈까지	멀게되어	마을로	들어가면
장난하는	애들에게	몽둥이로	매를맞아
모든고통	다받다가	잘못하면	죽게되고
만일맞아	죽게되면	구렁이몸	다시받아
징그럽게	큰길이가	오백유순	뻗어나고
귀가없고	발이없어	꿈틀꿈틀	기어가며
온갖작은	벌레에게	비늘밑을	빨아먹혀
밤낮으로	받는고통	쉴사이가	전혀없어
법화경을	비방하면	이런죄보	받느니라
어쩌다가	사람되면	육근이	암둔하며
앉은뱅이	곰배팔이	절름발이	귀머거리
곱사등의	같은그런	불구자가	되어서는
그사람이	말하는것	듣는사람	믿지않고
입에서는	추한냄새	귀신들이	따라붙고
가난하고	천박하여	사람들의	하인노릇
병도많고	수척하여	의지할데	전혀없고
사람들과	친하려도	붙여주는	사람없고
어떤소득	있더라도	금방다시	잃어지며
만일의술	배워익혀	병치료를	한다해도
병이점점	더하든가	딴실수로	죽게되며
자기자신	병이나면	구원해줄	사람없고
좋은약을	먹더라도	병세더욱	악화되고
다른사람	반역죄나	강도질과	절도죄에

이유없이	말려들어	애먼벌을	받게된다
이러한	죄인들은	영영부처	못뵈오며
성인중의	법왕이신	부처님이	교화해도
이와같은	죄인들은	난처에	태어나고
귀가먹고	산란하여	법을듣지	못하나니
갠지스강	모래처럼	무수한겁	오랜세월
태어나도	불구되어	귀가먹고	말못하리
지옥중에	항상있어	공원에서	놀듯하고
삼악도를	드나들기	자기집의	안방처럼
낙타나귀	개와돼지	짐승으로	태어나니
법화경을	비방한탓	이런죄값	받느니라
인간으로	태어나도	눈귀먹고	말못하고
가난하고	못난꼴로	약한몸을	못면하며
수종다리	목마른병	나병폐병	난치병등
여러가지	나쁜병을	옷을삼아	입었으니
몸은항상	더러운곳	머무르니	때가많고
추한냄새	나란소견	집착하여	성만내고
음탕한맘	치성하여	짐승들도	안가리니
법화경을	비방하면	이런죄보	받느니라
사리불아	이르노니	법화경을	비방한이
그죄모두	말하려면	겁다해도	끝이없네
이와같은	인연으로	너희에게	말하노니
지혜없는	사람에겐	이경설법	하지말라

만일어떤　사람있어　지혜밝고　영리하여
많이듣고　많이알며　부처님법　구하거든
이와같은　불자에게　법화경을　설해주라
어떤사람　지난세월　억백천의　부처뵙고
착한씨앗　심었으며　믿는마음　견고하면
이와같은　불자에게　법화경을　설해주라
어떤사람　정진하여　자비심을　항상닦아
신명아니　아끼거든　법화경을　설해주라
만일어떤　사람있어　한결같이　공경하여
다른마음　전혀없고　어리석음　여의고서
조용한곳　산수간에　홀로처해　있거들랑
이와같은　사람에게　법화경을　설해주라
말하노니　사리불아　만일어떤　사람들이
악지식을　멀리하고　좋은벗을　친하거든
이와같은　사람에게　법화경을　설해주라
만일어떤　불자있어　청정계율　지키기를
구슬처럼　밝게하며　대승경을　구하거든
이와같은　사람에게　법화경을　설해주라
어떤사람　성냄없이　마음곧고　부드러워
온갖중생　사랑하고　여러부처　공양커든
이와같은　사람에게　법화경을　설해주라
또한어떤　불자들이　여러대중　가운데서
깨끗한　마음으로　여러가지　인연들과

비유들과	이야기로	걸림없이	설법하면
이와같은	사람에게	법화경을	설해주라
만일어떤	비구들이	일체지혜	위하여서
사방으로	법구하며	합장하고	받들면서
대승경전	믿는마음	배워읽기	즐겨하고
다른경전	한게송도	받아갖지	않는다면
이와같은	사람에게	법화경을	설해주라
어떤사람	지성으로	뜻과마음	견고하여
불사리를	구하듯이	법화경을	구하여서
정수리에	받들고는	그사람이	이제다시
다른경전	구함없고	외도경전	안보거든
이와같은	사람에게	법화경을	설해주라
사리불아	말하노니	이와같은	모양으로
불도를	구하는이	겁다해도	끝이없다
이와같은	사람들은	능히믿고	이해할터
마땅히	이들위해	법화경을	설해주라

강설

비유품의 주제는 출가이다.
단순히 사해를 벗어나는 것이 출가가 아니다.
출가는 자기 마음에서 벗어나는 것이다.
첫 번째 출가는 욕심과 성냄과 우매함에서 벗어나는 것이다.

두 번째 출가는 의식과 감정과 의지를 인식의 대상으로 삼지 않는 것이다.
세 번째 출가는 생멸심을 벗어나고 보살심을 갖는 것이다.
네 번째 출가는 분리시켰던 자기 생멸심과 생멸문 전체를 제도의 대상으로 삼는 것이다.
사사무애와 이사무애를 통해서 자기 생멸심을 제도하고 자기 생멸심의 원인이 되었던 생멸문 전체를 제도하는 것이 네 번째 출가이다.
다섯 번째 출가는 불공여래장과 공여래장으로 불이문을 이루는 것이다.
여섯 번째 출가는 불세계로 나아가는 것이다.
하나의 생명이 여섯 번의 출가를 통해서 부처가 된다.

《묘법연화경 신해품 妙法蓮華經 信解品 第四》

본문

爾時慧命須菩提。摩訶迦旃延。摩訶迦葉。摩訶目犍連
이시혜명수보리. 마하가전연. 마하가섭. 마하목건련.
從佛所聞未曾有法。世尊授舍利弗阿耨多羅三藐三菩提記
종불소문미증유법. 세존수사리불아누다라삼먁삼보리기.
發希有心歡喜踊躍。卽從座起整衣服。偏袒右肩右膝著地
발희유심환희용약. 즉종좌기정의복. 편단우견우슬착지.
一心合掌曲躬恭敬。瞻仰尊顔而白佛言。我等居僧之首。
일심합장곡궁공경. 첨앙존안이백불언. 아등거승지수.
年竝朽邁。自謂已得涅槃無所堪任。不復進求阿耨多羅
연병후매. 자위이득열반무소감임. 불부진구아누다라
三藐三菩提。世尊。往昔說法旣久。我時在座身體疲懈。
삼먁삼보리. 세존. 왕석설법기구. 아시재좌신체피해.
但念空無相無作。於菩薩法遊戱神通淨佛國土成就衆生
단념공무상무작. 어보살법유희신통정불국토성취중생
心不喜樂。所以者何。世尊。令我等出於三界得涅槃證。
심불희락. 소이자하. 세존. 영아등출어삼계득열반증.
又今我等年已朽邁於佛敎化菩薩阿耨多羅三藐三菩提。

우금아등연이후매어불교화보살아누다라삼먁삼보리.
不生一念好樂之心。 我等今於佛前聞授聲聞阿耨多羅三藐
불생일념호락지심.   아등금어불전문수성문아누다라삼먁
三菩提記。 心甚歡喜 得未曾有。 不謂於今忽然得聞希有
삼보리기. 심심환희 득미증유.   불위어금홀연득문희유
之法。 深自慶幸獲大善利。 無量珍寶不求自得。
지법.   심자경행획대선리. 무량진보불구자득.

이때 혜명수보리와 마하가전연과 마하가섭과 마하목건련이 부처님으로부터 일찍이 듣지 못하였던 법을 듣고 또 세존께서 사리불에게 아뇩다라삼먁삼보리 수기를 주심을 듣고 희유한 마음을 내어 뛸 듯이 기뻐하면서 자리에서 일어나 옷을 단정히 하고 오른쪽 어깨를 드러내고 오른쪽 무릎을 땅에 대고 일심으로 합장한 채, 허리를 굽혀 공경하고 존안을 우러러뵈오며 부처님께 사뢰었다.
"저희가 대중의 우두머리로서 나이가 이미 늙었으며, 스스로 생각하기를 이미 열반을 얻었으니 더 할 일이 없다 하고, 다시 아뇩다라삼먁삼보리를 구하려 하지 않았나이다.
세존께서 옛날부터 법을 설하심이 오래되었거늘 그때 저희가 자리에 있었으면서도 몸이 피로하여 다만 공(空)하고, 모양이 없고(無相), 지을 것이 없는 것(無作)만 생각했을 뿐 보살의 법에 유희신통함과, 부처님의 세계를 깨끗이 함과, 중생을 성취하는 일에는 마음에 즐거워하지 않았나이다.

그 까닭을 말하오면 세존께서 저희로 하여금 삼계에서 벗어나 열반을 얻게 하였기 때문입니다.
또 저희는 이미 나이 늙었으므로 부처님이 보살을 교화하시는 아뇩다라삼먁삼보리에 대해서 조금도 좋아하는 마음을 내지 아니하였습니다.
우리는 오늘 부처님 앞에서 성문들에게 아뇩다라삼먁삼보리의 수기 주심을 듣고 마음이 환희하여 전에 없던 기쁨을 얻었나이다.
지금에 이르러 홀연히 희유한 법을 듣게 될 줄은 전혀 생각지 못하였습니다. 큰 이익을 얻었사옵고 한량없는 귀한 보배를 구하지 않고 저절로 얻었사오니, 스스로 매우 기쁘고 다행스럽게 생각합니다."

강설

"다만 공(空)하고, 모양이 없고(無相), 지을 것이 없는 것(無作)만 생각했을 뿐 보살의 법에 유희신통함과, 부처님의 세계를 깨끗이 함과, 중생을 성취하는 일에는 마음에 즐거워하지 않았나이다."

수보리와 마하가전연과 마하가섭과 마하목건련은 부처님의 상수제자들이다. 이미 아라한의 경지에 들어 있는 사람들이다.

특히 마하가섭은 이미 벽지불을 이룰 수 있는 근기를 충분하게 갖고 있었기 때문에 크게 구하는 것이 없었다.
그런데 오늘에 이르러서 부처님께서 진여출가를 말씀하시니 여기에 머물러서는 안되겠다고 생각하는 것이다.

이들이 아라한과를 증득한 심지법이 공, 무상, 무작이다.
"공수행"은 본제의 세 가지 요소에 머물러서 대적정에 드는 것이다. 무념·무심이 서로를 비추도록 해서 상대적 공을 체득하고 간극에 머물러서 절대적 공을 체득하는 것이 공수행이다.
반야심경에서는 공을 증득하는 방법을 여섯 가지로 말씀하셨다.

〈무안이비설신의, 무색성향미촉법.
무안계 내지 무의식계.
무무명 역무무명진 내지 무노사 역무노사진.
무고집멸도.
무지.
역무득, 이무소득고〉가 그것이다.

"무안·이·비·설·신·의"는 눈이 쓰여지고 귀가 쓰여지고 코가 쓰여지고 입이 쓰여지고 몸이 쓰여지고 머리가 쓰여지는 것을 지켜보면서 덧붙이지 않는 것이다.

무(無)와 공(空)의 차이가 있다.
덧붙이지 않는 행위는 '무'이고 덧붙이지 않음으로써 드러난 그 상태가 '공'이다.
덧붙이지 않고자 하는 의도는 "무"이다. 덧붙이지 않아서 드러난 그 상태는 "공"이다.
'무'의 주체는 나의 '의도'이고 '공'은 그 이후의 '상태'이다.
두 가지 상태의 공이 있다.
본연적 공과 인식적 공이 그것이다.
본연적 공은 본성이 갖고 있는 본래의 상태이다.
인식적 공은 각성을 통해서 공을 인식하는 것이다.
인식적 공을 "무위각"이라 한다.
공의 상태는 어떤 조건에서든지 만들어질 수 있다.
하지만 그것을 인식할 수 있는 무위각은 훈습을 통해서만 키워진다.
공을 인식하는 훈습이 "무" 하는 것이다.
무안·이·비·설·신·의 무색·성·향·미·촉·법이 색(色)의 공(空)을 훈습하는 과정이다.
"무안계 내지 무의식계"는 안계·이계·비계·설계·신계·의식계로 접해지는 경계에 "무" 하는 것이다.
수(受)의 공(空)을 훈습하는 과정이다.
"무무명 역무무명진 내지 무노사 역무노사진"은 사유를 하면서 인식되는 모든 경계에 대해서 "무" 하는 것이다.
상(想)의 공(空)을 훈습하는 과정이다.

"무고집멸도"는 일시적무위각이 주체가 되어, 쓰여지는 경계에 있어서도 "무" 하는 것이다. 행(行)의 공(空)을 훈습하는 과정이다.
"무지(無知)"는 앎에 있어서 "무" 하는 것이다.
식(識)의 공(空)을 훈습하는 과정이다.
"역무득(亦無得)"은 얻음에 "무" 하는 것이다.
모든 생멸심을 얻음의 대상으로 삼지 말라는 것이다.
"이무소득고(而無所得故)"는 이렇게 오온과 생멸심을 놓고서 그것을 얻음의 대상으로 삼지 말라는 것이다.

공(空)의 느낌을 알아차리고 그 공의 느낌에 집중해서 거기에 머무는 시간을 좀 더 길게 만들어가는 것이 대적정의 근기를 쌓아가는 것이다.
어느 한 찰나라도 공을 인식한 사람은 언제든지 그 시간을 길게 늘일 수 있다.

공(空)한 자리는 밖의 현상에 있는 것도 아니고 나의 의식에 있는 것도 아니다. 오로지 각성의 이면에 자리하는 것이다.
인식되는 대상으로 향해지는 의도는 유위각이고 대상에 대해서 덧붙임이 끊어진 그 상태를 지각하는 것이 무위각이다.

"**무상(無相)**"이란 생멸심을 인식의 대상으로 삼지 않는 것을 말한다.
생멸심을 분리시키는 방법이 무상수행이다.
반야해탈도의 세 단계 과정이 무상수행이다.

"무작(無作)"이란 생멸심으로 짓지 않는 것이다.
사행(四行)으로 무작수행을 행한다.
보원행(報怨行), 수연행(隨緣行), 무소구행(無所求行), 칭법행(稱法行)이 사행(四行)이다.

무념, 무심, 간극의 상태는 서로 다르다.
때문에 본성을 보려면 무념, 무심, 간극의 서로 다른 상태를 볼 수 있는 각성이 갖춰져야 한다.

공수행과 무작수행, 무상수행을 분리해서 하는 것은 본성을 보는 각성력을 키워서 대적정을 이루기 위해서이다.

"유희신통"은 신통을 행하면서 그것을 즐긴다는 말이다. 보살이 갖고 있는 신통을 중생을 위해 쓰면서 그 자체를 기뻐하고 즐기는 것이다.
보살이 중생을 놓고 신통을 쓰는 두 가지 이유가 있다. 하나는 중생에게 이로움을 주기 위해서다.
중생을 이익되게 하고 그를 행복하게 하기 위해서 신통을 쓴다.

또 하나는 자기 생멸심을 이루는 요소들을 제도하기 위해서다.
분리시켜 놓은 생멸심이 중생과의 교류를 통해서 갖추어진 것이기 때문에 그것을 제도하면서 그 원인이 되었던 대상까지도 함께 제도하는 것이다.
보살의 유희신통은 수행의 단계에 따라 대상과 방법이 달라진다.
초지에서 6지까지는 자기 생멸심을 대상으로 유희신통이 행해진다. 이때는 해탈지견과 암마라식이 쓰여진다.
7지에서는 자기 생멸심의 원인이 되었던 중생들을 제도한다. 암마라식이 활용된다.
8지에서도 생멸심의 원인이 되었던 중생들을 제도한다. 이때에도 암마라식이 활용된다.
9지에서는 원통식이 완성을 이룬다.
원통식이 완성되면 생멸문 전체를 볼 수 있는 능력이 갖춰진다. 이때부터는 생멸문 전체를 유희신통의 대상으로 삼는다.
10지에서는 수능엄삼매로 갖추어진 화신을 활용해서 유희신통을 행한다. 생멸문 전체가 유희신통의 대상이 된다.

"정불국토수행"은 수능엄삼매를 말한다.
보살도 10지과정에서 이루어지는 수행이다.
뇌척수로 운동법, 발성수행, 부동지, 법운지, 육바라밀수행의 절차를 통해 수능엄삼매를 이룬다.
수능엄삼매를 통해 천백억화신을 이룬다.
부처님께서는 천백억화신으로 정토불사를 행하신다.

"성취중생"은 대자비문수행을 말한다.
생멸문의 중생들을 제도해서 불공여래장을 이루었을 때가 성취중생한 것이다.

본문

世尊。我等今者。樂說譬喻以明斯義。譬若有人年既幼
세존. 아등금자. 요설비유이명사의. 비약유인연기유
稚。捨父逃逝久住他國。或十二十至五十歲。年既長大加
치. 사부도서구주타국. 혹십이십지오십세. 연기장대가
復窮困。馳騁四方以求衣食。漸漸遊行遇向本國。其父先
부궁곤. 치빙사방이구의식. 점점유행우향본국. 기부선
來。求子不得。中止一城。其家大富財寶無量。金銀琉
래. 구자부득. 중지일성. 기가대부재보무량. 금은유
璃珊瑚琥珀玻瓈珠等。其諸倉庫悉皆盈溢。多有僮僕臣佐
리산호호박파려주등. 기제창고실개영일. 다유동복신좌
吏民。象馬車乘牛羊無數。出入息利乃徧他國。商估賈客
이민. 상마거승우양무수. 출입식리내편타국. 상고고객

亦甚衆多。 時貧窮子。　遊諸聚落經歷國邑。　遂到其父所
역심중다. 시빈궁자.　유제취락경력국읍. 수도기부소
止之城。 父每念子。 與子離別五十餘年。 而未曾向人說如
지지성. 부매념자. 여자이별오십여년. 이미증향인설여
此事。 但自思惟心懷悔恨。 自念老朽多有財物。 金銀珍寶
차사. 단자사유심회회한. 자념노후다유재물. 금은진보
倉庫盈溢。 無有子息。 一旦終沒財物散失。 無所委付。
창고영일. 무유자식. 일단종몰재물산실. 무소위부.
是以慇懃每憶其子。 復作是念。 我若得子委付財物。
시이은근매억기자. 부작시념. 아약득자위부재물.
坦然快樂無復憂慮。 世尊。 爾時窮子。 傭賃展轉遇到父
탄연쾌락무부우려. 세존. 이시궁자. 용임전전우도부
舍住立門側。 遙見其父踞師子床寶几承足。 諸婆羅門刹利
사주립문측. 요견기부거사자상보궤승족.　제바라문찰리
居士皆恭敬圍繞。 以眞珠瓔珞價値千萬莊嚴其身。 吏民僮
거사개공경위요. 이진주영락가치천만장엄기신.　이민동
僕手執白拂侍立左右。 覆以寶帳。 垂諸華幡。 香水灑地。
복수집백불시립좌우. 복이보장. 수제화번. 향수쇄지.
散衆名華。 羅列寶物出內取與。 有如是等種種嚴飾。 威德
산중명화. 나열보물출납취여. 유여시등종종엄식. 위덕
特尊。 窮子見父有大力勢。 卽懷恐怖。 悔來至此。 竊作
특존. 궁자견부유대력세. 즉회공포. 회래지차. 절작

是念。此或是王。或是王等。非我傭力得物之處。不如
시념．차혹시왕．혹시왕등．비아용력득물지처．불여
往至貧里 肆力有地。衣食易得。若久住此。或見逼迫
왕지빈리 사력유지．의식이득．약구주차．혹견핍박
強使我作。作是念已。疾走而去。時富長者。於師子座
강사아작．작시념이．질주이거．시부장자．어사자좌
見子便識。心大歡喜。即作是念。我財物庫藏。今有所
견자변식．심대환희．즉작시념．아재물고장．금유소
付。我常思念此子。無由見之。而忽自來。甚適我願。
부．아상사념차자．무유견지．이홀자래．심적아원．
我雖年朽有故貪惜。即遣傍人急追將還。爾時使者疾走
아수년후유고탐석．즉견방인급추장환．이시사자질주
往捉。窮子驚愕稱怨大喚。我不相犯何爲見捉。使者執
왕착．궁자경악칭원대환．아불상범하위견착．사자집
之愈急強牽將還。于時窮子自念。無罪而被囚執 此必定
지유급강견장환．우시궁자자념．무죄이피수집 차필정
死。轉更惶怖悶絶躄地。父遙見之。而語使言。不須此
사．전갱황포민절벽지．부요견지．이어사언．불수차
人。勿強將來。以冷水灑面令得醒悟。莫復與語。所以
인．물강장래．이냉수쇄면영득성오．막부여어．소이
者何。父知其子志意下劣。自知豪貴爲子所難。審知是
자하．부지기자지의하열．자지호귀위자소난．심지시

子. 而以方便不語他人云是我子. 使者語之. 我今放汝
자. 이이방편불어타인운시아자. 사자어지. 아금방여
隨意所趣. 窮子歡喜得未曾有. 從地而起往至貧里以求衣
수의소취. 궁자환희득미증유. 종지이기왕지빈리이구의
食. 爾時長者. 將欲誘引其子. 而說方便. 密遣二人密
식. 이시장자. 장욕유인기자. 이설방편. 밀견이인밀
遣二人形色憔悴無爲德者. 汝可詣彼徐語窮子. 此有作
견이인형색초췌무위덕자. 여가예피서어궁자. 차유작
處倍與汝直. 窮子若許將來使作. 若言欲何所作. 便可語
처배여여치. 궁자약허장래사작. 약언욕하소작. 변가어
之. 雇汝除糞. 我等二人亦共汝作. 時二使人卽求窮子.
지. 고여제분. 아등이인역공여작. 시이사인즉구궁자.
旣已得之具陳上事. 爾時窮子先取其價尋與除糞. 其父見
기이득지구진상사. 이시궁자선취기가심여제분. 기부견
子愍而怪之. 又以他日於窓牖中遙見子身. 羸瘦憔悴糞土
자민이괴지. 우이타일어창유중요견자신. 이수초췌분토
塵坌汚穢不淨. 卽脫瓔珞細軟. 上服嚴飾之具. 更著麤弊
진분오예부정. 즉탈영락세연. 상복엄식지구. 갱착추폐
垢膩之衣. 塵土坌身右手執持除糞之器. 狀有所畏語諸作
구이지의. 진토분신우수집지제분지기. 장유소외어제작
人. 汝等勤作勿得懈息. 以方便故得近其子. 後復告言.
인. 여등근작물득해식. 이방편고득근기자. 후부고언.

묘법연화경 신해품 • 327

咄男子。 汝常此作勿復餘去。 當加汝價。 諸有所須盆器米
돌남자. 여상차작물부여거. 당가여가. 제유소수분기미
麵鹽醋之屬。 莫自疑難。 亦有老弊使人。 須者相給。 好
면염호지속. 막자의난. 역유노폐사인. 수자상급. 호
自安意。 我如汝父勿復憂慮。 所以者何。 我年老大而汝
자안의. 아여여부물부우려. 소이자하. 아년노대이여
少壯。 汝常作是無有欺怠瞋恨怨言。 都不見汝有此諸惡如
소장. 여상작시무유기태진한원언. 도불견여유차제악여
餘作人。 自今已後如所生子。 即時長者更與作字名之為兒。
여작인. 자금이후여소생자. 즉시장자경여작자명지위아.
爾時窮子。 雖欣此遇。 猶故自謂客作賤人。 由是之故於二
이시궁자. 수흔차우. 유고자위객작천인. 유시지고어이
十年中常令除糞。 過時以後。 心相體信入出無難。 然其所
십년중상령제분. 과시이후. 심상체신입출무난. 연기소
止猶在本處。 世尊。 爾時長子有疾。 自知將死不久。 語窮
지유재본처. 세존. 이시장자유질. 자지장사불구. 어궁
子言。 我今多有金銀珍寶倉庫盈溢。 其中多少所應取與。
자언. 아금다유금은진보창고영일. 기중다소소응취여.
汝悉知之。 我心如是當體此意。 所以者何。 今我與汝便為
여실지지. 아심여시당체차의. 소이자하. 금아여여변위
不異。 宜加用心無令漏失。
불이. 의가용심무령루실.

"세존이시여, 제가 이제 비유를 들어서 이 뜻을 밝히오리다. 어떤 사람이 어렸을 적에 아버지를 버리고 집을 나가 다른 지방으로 다니면서 10년, 20년 내지 50년을 살았습니다. 나이는 늙고 곤궁하기 막심하여 사방으로 헤매면서 의식(衣食)을 찾아 헤매다가 우연히 고향으로 향하였습니다. 그의 아버지는 아들을 잃고 오랫동안 찾아다니다가 만나지 못하고, 중도에서 어느 도시에 머물러 살게 되었습니다. 그 아버지는 부자가 되어 재물이 한량없었는데 금, 은, 유리, 산호, 호박, 파리, 진주 같은 보물들이 창고마다 가득 찼으며, 노비, 상노, 청지기, 관리인들을 많이 거느렸으며, 코끼리, 말, 수레, 소, 양이 무수히 많았으며, 재물이나 곡식을 거래하는 이익이 다른 나라에까지 미쳐서 장사꾼과 거간들이 매우 많았습니다. 그때 빈궁한 아들은 여러 지방과 여러 마을을 전전하다 마침내 아버지가 살고 있는 도시에 이르게 되었습니다. 아버지는 항상 아들을 생각하며 아들을 이별한 지가 벌써 50년이 되었으나 다른 이에게는 한 번도 말하지 않았고 마음속에 스스로 한탄하기를 '이미 늙고 자식은 없으니 이제 죽게 되면 창고마다 가득한 금·은 등의 재물은 누구에게 전해 줄 것인가?' 하면서 은근히 아들을 기다렸으며, 다시 생각하되, '내가 만일 아들을 만나서 재산을 전해주게 되면, 한없이 쾌락하여 다시 근심이 없으리라' 하였습니다.

세존이시여, 한편 빈궁한 아들은 품팔이를 하며 이리저리 다니다가 우연히 아버지가 사는 집의 대문 앞에 이르러 멀리서 그의 아버지를 바라보니, 그는 사자좌에 걸터앉았는데 보배궤로 발을 받쳤고, 여러 바라문과 찰리(刹利)와 거사들이 모두 공경하여 둘러 모셨으며, 값이 천만 냥이나 되는 진주와 영락으로 몸을 장엄하였고, 관리인과 하인들이 흰 불자(拂子)를 들고 좌우에서 모셨으며, 보배 휘장을 두르고 여러 가지 꽃 번개를 드리웠으며, 향수를 땅에 뿌리고, 여러 가지 훌륭한 꽃들을 흩었으며, 보물들을 벌려 놓고 내주고 받아들이는 등으로 이러한 장엄스러운 일들이 특별히 위덕이 있게 보였습니다. 빈궁한 아들은 그 아버지가 큰 세력을 가진 것을 보고는 곧 두려운 생각을 품고 그곳에 온 것을 후회하면서 홀로 이렇게 생각하였습니다. '저이는 아마 왕이거나 혹은 왕족이리니, 내가 품을 팔아 삯을 받을 곳이 아니다. 다른 가난한 마을을 찾아가서 마음대로 품을 팔아 의식을 구함만 같지 못하다. 만일 여기 오래 머물렀다가는 나를 붙들어다가 강제로 일을 시킬지도 모르는 일이다.' 이렇게 생각하고 빨리 그곳을 떠났습니다. 그때 장자는 사자좌에서 아들인 줄을 알아보고 매우 기뻐서 이렇게 생각하였습니다. '내 창고에 가득한 재산을 이제 전해 줄 데가 있구나. 내가 이 아들을 항상 생각하면서도 만날 수가 없더니, 이제 스스로 홀연히 왔으니 나의 소원을 이루게 되었구나. 내가 비록 늙었으나, 아끼는 마음은 변함이 없다' 하고 곧 사람을 보내어 데려오게 하였습니다.

그때 심부름꾼이 쫓아가서 붙드니, 궁한 아들은 놀라서 나는 아무 잘못이 없는데 왜 붙드느냐고 원통하다 하면서 크게 부르짖었습니다. 그 사람은 더욱 단단히 붙들고 강제로 데려가려 하였습니다. 그때 아들은 생각하기를 '나는 아무 죄도 없이 붙들려 가게 되니 반드시 죽게 되리라' 하고 더욱 놀라서 땅에 엎드려 기절하고 말았습니다.

아버지가 멀리서 이 광경을 보고 심부름꾼에게 말하였습니다. '그 사람을 억지로 붙들어 올 것은 없다. 그 얼굴에 냉수라도 끼얹고 다시 소생케 하고 더 말하지 말라.' 아버지는 아들의 마음이 용렬한 줄을 알았고, 자기의 부귀가 아들이 거리끼는 바임을 짐작하였기 때문입니다. 분명히 아들인 줄을 알지만, 방편으로써 다른 사람에게는 자기의 아들이란 것을 말하지 않은 것입니다. 심부름꾼이 말하기를 '이제 너를 놓아줄 터이니, 마음대로 가거라' 하였습니다. 빈궁한 아들은 좋아라고 기뻐하면서 땅에서 일어나 가난한 마을을 찾아가 의식을 구하고 있었습니다. 그때 장자는 그 아들을 유인하여 데려오려고 한 방편을 생각하여, 모양이 초라하고 보잘것없는 두 사람을 비밀히 보내면서 이렇게 일렀습니다. '너희는 거기에 가서 그 빈궁한 사람에게 말하기를, 저기 일할 곳이 있는데 품삯은 다른 데보다 배를 준다고 하고, 만약 그가 허락을 하거든 데리고 와서 일을 시키되, 혹 하는 일이 무엇이냐고 묻거든 거름을 치우는 일로 우리 두 사람도 그대와 함께 그 일을 한다고 하여라.' 그 두 사람은 즉시 빈궁한 아들을 찾아가서 그렇게 말하였습니다. 그리하여 빈궁한 아들은 그들을 따라가 선금을 받고 거름을 치우는데, 아버지는 그를 볼 때마다 가엾은 생각이 들었습니다. 하루는 방 안에서 창틈으로 바라보니, 아들의 몸은 야위어 초췌하고, 먼지와 거름이 몸에 가득하여 더럽기 짝이 없었습니다. 그래서 곧 영락과 화사한 의복과 장식품을 벗어 버리고, 때가 묻고 허름한 옷으로 갈아입고, 흙과 먼지를 몸에 묻히고, 오른손에 거름 치는 기구를 들고 조심조심 일군들 있는 곳으로 가서 그대들은 게으름을 피우지 말고 부지런히 일하라고 하면서, 이러한 방편으로 그 아들에게 가까이 접근할 수 있었습니다. 그리고는 다시 빈궁한 아들에게 말하기를 '너는 다른 데로 가지 말고 항상 여기에서 일을 하여라. 그러면 너의 품삯도 올려 줄 것이요, 또 필요한 물건이 있거든 항아리·쌀·밀가루·소금·장 할 것 없이 무엇이든지 말하여라. 늙은 하인이 있으니 달라는 대로 줄 것이다. 나는 너의 아버지와 같지 않느냐. 그러므로 다시 걱정하지 말고 편히 잘 있거라. 왜냐하면, 나는 늙은이요 너는 아직 젊고, 일할 적에 게으르거나 속이거나 성내거나 원망하는 말이 없으니, 다른 일꾼들처럼 나쁘지가 않더라. 이제부터는 내가 낳은 친아들과 같이 생각하겠노라.' 하면서 장자는 그에게 이름을 다시 지어 주고 아들이라고 불렀습니다. 그때 빈궁한 아들은 이런 대우를 받는 것이 기뻤으나, 전과 같이 머슴살이하는 천한 사람이라 스스로 생각하였으므로 20년 동안을 항상 거름만 치우고 있었습니다. 그 뒤 얼마쯤 지나더니 마음을 서로 믿고 통하여 안팎을 무난하게 드나들면서도 거처하기는 그전과 같 았습니다. 세존이시여, 어느 때 장자가 병이 나 죽을 때가 멀지 않은 줄을 알고 빈궁한 아들에게 말하기를 '나에게는 지금 금은보배가 많아 창고마다 가득하다. 그 속에 있는 재산이 얼마인지, 주고받을 것을 모두 네가 맡아서 처리하여라. 내 뜻이 이러하니 너는 그대로 하여라. 왜냐하면 이제는 나와 네가 다를 것 없으니, 조심해서 소홀하거나 실수하지 않도록 하라'고 하였습니다."

강설

자신들은 장자의 아들과 같은 존재라는 말이다.
참으로 뼈저린 아픔이 느껴진다.
부처님의 큰 뜻을 모르고 아라한에 안주했던 자신들의 어리석음을 책망하면서 큰 법을 구하는 그 심정이 비장하게 느껴진다.

부처님은 장자와 같다.
제자들은 아들과 같다.
생멸심의 관점에서 진여심을 보는 것은 너무나 크고 방대하다. 생멸심을 놓고서 아무리 큰 성취를 이루었다 하더라도 그것은 아들이 하루 품삯을 받은 것과 같다.

때로는 한꺼번에 많은 것을 원하는 사람이 있을 수도 있고, 때로는 한꺼번에 많은 것을 전해주려는 사람이 있을 수 있다. 하지만 둘 다 합당하지 않다.

본문

爾時窮子。 卽受教勅領知眾物。 金銀珍寶及諸庫藏。 而無
이시궁자. 즉수교칙영지중물. 금은진보급제고장. 이무
希取一餐之意。 然其所止故在本處。 下劣之心亦未能捨。
희취일찬지의. 연기소지고재본처. 하열지심역미능사.
復經少時。 父知子意漸已通泰成就大志自鄙先心。 臨欲終
부경소시. 부지자의점이통태성취대지자비선심. 임욕종
時而命其子。 幷會親族。 國王大臣剎利居士皆悉已集。
시이명기자. 병회친족. 국왕대신찰리거사개실이집.
卽自宣言。 諸君當知。 此是我子。 我之所生。 於某城中
즉자선언. 제군당지. 차시아자. 아지소생. 어모성중
捨吾逃走。 竛竮辛苦五十餘年。 其本字某。 我名某甲。
사오도주. 병명신고오십여년. 기본자모. 아명모갑.
昔在本城懷憂推覓。 忽於此間遇會得之。 此實我子。 我實
석재본성회우추멱. 홀어차간우회득지. 차실아자. 아실
其父。 今我所有一切財物。 皆是子有。 先所出納是子所
기부. 금아소유일체재물. 개시자유. 선소출납시자소
知。 世尊。 是時窮子聞父此言。 卽大歡喜得未曾有。
지. 세존. 시시궁자문부차언. 즉대환희득미증유.

而作是念。我本無心有所希求。今此寶藏自然以至。
이작시념.　아본무심유소희구.　금차보장자연이지.
世尊。大富長者則是如來。我等皆似佛子。如來常說我等
세존.　대부장자즉시여래.　아등개사불자.　여래상설아등
爲子。世尊我等以三苦故。於生死中受諸熱惱。迷惑無知
위자.　세존아등이삼고고.　어생사중수제열뇌.　미혹무지
樂著小法。
낙착소법.

"이때 빈궁한 아들은 그 명령을 받고 여러 가지 금은보배와 창고를 맡았으면서도 한 가지도 욕심을 내지 않고, 거처하는 곳도 예전 그대로이며, 용렬한 마음 또한 조금도 버리지 않고 있었습니다.
얼마 후에 아버지는 아들의 마음이 점점 열리고 커져서 큰 뜻을 가지게 되어, 예전에 비열했던 마음을 스스로 뉘우침을 알았습니다. 그러다가 그 아버지가 임종할 때에 이르러, 아들에게 명하여 친족들과 국왕과 대신과 찰제리와 거사들을 모이게 하고, 그들이 다 모인 뒤에는 이렇게 선언하였습니다. '여러분, 이 아이는 내 아들이요. 내가 낳아서 길렀는데, 아무 해에 고향에서 나를 버리고 도망하여 여러 곳으로 외롭게 떠돌아다니며 고생을 하기 50여 년이었소. 이 아이의 본은 아무개이고 내 이름은 아무 갑이요. 그때 고향에서 근심이 되어 찾느라고 애를 쓰던 터였는데, 뜻밖에 여기서 만났소. 이 아이는 참으로 내 아들이고, 나는 이 아이의 아비요. 이제는 내가 가진 모든 재산이 모두 이 아이의 소유이며, 예전부터 출납하던 것도 이 아이가 알아서 할 것이오.'

세존이시여, 이때 빈궁한 아들은 아버지의 이 말을 듣고 크게 환희하여 미증유함을 얻었다 하면서 생각하기를 '나는 본래부터 바라는 마음이 없었는데 지금 이 보배 창고에 저절로 이르렀구나' 하였습니다.

세존이시여, 큰 재산을 가진 장자는 곧 여래이시고, 저희는 부처님의 아들 같사와, 여래께서는 언제나 저희를 아들이라고 말씀하셨습니다. 세존이시여, 저희가 세 가지 괴로움으로 인하여 나고 죽는 가운데 여러 가지 고통을 받으면서도 미혹하고 무지하여 소승법만을 좋아하였나이다."

강설

아들에게 보배 창고를 맡기어도 욕심을 내지 않은 것도 무아(無我)다. 하지만 그런 무아는 소승의 무아이다. 그 작은 무아에 머물러서는 안 된다는 것이다.

"여러 가지 고통을 받으면서도 미혹하고 무지하여 소승법만을 좋아하였나이다."

번뇌의 원인을 분리시키고 누진제일의 아라한이 되었지만

겁화의 소용돌이에서 벗어난 것이 아니다.

번뇌탁과 중생탁, 견탁과 명탁을 벗어났지만 겁탁을 벗어나지 못했다.

또한 분리시켰던 생멸심을 제도하지 않으면 언제라도 반연으로 도래할 수 있다. 때문에 번뇌의 불이 완전하게 꺼진 것이 아니다. 그 뿌리를 끊어버리려면 대승출가를 해야 한다.

본문

今日世尊。 令我等思惟蠲除諸法戲論之糞。 我等於中勤
금일세존. 영아등사유견제제법희론지분. 아등어중근

加精進得至涅槃一日之價。 既得此已心大歡喜自以爲足。
가정진득지열반일일지가. 기득차이심대환희 자이위족.

便自謂言。 於佛法中勤精進故。 所得弘多。 然世尊。 先知
편자위언. 어불법중근정진고. 소득홍다. 연세존. 선지

我等心著弊欲樂於小法。 便見縱捨不爲分別。 汝等當有如
아등심착폐욕낙어소법. 편견종사불위분별. 여등당유여

來之見寶藏之分。 世尊以方便力說如來智慧。 我等從佛得
래지견보장지분. 세존이방편력설여래지혜. 아등종불득

涅槃一日之價。 以爲大得。 於此大乘無有志求。 我等又
열반일일지가. 이위대득. 어차대승무유지구. 아등우

因如來智慧。 爲諸菩薩開示演說。 而自於此無有志願。

인여래지혜. 위제보살개시연설. 이자어차무유지원.
所以者何。佛知我等心樂小法。以方便力隨我等說。而我
소이자하. 불지아등심락소법. 이방편력수아등설. 이아
等不知眞是佛子。今我等方知。世尊於佛智慧無所悋惜。
등부지진시불자. 금아등방지. 세존어불지혜무소인석.

"오늘날 세존께서 저희로 하여금 모든 법의 희롱거리인 거름을 생각하여 버리도록 말씀하셨으나 저희가 그 가운데서 부지런히 정진하여 얻은 열반이란 것이 겨우 하루 품삯만 한데 마음이 크게 환희하고 만족스러워 스스로 생각하기를, '부처님 법에서 부지런히 정진한 연고로 얻은 것이 많다'고 하였습니다. 그러나 세존께서는 저희의 마음이 용렬하여 소승법을 좋아함을 미리 아시었음에도 내버려두시고, '너희들도 마땅히 여래의 지견인 보배 광의 분[寶藏之分]이 있느니라'고 분별하여 주시지 않고, 다만 방편으로써 여래의 지혜를 말씀하셨으나, 저희는 부처님을 따라 열반의 하루 품삯을 겨우 받고는 소득이 컸다고 만족하여 대승을 구하려는 뜻은 아예 가지지 않았습니다. 저희는 또 여래의 지혜로 인하여 모든 보살들에게 열어 보이며 연설을 하면서도, 스스로는 여기에 대하여 원하는 마음이 없었습니다. 그 까닭은 부처님께서 저희가 소승을 좋아함을 아시고 방편으로 저희의 뜻을 맞추어 말씀하시건만 저희가 부처님의 참 아들인 줄을 미처 몰랐기 때문입니다. 이제서야 세존께서 부처님의 지혜에 대하여 아낌이 없으신 것을 알았나이다."

강설

대승출가의 목적이 있다.
소승의 수행을 통해서 열반을 얻지만 그것만을 가지고서는 온전한 깨달음을 얻은 것이 아니다.
온전한 깨달음을 이루려면 세 가지 제도와 여섯 가지 성취가 있어야 한다.
세 가지 제도란 분리시켰던 자기 심식의와 생멸문을 제도하는 것과 밝은성품의 자연적 성향을 제도하는 것, 그리고 각성의 무명적 습성을 제도하는 것이다.
여섯 가지 성취란 일체지, 일체종지, 자연지, 무사지, 불지, 여래지를 얻는 것이다.
아라한은 일체지를 얻고 각성의 무명적 습성을 제도했지만 나머지 두 가지 제도와 다섯 가지 성취를 이루지 못한 존재이다. 때문에 하루 품삯을 받은 것뿐이라고 말하는 것이다.

세 가지 제도가 이루어지지 못하면 세 가지 장애가 생긴다.
분리시켜 놓았던 심식의를 제도하지 못하면 열반이 지속되지 못하는 장애를 만난다.
비유하자면 평화롭던 나라가 외적의 침입을 받아서 하룻밤 사이에 멸망하는 것과 같다.

제도하지 못한 생멸심이 외적이고 평화로운 나라의 백성이 본성·각성·밝은성품이다.
스스로는 열반을 이루었어도 스스로가 속한 세계가 제도되지 못했으면 그로 인해 열반이 허물어진다.
밝은성품의 자연적 성향을 제도하지 못하면 두 가지 장애가 생긴다.
하나는 밝은성품의 형질로 인해서 생기는 장애이고 또 하나는 밝은성품의 에너지적 속성으로 인해 생기는 장애이다.
밝은성품은 본성의 간극에서 생성되는 에너지이다.
밝은성품의 형질은 기쁨이다.
처음 열반에 들어갈 때는 그 기쁨에 머물러서 환희지에 들어간다. 환희지가 보살도 초지이다.
초지보살이 환희지에 들어가면 대부분 그 상태에서 머물러 버린다. 밝은성품이 생성해내는 기쁨에 도취되기 때문이다. 그렇게 되면 대자비문 수행이 진행되지 못하고 성취중생이 이루어지지 못한다. 진여출가를 했다고 하지만 멸진정에 들어있는 것과 똑같은 상태가 된다.
부처님께서는 이런 상태를 열반상에 빠졌다고 말씀하신다.
이것이 바로 밝은성품의 형질로 인해서 생기는 마장이다.
환희지에 머물러 있을 때 생성되는 밝은성품은 먼저 생성된 밝은성품과 나중 생성된 밝은성품이 서로 부딪친다. 그러면서 음기와 양기가 만들어진다.
이렇게 만들어진 음기와 양기는 초지보살의 진여신을 생

멸신으로 바꿔 놓는다.
양기는 진여신의 테두리가 되고 음기는 내부의 밝은성품과 서로 반응하면서 생멸정보를 생성해낸다.
이 과정을 통해 진여보살의 몸 안에서 생멸연기가 시작된다. 진여신이 생멸공간으로 바뀌면서 생멸연기가 일어나는 것이다.
진여신이 생멸신으로 바뀌게 되면 12연기가 일어난다.
그렇게 되면 진여보살이 원초신으로 바뀐다.
12연기가 진행되면서 원초신이 천지만물로 나누어진다.
이것이 바로 밝은성품의 에너지적 속성으로 인해 생겨나는 장애이다.
초지보살이 열반상에 빠지게 되면 이와 같은 장애가 일어난다. 부처님께서는 이러한 장애를 50번째 마장이라 했다.
밝은성품이 갖고 있는 자연적 성향을 제도하는 것은 이와 같은 장애에 빠지지 않기 위해서이다.

각성이 갖고 있는 무명적 습성으로 인해 여래장연기가 시작되었다.
각성의 무명적 습성이란 본성을 보는 것을 망각하는 것이다.
각성이 대사(代謝)를 하면서 밝은성품이 일으키는 변화에 치중하면 본성을 망각하게 된다. 그로 인해 여래장연기가 시작되고 생멸문과 진여문이 생겨난다.
각성이 본성과 밝은성품을 균등하게 비추든지, 본성의 적멸상에 머물게 되면 여래장연기가 일어나지 않는다.
본성의 적멸상을 저버리고 밝은성품이 갖고 있는 기쁨에 천착했기 때문에 여래장연기가 일어난다.
각성이 본성을 망각하고 밝은성품의 기쁨에 빠져 있는 상태를 무명이라 한다.
무명적 습성을 제도하지 않으면 또 다른 연기가 일어난다.

무명(無明)은 본원본제의 향하문적 성향과 연기본연(緣起本緣)으로 인해 생겨나는 망각적 습성이다.
때문에 연기본연에서 시작된 모든 생명은 무명적 습성을 내재하고 있다. 중생은 무명적 습성으로 인해 본성을 망각하고 의식·감정·의지를 자기로 알게 된다.
중생으로 하여금 견성오도를 이루게 하고 해탈도를 이루게 하는 것은 먼저 무명적 습성을 제도하기 위해서이다.

여래장연기를 통해 생겨난 생멸문과 진여문은 서로를 껴안고 있다. 진여문이 생멸문을 감싸안은 채로 서로 한 몸을 이루고 있다. 이 상태를 "일법계(一法界)"라 한다.

그에 비견해서 등각도를 거쳐서 묘각도를 이룬 부처님을 "일심법계(一心法界)"라 한다.
일법계와 일심법계 부처님의 차이가 있다.
일법계는 각성의 무명적 습성과 밝은성품의 자연적 성향을 제도하지 못했고 일심법계 부처님은 이 두 가지 성향을 제도한 존재이다.
일심법계 부처님을 일불승이라 한다.
법화경의 모든 가르침은 일불승을 위해 설해졌다.
일불승이 곧 밝은성품의 자연적 성향과 각성의 무명적 습성, 일체의 생멸심을 제도한 존재이다.
이 세 가지를 제도하기 위해 쓰여지는 것이 대적정과 대자비이다. 대적정으로 각성의 무명적 습성을 제도하고 대자비로 밝은성품의 자연적 성향과 생멸심을 제도한다.

진여심을 이루고 있는 본성·각성·밝은성품은 능연심(能緣心)으로 갖춰진 것이고 연기본연을 이루고 있는 본성·각성·밝은성품은 대사(代謝)를 통해 생겨난 정보이다. 하지만 그 쓰임에 있어서는 공통점이 있다. 그것이 바로 각성이 갖고 있는 무명적 습성과 밝은성품이 갖고있는 자연적 성향이다. 때문에 진여심 안에서도 언제든지 생멸연기가 일어날 수 있다.
각성의 무명적 습성과 밝은성품의 자연적 성향을 제도하지 못하면 진여심 안에서도 언제든지 생멸연기가 일어난다.

진여심이 대적정으로 제도되면 법신이 나투어진다.
이것을 공여래장이라 한다.
생멸심이 대자비로 제도되면 보신과 화신이 나투어진다.

이것을 불공여래장이라 한다.
생멸심이 진여심을 그리워하듯이 불공여래장은 공여래장을 그리워한다.
이 그리움으로 인해 각성의 무명적 습성과 밝은성품의 자연적 성향이 완전하게 제도된다.

진여심과 분리된 생멸심은 외롭다.
그 외로움으로 인해 진여심을 그리워하게 된다.
생멸심이 불공여래장으로 제도된 다음에도 그 그리움이 남아있다. 때문에 각성이 의도하지 않아도 공여래장과 한 몸을 이룬다. 이것이 불이문이 형성되는 원리이다.
불이문(不二門)은 각성의 의도로 이루어지는 것이 아니다. 때문에 무명적 습성에 빠지지 않는다.
불이문의 간극에서 생성되는 밝은성품은 자연적 성향을 만들지 않는다.
본원본제에서 생성되는 밝은성품은 본연의 상태에 따라서 자연적 성향을 만들어 낸다.
불이문은 제도된 밝은성품으로 천백억화신을 만든다.
본원본제는 제도되지 않은 밝은성품으로 무량극수의 생멸문을 만들어 낸다.
이것이 본원본제와 일심법계 부처님의 다른 점이다.

"일체지"란 본성의 간극에 머물러서 대적정에 들어있는 것이다.
"일체종지"란 대적정과 대자비를 함께 갖춘 것이다.
"자연지"란 밝은성품의 자연적 성향을 제도한 것이다.
"무사지"란 여래장연기의 이치와 진여연기, 생멸연기의 이치를 아는 것이다.
"불지"란 불세계의 일을 알고 정토불사의 역량을 갖춘 것이다.
"여래지"란 본원본제와 동법계를 이룬 다음에 갖춰지는 지혜이다.

상수멸정에 들어있는 아라한과 보살은 아직까지 생멸문과 밝은성품의 자연적 성향과 각성의 무명적 습성을 제도하지 못했다.
여섯 가지 면모 중에서도 "일체지"는 이루었지만, 나머지 다섯 가지 면모는 갖추지 못했다.
대승출가를 하는 것은 그와 같은 면모를 갖추기 위해서다.
처음부터 이런 목적을 가지고 가르치면 아무도 그 말을 알아듣지 못한다.
"부처님도 아라한이고 제자도 아라한인데 어떻게 부처님과 제자들은 이와 같은 차이가 있습니까?
본래 부처인데 어떻게 그 부처한테서 중생이 생겨났습니까? 천지만물이 불성의 공한 데서 생겨났다 했는데, 본래 부처인 공한 것이 어떻게 우리와 같은 중생으로 변화되었습니까?" 이 두 가지 질문을 이끌어내기 위해 삼승법과 이승법이 필요했던 것이다.

본문

所以者何。 我等昔來眞是佛子。 而但樂小法。 若我等有樂
소이자하. 아등석래진시불자. 이단락소법. 약아등유낙
大之心。 佛則爲我說大乘法。 於此經中唯說一乘。 而昔於
대지심. 불즉위아설대승법. 어차경중유설일승. 이석어
菩薩前毁呰聲聞樂小法者。 然佛實以大乘敎化。 是故我等
보살전훼자성문낙소법자. 연불실이대승교화. 시고아등
說本無心有所希求。 今法王大寶自然而至。 如佛子所應得
설본무심유소희구. 금법왕대보자연이지. 여불자소응득
者皆已得之。 爾時摩訶迦葉。 欲重宣此義。 而說偈言。
자개이득지. 이시마하가섭. 욕중선차의. 이설게언.

"그 까닭을 말하오면, 저희가 본래부터 참으로 부처님의 아들이면서도 소승법만을 좋아하였는데, 만일 저희가 대승을 좋아하였더라면 부처님이 저희에게 대승법을 말씀하여 주셨을 것이기 때문입니다.
이 경에서는 일불승만을 말씀하십니다. 그리하여 예전에는 보살들 앞에서 성문들이 소승법을 좋아한다고 나무라셨으나, 부처님은 참으로 대승으로써 교화하시었나이다.

그러므로 저희가 말하기를 본래부터 희구하는 마음이 없었는데, 이제 법왕의 큰 보배가 저절로 와서 불자로서 얻어야 할 것을 다 얻었다 하나이다."
그때 마하가섭이 이 뜻을 거듭 펴려고 게송으로 말하였다.

我等今日	聞佛音敎	歡喜踊躍	得未曾有
아등금일	**문불음교**	**환희용약**	**득미증유**
佛說聲聞	當得作佛	無上寶聚	不求自得
불설성문	**당득작불**	**무상보취**	**불구자득**
譬如童子	幼稚無識	捨父逃逝	遠到他土
비여동자	**유치무식**	**사부도서**	**원도타토**
周流諸國	五十餘年	其父憂念	四方推求
주류제국	**오십여년**	**기부우념**	**사방추구**
求之旣疲	頓止一城	造立舍宅	五欲自娛
구지기피	**돈지일성**	**조립사택**	**오욕자오**
其家巨富	多諸金銀	硨磲瑪瑙	眞珠琉璃
기가거부	**다제금은**	**자거마노**	**진주유리**
象馬牛羊	輦輿車乘	田業僮僕	人民衆多
상마우양	**연여거승**	**전업동복**	**인민중다**
出入息利	乃遍他國	商估賈人	無處不有
출입식리	**내변타국**	**상고고인**	**무처불유**
千萬億衆	圍繞恭敬	常爲王者	之所愛念
천만억중	**위요공경**	**상위왕자**	**지소애념**

群臣豪族	皆共宗重	以諸緣故	往來者衆
군신호족	**개공종중**	**이제연고**	**왕래자중**
豪富如是	有大力勢	而年朽邁	益憂念子
호부여시	**유대력세**	**이년후매**	**익우념자**
夙夜惟念	死時將至	癡子捨我	五十餘年
숙야유념	**사시장지**	**치자사아**	**오십여년**
庫藏諸物	當如之何	爾時窮子	求索衣食
고장제물	**당여지하**	**이시궁자**	**구색의식**
從邑至邑	從國至國	或有所得	或無所得
종읍지읍	**종국지국**	**혹유소득**	**혹무소득**
飢餓羸瘦	體生瘡癬	漸次經歷	到父住城
기아리수	**체생창선**	**점차경력**	**도부주성**
傭賃展轉	遂至父舍	爾時長者	於其門內
용임전전	**수지부사**	**이시장자**	**어기문내**
施大寶帳	處師子座	眷屬圍繞	諸人侍衛
시대보장	**처사자좌**	**권속위요**	**제인시위**
或有計算	金銀寶物	出內財産	注記券疏
혹유계산	**금은보물**	**출납재산**	**주기권소**
窮子見父	豪貴尊嚴	謂是國王	若國王等
궁자견부	**호귀존엄**	**위시국왕**	**약국왕등**
驚怖自怪	何故至此	覆自念言	我若久住
경포자괴	**하고지차**	**부자념언**	**아약구주**
或見逼迫	強驅使作	思惟是已	馳走而去

惑見逼迫
借問貧里
혹견핍박
차문빈리
遙見其子
요견기자
窮子驚喚
궁자경환
何用衣食
하용의식
不信我言
불신아언
眇目矬陋
묘목좌누
除諸糞穢
제제분예
爲諸糞穢
위제분예
念子愚劣
염자우열
執除糞器
집제분기
旣益汝價
기익여가

强求斯作
강구사작
欲往傭作
욕왕용작
默而識之
묵이식지
迷悶躄地
미민벽지
使我至此
사아지차
不信是父
불신시부
無威德者
무위덕자
倍與汝價
배여여가
淨諸房舍
정제방사
樂爲鄙事
락위비사
往到子所
왕도자소
幷塗足油
병도족유

思惟是已
사유시이
長者是時
장자시시
卽勅使者
즉칙사자
是人執我
시인집아
長者知子
장자지자
卽以方便
즉이방편
汝可語之
여가어지
窮子聞之
궁자문지
長者於牖
장자어유
於時長者
어시장자
方便附近
방편부근
飮食充足
음식충족

馳走而去
치주이거
在師子座
재사자좌
追捉將來
추착장래
必當見殺
필당견살
愚癡狹劣
우치협열
更遣餘人
갱견여인
云當相雇
운당상고
歡喜隨來
환희수래
常見其子
상견기자
著弊垢衣
착폐구의
語令勤作
어령근작
薦席厚煖
천석후난

묘법연화경 신해품

如是苦言	汝當勤作	又以軟語	若汝我子
여시고인	**여당근작**	**우이연어**	**약여아자**
長者有智	漸令入出	經二十年	執作家事
장자유지	**점령입출**	**경이십년**	**집작가사**
示其金銀	眞珠玻瓈	諸物出入	皆使令知
시기금은	**진주파려**	**제물출입**	**개사령지**
猶處門外	止宿草菴	自念貧事	我無此物
유처문외	**지숙초암**	**자념빈사**	**아무차물**
父知子心	漸以廣大	欲與財物	卽聚親族
부지자심	**점이광대**	**욕여재물**	**즉취친족**
國王大臣	刹利居士	於此大衆	說是我子
국왕대신	**찰리거사**	**어차대중**	**설지아자**
捨我他行	經五十歲	自見子來	已二十年
사아타행	**경오십세**	**자견자래**	**이이십년**
昔於某城	而失是子	周行求索	遂來至此
석어모성	**이실시자**	**주행구색**	**수래지차**
凡我所有	舍宅人民	悉以付之	恣其所用
범아소유	**사택인민**	**실이부지**	**자기소용**
子念昔貧	志意下劣	今於父所	大獲珍寶
자념석빈	**지의하열**	**금어부소**	**대획진보**
幷及舍宅	一切財物	甚大歡喜	得未曾有
병급사택	**일체재물**	**심대환희**	**득미증유**
佛亦如是	知我樂小	未曾說言	汝等作佛

불역여시	**지아낙소**	**미증설언**	**여등작불**
而說我等	得諸無漏	成就小乘	聲聞弟子
이설아등	**득제무루**	**성취소승**	**성문제자**
佛勅我等	說最上道	修習此者	當得成佛
불칙아등	**설최상도**	**수습차자**	**당득성불**
我承佛敎	爲大菩薩	以諸因緣	種種譬喩
아승불교	**위대보살**	**이제인연**	**종종비유**
若干言辭	說無上道	諸佛子等	從我聞法
약간언사	**설무상도**	**제불자등**	**종아문법**
日夜思惟	精勤修習	是時諸佛	卽授其記
일야사유	**정근수습**	**시시제불**	**즉수기기**
汝於來世	當得作佛	一切諸佛	秘藏之法
여어래세	**당득작불**	**일체제불**	**비장지법**
但爲菩薩	演其實事	而不爲我	說斯眞要
단위보살	**연기실사**	**이불위아**	**설사진요**
如彼窮子	得近其父	雖知諸物	心不希取
여피궁자	**득근기부**	**수지제물**	**심불희취**
我等雖說	佛法寶藏	自無志願	亦復如是
아등수설	**불법보장**	**자무지원**	**역부여시**
我等內滅	自謂爲足	唯了此事	更無餘事
아등내멸	**자위위족**	**유료차사**	**갱무여사**
我等若聞	淨佛國土	敎化衆生	都無欣樂
아등약문	**정불국토**	**교화중생**	**도무흔락**

所以者何	一切諸法	皆悉空寂	無生無滅
소이자하	**일체제법**	**개실공적**	**무생무멸**
無大無小	無漏無爲	如是思惟	不生喜樂
무대무소	**무루무위**	**여시사유**	**불생희락**
我等長夜	於佛智慧	無貪無著	無復志願
아등장야	**어불지혜**	**무탐무착**	**무부지원**
而自於法	謂是究竟	我等長夜	修習空法
이자어법	**위시구경**	**아등장야**	**수습공법**
得脫三界	苦惱之患	住最後身	有餘涅槃
득탈삼계	**고뇌지환**	**주최후신**	**유여열반**
佛所敎化	得道不虛	則爲已得	報佛之恩
불소교화	**득도불허**	**즉위이득**	**보불지은**
我等雖爲	諸佛子等	說菩薩法	以求佛道
아등수위	**제불자등**	**설보살법**	**이구불도**
而於是法	永無願樂	道師見捨	觀我心故
이어시법	**영무원락**	**도사견사**	**관아심고**
初不勸進	說有實利	如富長者	知子志劣
초불권진	**설유실리**	**여부장자**	**지자지열**
以方便力	柔伏其心	然後乃付	一切財物
이방편력	**유복기심**	**연후내부**	**일체재물**
佛亦如是	現希有事	知樂小者	以方便力
불역여시	**현희유사**	**지요소자**	**이방편력**
調伏其心	乃敎大智	我等今日	得未曾有

조복기심	내교대지	아등금일	득미증유
非先所望	而今自得	如彼窮子	得無量寶
비선소망	이금자득	여피궁자	득무량보
世尊我今	得道得果	於無漏法	得清淨眼
세존아금	득도득과	어무루법	득청정안
我等長夜	持佛淨戒	始於今日	得其果報
아등장야	지불정계	시어금일	득기과보
法王法中	久修梵行	今得無漏	無上大果
법왕법중	구수범행	금득무루	무상대과
我等今者	眞是聲聞	以佛道聲	令一切聞
아등금자	진시성문	이불도성	영일체문
我等今者	眞阿羅漢	於諸世間	天人魔梵
아등금자	진아라한	어제세간	천인마범
普於其中	應受供養	世尊大恩	以希有事
보어기중	응수공양	세존대은	이희유사
憐愍敎化	利益我等	無量億劫	誰能報者
연민교화	이익아등	무량억겁	수능보자
手足供給	頭頂禮敬	一切供養	皆不能報
수족공급	두정예경	일체공양	개불능보
若以頂戴	兩肩荷負	於恒沙劫	盡心恭敬
약이정대	양견하부	어항사겁	진심공경
又以美饍	無量寶衣	及諸臥具	種種湯藥
우이미선	무량보의	급제와구	종종탕약

牛頭栴檀　及諸珍寶　以起塔廟　寶衣布地
우두전단　급제진보　이기탑묘　보의포지
如斯等事　以用供養　於恒沙劫　亦不能報
여사등사　이용공양　어항사겁　역불능보
諸佛希有　無量無邊　不可思議　大神通力
제불희유　무량무변　불가사의　대신통력
無漏無爲　諸法之王　能爲下劣　忍于斯事
무루무의　제법지왕　능위하열　인우기사
取相凡夫　隨宜而說　諸佛於法　得最自在
취상범부　수의이설　제불어법　득최자재
知諸衆生　種種欲樂　及其志力　隨所堪任
지제중생　종종욕락　급기지력　수소감임
以無量喩　以爲說法　隨諸衆生　宿世善根
이무량유　이위설법　수제중생　숙세선근
又知成熟　未成熟者　種種籌量　分別知已
우지성숙　미성숙자　종종주량　분별지이
於一乘道　隨宜說三
어일승도　수의설삼

저희들은　오늘에야　부처님의　말씀듣고
환희하고　용약하여　미증유를　얻나이다
성문들도　성불한다　부처님이　설하시니
위가없는　보배더미　안구해도　절로얻네

비유컨대　어린아이　철이없고　소견없어
아비떠나　도망하여　타관땅에　멀리가서
이리저리　떠돌면서　오십년을　살았거늘
그아비는　걱정되어　사방으로　찾았었네
아들찾던　지친걸음　한성안에　머물면서
큰집하나　지어놓고　오욕락을　즐기나니
그집일랑　큰부자라　많은금과　은들이며
자거마노　진주유리　말과소와　코끼리와
양과연과　수레들과　논과밭과　종들이며
하인들과　소작인들　많고많아　끝이없고
주고받는　이익들이　타국까지　미쳤으며
장사꾼과　고객들이　그문앞에　줄을섰네
천만억의　사람들이　둘러서서　공경하며
임금이나　왕족들이　항상공경　하는바요
여러신하　명문호족　한결같이　공경하니
이와같은　인연으로　오고가는　사람많고
부유하고　잘살아서　큰세력도　가졌지만
나이들고　늙어가니　아들생각　더욱간절
자나깨나　생각하다　죽을때가　되었는데
어리석은　그자식은　떠나간지　오십여년
창고속에　쌓인재물　어찌하면　좋을건가
그때저기　궁한아들　옷과밥을　구하려고
이마을서　저마을로　이나라와　저나라로

어떤때는　얻어먹고　어떤때는　얻지못해
굶주리고　못먹어서　옴과버짐　생겼으며
이곳저곳　헤매다가　아비사는　성에달아
품팔이로　전전하며　아버지집　이르렀네
그때에　아비장자　자기집의　문안에서
보배휘장　둘러치고　사자좌에　앉았는데
권속들이　둘러앉고　여러사람　호위하며
그중어떤　사람들은　금은보물　계산하고
주고받는　많은재물　출납부에　기록하네
아버지의　존엄함을　궁한아들　바라보고
저사람은　국왕이나　왕족이　분명하니
내가여기　왜왔던가　스스로　놀라면서
다시생각　하여보니　여기오래　있다가는
강제로　붙들리어　모진노동　당하리라
이와같이　생각하고　정신없이　도망하여
빈촌으로　찾아가서　품팔이를　하려는데
바로이때　아비장자　사자좌에　높이앉아
멀리서　바라보고　제아들을　알아보니
심부름꾼　즉시보내　붙들어서　오게하니
궁한아들　놀래어서　기절하여　쓰러졌네
이사람이　날붙드니　나는이제　죽었노라
밥과옷을　구하려다　이모양이　되었구나
자기아들　용렬하여　아비말을　믿지않고

아비인줄 모르는것 그장자가 짐작하고
방편다시 베풀어서 다른사람 보내면서
애꾸눈에 난장이인 못난이를 시키면서
너는가서 말하기를 내게와서 일을하면
거름이나 치게하고 품삯곱을 준다하라
궁한아들 그말듣고 기뻐하며 따라와서
거름치는 일도하고 집안팎을 청소하네
부자장자 문틈으로 자기아들 내다보니
어리석고 못난것이 천한일만 하는구나
아버지인 그장자는 허름한옷 바꿔입고
거름치는 삼태들고 아들한테 다가가서
방편으로 하는말이 부지런히 일잘하면
품삯을더 올려주고 손과발에 바를기름
음식이나 이부자리 풍족하게 줄것이다
이런말로 타이르고 부지런히 일을하라
너는나의 아들같다 부드럽게 말을하고
그장자가 지혜있어 자유롭게 출입토록
이십년을 지내면서 집안일을 보게하고
금과은과 진주파려 보물창고 보여주며
주고받는 모든살림 도맡아서 보게하나
그아들은 변함없이 대문밖에 붙어있는
초막에서 잠을자며 제스스로 생각하되
나는본래 가난하여 가진물건 없다하네

아버지는　　아들마음　　점점넓게　　열림알고
그재산을　　물려주려　　친척들과　　국왕들과
대신들과　　찰제리와　　거사들을　　모아놓고
대중에게　　하는말이　　이는나의　　아들인데
나를떠나　　멀리가서　　오십년을　　지내더니
우연하게　　날찾아와　　이십년이　　또지났소
지난날에　　고향에서　　이자식을　　내가잃고
이리저리　　헤매면서　　이아들을　　찾느라고
무진애를　　쓰던끝에　　여기까지　　온것이오
내가가진　　모든것은　　집이거나　　하인이나
아들한테　　전해주어　　제뜻대로　　쓰게하리
가난하고　　궁한아들　　뜻과마음　　용렬타가
이제와서　　아버지의　　큰재산을　　받게되니
많은집과　　많은재산　　한량없는　　금은보화
매우크게　　기뻐하며　　미증유를　　얻었더라
부처님도　　우리들이　　소승법을　　즐김알고
너도성불　　하리라는　　말씀하지　　않으시고
여러가지　　무루법을　　저희들이　　얻었다고
소승이룬　　성문이라　　항상말씀　　했나이다
부처님이　　저희에게　　위없는도　　말씀하며
이법을　　　닦는이는　　성불한다　　하옵기에
저희들은　　말씀대로　　보살들을　　위하여서
여러가지　　인연들과　　가지가지　　비유들과

이야기와
그때모든
밤낮으로
이때여러
너희들은
시방모든
보살들만
저희를
마치저기
모든보물
저희들도
구하는뜻
저희들이
제스스로
이것알면
불국토를
저희들이
그까닭을
고요하고
작거나
이렇게
저희가
탐착하는

변재로써
불자들이
생각하며
부처님이
오는세상
부처님의
위하여서
위하여선
궁한아들
맡았으나
부처님의
없던것은
속으로는
생각하여
그만이요
맑게하고
듣고서도
말하오면
비었으며
큰것없고
생각하니
오랜세월
일도없고

위없는도
저희들의
부지런히
수기주며
성불하여
비밀스런
참된이치
아무말씀
아버지께
가질생각
법보장을
역시그러
번뇌없어
만족하다
다른일은
중생들을
즐거운맘
이세간의
생도없고
무루하고
즐거운맘
부처님의
원하지도

말했더니
법문듣고
닦았었네
하시는말
부처된다
대승법장
설법하고
안하시니
가까이가
전혀없듯
연설하나
하옵니다
지는것을
여기옵고
없다하고
교화함을
없었다네
온갖법은
멸도없고
무위이라
없었더라
지혜에는
아니하며

내가얻은	이법만이	구경이라	생각했네
저희가	오랜세월	공한법을	닦아익혀
욕계색계	무색계의	고통에서	벗어나서
최후몸의	유여열반	얻었노라	생각하며
부처님의	교화받아	참된도를	얻었으니
부처님의	깊은은혜	갚았다고	했나이다
저희들이	불자에게	보살법을	말하여서
불도얻게	하면서도	원하는맘	없었으니
도사께서	보시고	저희마음	아시므로
참된이익	있느니라	권하시지	아니하네
아들뜻이	용렬함을	아비장자	이미알고
그방편의	힘으로써	그마음을	항복받고
아들마음	크게한후	많은재산	물려주듯
부처님도	이와같이	희유한일	나타내셔
소승법을	즐김알고	방편의힘	쓰시어서
작은마음	조복받고	큰지혜를	가르치니
저희가	오늘에사	미증유를	얻었으니
바라던일	아니지만	저절로	얻었으며
한량없는	보배얻은	궁한아들	같나이다
세존이여	제가이제	도와과보	모두얻어
무루법에	머물면서	청정한눈	얻은것은
저희들이	오랜세월	청정계율	지니다가
오늘에야	처음으로	그과보를	얻었으며

법왕의법　　가운데서　　오랜수행　　닦은공덕
이제서야　　미혹없는　　큰과보를　　얻나이다
저희들이　　오늘에야　　참된성문　　되었으니
불도의　　　소리로써　　온갖것을　　듣게되어
저희들이　　오늘에야　　참아라한　　되온지라
모든세간　　하늘이나　　사람들과　　마군범천
많은대중　　가운데서　　널리공양　　받게되니
부처님의　　크신은혜　　희유하게　　나투시며
중생들을　　제도하사　　이익얻게　　하오시니
억천겁에　　그은혜를　　누가능히　　갚으리까
손발되어　　받들면서　　머리숙여　　예경하며
온갖정성　　공양해도　　그은혜는　　못갚으며
머리위에　　받들거나　　두어깨에　　업고다녀
항하사　　　오랜세월　　마음다해　　공양하고
훌륭한　　　음식들과　　한량없는　　보배의복
아름다운　　이부자리　　효과좋은　　탕약이며
우두전단　　좋은향과　　여러가지　　보배로써
넓고높은　　탑세우고　　옷을벗어　　땅에깔고
이와같은　　여러일로　　항하사의　　오랜겁을
정성다해　　공양해도　　그은혜는　　못갚으리
희유하신　　부처님의　　한량없고　　가없는
생각조차　　할수없는　　크고크신　　신통력과
무루무위　　모든법의　　진정한　　　왕으로써

용렬한	중생위해	이런일을	참으시고
아상많은	범부위해	마땅히	설하시네
부처님들	모든법에	자유자재	하시어서
중생들의	모든욕락	가지가지	알으시며
그뜻과	힘에따라	감당할바	알으시고
한량없는	비유로써	미묘한법	설하실새
지난세상	중생들의	숙세선근	따르셔서
그의근기	성숙함과	성숙못함	다아시어
가지가지	요량하여	분별하여	아시고는
일불승을	설하시려	방편으로	삼승쓰네

강설

"**유여열반**"이란 심식의(心識意)를 분리시키지 않은 상태에서 멸진정(滅盡定)에 들어있는 상태를 말한다.
근기가 갖춰지지 않으면 이 법을 설해주지 않는다.
아라한들한테도 이 법을 설하지 않으셨다는 말이다.

"**도와 과보를 득했다**"라는 것은 본연본제의 무명과보에 대해서 알았고 과지수행의 목표가 무엇인지를 알았다는 말이다. 도는 대승도를 말하고 과보를 얻었다는 것은 깨달음의 결실을 얻는 그 길을 알았다는 말이다.

"참된 성문이 되었다"는 것은 아직은 깨닫지 못했지만 인지법행(因地法行)을 이해했다는 말이다.

《묘법연화경 약초유품 妙法蓮華經 藥草喩品 第五》

본문

爾時世尊告摩訶迦葉及諸大弟子。 善哉善哉。 迦葉。 善說
이시세존고마하가섭급제대제자. 선재선재. 가섭. 선설
如來眞實功德。 誠如所言。 如來復有無量無邊阿僧祇功
여래진실공덕. 성여소언. 여래부유무량무변아승기공
德。 汝等若於無量億劫說不能盡。 迦葉當知。 如來是諸
덕. 여등약어무량억겁설불능진. 가섭당지. 여래시제
法之王若有所說皆不虛也。 於一切法以智方便而演說之。
법지왕약유소설개불허야. 어일체법이지방편이연설지.
其所說法。 皆悉到於一切智地。 如來觀知一切諸法之所歸
기소설법. 개실도어일체지지. 여래관지일체제법지소귀
趣。 亦知一切衆生深心所行。 通達無礙。 又於諸法究盡明
취. 역지일체중생심심소행. 통달무애. 우어제법구진명
了。 示諸衆生一切智慧。 迦葉。 譬如三千大千世界。 山
료. 시제중생일체지혜. 가섭. 비여삼천대천세계. 산
川溪谷土地所生卉木叢林。 及諸藥草種類若干名色各異。
천계곡토지소생훼목총림. 급제약초종류약간명색각이.
密雲彌布徧覆三千大千世界。 一時等澍其澤普洽卉木叢林
밀운미포변부삼천대천세계. 일시등주기택보흡훼목총림

及諸藥草。小根小莖小枝小葉。中根中莖中枝中葉。大根
급제약초. 소근소경소지소엽. 중근중경중지중엽. 대근
大莖大枝大葉。諸樹大小。隨上中下各有所受。一雲所
대경대지대엽. 제수대소. 수상중하각유소수. 일운소
雨。　稱其種性而得生長。華菓敷實。雖一地所生一雨所
우.　칭기종성이득생장. 화과부실. 수일지소생일우소
潤。而諸草木各有差別。迦葉當知。如來亦復如是。出
윤. 이제초목각유차별. 가섭당지. 여래역부여시.　출
現於世如大雲起。以大音聲普徧世界天人阿修羅。如彼大
현어세여대운기. 이대음성보편세계천인아수라. 여피대
雲徧覆三千大千國土。於大衆中而唱是言。我是如來應供
운변부삼천대천국토. 어대중중이창시언. 아시여래응공
正徧知明行足善逝世間解無上士調御丈夫天人師佛世尊。
정변지명행족선서세간해무상사조어장부천인사불세존.
未度者令度。未解者令解。未安者令安。未涅槃者令得涅
미도자영도. 미해자영해. 미안자영안. 미열반자영득열
槃。今世後世如實知之。我是一切知者。一切見者。知
반. 금세후세여실지지. 아시일체지자. 일체견자.　지
道者。開道者。說道者。汝等天人阿修羅衆。皆應到此。
도자. 개도자. 설도자. 여등천인아수라중. 개응도차.
爲聽法故。爾時無數千萬億種衆生。來至佛所而聽法。如
위청법고. 이시무수천만억종중생. 내지불소이청법.　여

來于時觀是衆生諸根利鈍精進懈怠。 隨其所堪而爲說法。
래우시관시중생제근이둔정진해태.　수기소감이위설법.
種種無量。 皆令歡喜快得善利。 是諸衆生聞是法已。 現世
종종무량.　개령환희쾌득선리.　시제중생문시법이.　현세
安穩後生善處。 以道受樂亦得聞法。 旣聞法已離諸障礙。
안온후생선처.　이도수락역득문법.　기문법이이제장애.
於諸法中。 任力所能漸得入道。 如彼大雲雨於一切卉木叢
어제법중.　임력소능점득입도.　여피대운우어일체훼목총
林及諸藥草。 如其種性。 具足蒙潤各得生長。 如來說法一
림급제약초.　여기종성.　구족몽윤각득생장.　여래설법일
相一味。 所謂解脫相離相滅相。 究竟至於一切種智。 其有
상일미.　소위해탈상이상멸상.　구경지어일체종지.　기유
衆生聞如來法。 若持讀誦如說修行。 所得功德不自覺知。
중생문여래법.　약지독송여설수행.　소득공덕부자각지.
所以者何。 唯有如來。 知此衆生種相體性。 念何事。 思
소이자하.　유유여래.　지차중생종상체성.　염하사.　사
何事。 修何事。 云何念。 云何思。 云何修。 以何法念。
하사.　수하사.　운하념.　운하사.　운하수.　이하법념.
以何法思。 以何法修。 以何法得何法。 衆生住於種種之
이하법사.　이하법수.　이하법득하법.　중생주어종종지
地。 唯有如來。 如實見之明了無礙。 如彼卉木叢林諸藥草
지.　유유여래.　여실견지명료무애.　여피훼목총림제약초

等。而不自知上中下性。如來知是一相一味之法。所謂解
등. 이부자지상중하성. 여래지시일상일미지법. 소위해
脫相離相滅相。究竟涅槃常寂滅相。 終歸於空。佛知是
탈상이상멸상. 구경열반상적멸상. 종귀어공. 불지시
已。觀衆生心欲而將護之。是故不卽爲說一切種智。汝等
이. 관중생심욕이장호지. 시고부즉위설일체종지. 여등
迦葉。甚爲希有。能知如來隨宜說法。能信能受。所以
가섭. 심위희유. 능지여래수의설법. 능신능수. 소이
者何。諸佛世尊。隨宜說法難解難知。爾時世尊。
자하. 제불세존. 수의설법난해난지. 이시세존.
欲重宣此義。偈言而說。
욕중선차의. 이설게언.

그때 세존께서 마하가섭과 여러 큰 제자들에게 말씀하셨다.
"착하다, 착하다. 가섭이여, 여래의 진실한 공덕을 잘 말하였
도다. 진실로 네 말과 같다.
여래는 한량없고 그지없는 아승기의 공덕이 있나니, 너희들이
한량없는 억만 겁 동안에도 다 말할 수 없느니라.
가섭이여, 마땅히 알아라. 여래는 모든 법의 왕이시므로, 말씀
하시는 것이 다 허망하지 아니하니라.
모든 법에 대하여 지혜의 방편으로 말씀하시나니, 그 말씀하
시는 법은 모두 일체지의 경지에 이르게 하느니라.

여래는 모든 법의 돌아가는 바를 관찰하여 아시며, 모든 중생이 깊은 마음으로 행하는 바도 알아서 통달하여 걸림이 없나니라.
또 모든 법을 끝까지 궁구하여 잘 알아서 모든 중생에게 온갖 지혜를 보여주느니라.
가섭이여, 비유하면 삼천대천세계의 산과 내와 계곡과 토지에 나서 자라는 초목과 숲과 모든 약초들은 종류도 많고 이름과 모양도 각각 다르느니라.
빽빽한 구름이 가득히 퍼져 삼천대천세계를 두루 덮고 일시에 큰비가 고루고루 흡족하게 내리면, 모든 초목과 숲과 약초들의 작은 뿌리, 작은 줄기, 작은 가지, 작은 잎과 중간 뿌리, 중간 줄기, 중간 가지, 중간 잎과 큰 뿌리, 큰 줄기, 큰 가지, 큰 잎과 크고 작은 나무들이 상중하를 따라서 제각기 비를 받는데, 한 구름에서 내리는 비로 그 초목의 종류와 성질에 맞추어서 자라고, 크고, 꽃이 피고, 열매가 맺느니라.
비록 한 땅에서 나고 한 비로 축여주는 것이지마는, 여러 가지 초목이 각각 차별이 있는 것과 같으니라.
가섭이여, 마땅히 알아라. 여래도 그와 같아서, 세상에 나시는 것은 큰 구름이 일어나는 것과 같고, 큰 음성으로 온 세계의 하늘과 사람과 아수라에게 두루 외치는 것은 저 큰 구름이 삼천대천국토를 두루 덮는 것과 같으니라."
대중 가운데서 다음과 같이 말씀하셨다.
"나는 여래, 응공, 정변지, 명행족, 선서, 세간해, 무상사, 조어장부, 천인사, 불세존이니, 제도되지 못한 이를 제도하고, 이해하지 못하는 이를 이해하게 하고, 편안하지 못한 이를 편안하게 하고, 열반하지 못한 이를 열반하게 하느니라.
지금 세상과 오는 세상을 사실대로 알므로, 나는 모든 것을 아는 이이며, 모든 것을 보는 이이며, 도를 아는 이이며, 도를 열어 보이는 이이며, 도를 말하는 이이니라.
너희들 하늘과 사람과 아수라들이여, 모두 다 여기에 모여 법을 들을지니라."
이때 무수한 천만억 중생들이 부처님 계신 곳에 와서 설법을 들었다.
여래께서는 이때 중생들의 근성이 영리하고 아둔함과 정진하고 게으름을 살피시고, 그들이 감당할 수 있는 능력에 따라 법을 설하심이 여러 가지로 한량없어, 이들을 모두 환희하게 하며 좋은 이익을 얻게 하였다.
이 모든 중생들이 이 법을 듣고는 현세에서는 편안하고, 내생에서는 좋은 곳에 태어나 도의 쾌락을 받고 법을 듣기도 하여, 법을 다 듣고는 모든 장애를 여의고 모든 법에서 그의 능력을 따라서 점점 도에 들어가게 되나니, 마치 저 큰 구름이 모든 것에 비를 내리면, 초목과 숲과 약초들이 그 종류와 성질에 맞게 물기를 받아 각각 생장함과 같으니라.
여래가 설하는 법은 한 모습, 한 맛이라, 이른바 해탈의 모습과 여의는 모습과 멸하는 모습이니, 필경에는 일체종지에 이르는 것이니라.

어떤 중생이 여래의 법을 듣고 지니거나 읽거나 외우거나 말한 대로 수행하면, 그 얻는 공덕을 스스로는 깨닫지 못할 것이니, 왜냐하면 오직 여래만이 이 중생들의 종류와 모양과 본체와 성품을 아느니라.

또한 무엇을 생각하고 무슨 일을 사유하고 무슨 일을 닦으며, 어떻게 생각하고 어떻게 사유하고 어떻게 닦으며, 무슨 법으로 생각하고 무슨 법으로 사유하고 무슨 법으로 닦으며, 무슨 법으로써 어떤 법을 얻는지 중생이 가지가지 처지에 머물러 있는 것을 아시기 때문이니라.

여래만이 실제로 보시고 분명히 아시어 걸림이 없으니, 마치 저 초목과 숲과 모든 약초들이 스스로는 상중하의 성품을 알지 못하는 것과 같느니라.

여래는 이 한 모습이며 한 맛인 법을 아나니, 이른바 해탈의 모습, 여의는 모습, 멸하는 모습, 구경열반의 적멸한 모습으로, 마침내는 공에 돌아가는 것이니라.

부처님은 이것을 알고 계시지만, 중생의 마음의 욕망을 관찰하시고 이 법을 보호하고자 일체종지를 곧 설하지 않으셨거늘 가섭이여, 너희들은 매우 희유하여 여래가 근기에 알맞게 설하심을 알고 능히 믿고 능히 지님은 참으로 희유하도다.

왜냐하면, 세존이 근기에 알맞게 설하는 법은 이해하기 어렵고 알기 어렵기 때문이니라."

이때 세존께서 이 뜻을 거듭 펴시려고 게송으로 설하셨다.

강설

깨달음은 공유되지 않는다.
업보(業報)도 공유되지 않는다.
체성(體性)으로 전승된다.
공업(共業)은 있을 수 있다.
시대업이나 공간업이나 나라업이나 사회업은 있지만, 개체업의 바탕은 섞이지 않는다.
내가 지은 업은 내가 받는다.
내가 깨달은 것은 나의 깨달음이다.
너의 깨달음이 되지 않는다.
내 업보가 상대에게 가지 않는다.
일치를 통해서 혼성이나 체백을 공유하더라도 업보를 나누어 갖진 않는다.
깨달음도 전가되지 않는다.
오로지 자업은 스스로가 제도하는 것이고 깨달음도 스스로가 얻는 것이다.
중심의 상태는 일치를 통해서 공유할 수 있다.
하지만 각성은 공유되지 않는다.

"모든 법에 대하여 지혜의 방편으로 말씀하시나니, 그 말씀하시는 법은 모두 일체지의 경지에 이르게 하느니라."

일체지는 대적정의 상태를 말한다.
대적정으로 아라한이 된다.
부처님의 가르침을 받은 사람은 누구나 아라한이 된다는 말씀이다.

"여래는 모든 법의 돌아가는 바를 관찰하여 아시며, 모든 중생이 깊은 마음으로 행하는 바도 알아서 통달하여 걸림이 없나니라. 또 모든 법을 끝까지 궁구하여 잘 알아서 모든 중생에게 온갖 지혜를 보여주느니라."

'여래는 모든 법의 돌아가는 바를 관찰하여 아시며'
본원본제(本源本際)의 일과 본연(本緣), 자연(自緣), 인연(因緣)의 일, 여래장연기와 진여연기, 생멸연기의 일, 여시상(如是相), 여시성(如是性), 여시체(如是體), 여시력(如是力), 여시작(如是作), 여시인(如是因), 여시연(如是緣), 여시과(如是果), 여시보(如是報), 여시본(如是本)의 일, 이 모든 일을 아는 것이 법의 돌아가는 바를 아시는 것이다.

'모든 중생이 깊은 마음으로 행하는 바도 알아서'
오로지 부처님만이 갖고 계시는 10력의 위신력이다.
일체중생의 호응으로 갖추어지는 능력이다.
업이숙지력(業異熟智力)이라 한다.

'또 모든 법을 끝까지 궁구하여 잘 알아서 모든 중생에게 온갖 지혜를 보여주느니라.'
모든 법이 일어나고 돌아가는 것을 아시기 때문에 그 원인을 다스리는 방법도 잘 알고 계시다는 말씀이다.

"가섭이여, 비유하면 삼천대천세계의 산과 내와 계곡과 토지에 나서 자라는 초목과 숲과 모든 약초들은 종류도 많고 이름과 모양도 각각 다르느니라."

그와 같이 모든 중생들의 근기도 다 다르다는 말씀이다.

"빽빽한 구름이 가득히 퍼져 삼천대천세계를 두루 덮고 일시에 큰비가 고루고루 흡족하게 내리면, 모든 초목과 숲과 약초들의 작은 뿌리, 작은 줄기, 작은 가지, 작은 잎과 중간 뿌리, 중간 줄기, 중간 가지, 중간 잎과 큰 뿌리, 큰 줄기, 큰 가지, 큰 잎과 크고 작은 나무들이 상중하를 따라서 제각기 비를 받는데, 한 구름에서 내리는 비로 그 초목의 종류와 성질에 맞추어서 자라고, 크고, 꽃이 피고, 열매가 맺느니라.
비록 한 땅에서 나고 한 비로 축여 주는 것이지마는, 여러 가지 초목이 각각 차별이 있는 것과 같으니라."

비 오는 날 산속에 있다 보면 여러 가지 생각을 하게 된다. 언젠가 나도 부처님과 같은 생각을 한 적이 있다.
'산천초목이 다 이 비에 젖는구나.
나도 비를 맞고 저 나무도 비를 맞는데 서로 느끼는 것이 다르구나.'

비가 내릴 때 산천초목이 다 그 비에 젖는다.
그러면서 나무는 나무대로 풀은 풀대로 비를 양분으로 삼는다. 하지만 그 빗속에서 취하는 바가 서로 다르다. 풀과 나무가 취하는 것이 다르고 생명의 종류마다 취하는 것이 다르다.
부처님의 법도 비와 같다.
오로지 한 가지 법이다.
하지만 중생의 근기에 따라서 취하는 바가 서로 다르다.
어떤 이는 알아듣지 못해서 믿음으로 대하고, 어떤 이는 이해만 하고, 어떤 이는 체득해서 일심법계가 된다.
부처님은 모든 중생의 근기를 알고 있다.
때문에 근기에 맞게 대기설법을 할 수도 있다.
법화경을 설하기 전까지는 그런 설법을 하셨다.

"제도되지 못한 이를 제도하고, 이해하지 못하는 이를 이해하게 하고, 편안하지 못한 이를 편안하게 하고, 열반하지 못한 이를 열반하게 하느니라."

중생이 어떤 상황에 처해져 있어도 능히 제도할 수 있다는 말씀이시다.

"지금 세상과 오는 세상을 사실대로 알므로, 나는 모든 것을 아는 이이며, 모든 것을 보는 이이며, 도를 아는 이이며, 도를 열어 보이는 이이며, 도를 말하는 이이니라."

부처님께서는 현재와 미래의 모든 일을 보고 아신다.
부처님의 도는 견성오도, 해탈도, 보살도, 등각도, 묘각도이다.

"여래가 설하는 법은 한 모습, 한 맛이라, 이른바 해탈의 모습과 여의는 모습과 멸하는 모습이니, 필경에는 일체종지에 이르는 것이니라."

"여래가 설하는 법은 한 모습, 한 맛이라"
'하나의 상에 하나의 맛이 있다'라고 하는 것은 각각의 단계마다 각각의 성취가 있다는 말이다.
성문연각상에서는 본성을 인식하는 맛이 있고, 해탈상에서는 생멸심과 진여심이 분리되는 맛이 있고, 멸상에서는 열반의 맛이 있다는 말이다.
하지만 최종적으로는 일체종지의 상으로써 여래지를 얻으라는 말이다.

"해탈의 모습" "여의는 모습" "멸하는 모습"은 반야해탈에서 멸진정까지의 과정을 세 단계로 나눠놓은 것이다.

'**해탈의 모습**'은 중간반야의 상태를 말한다.
본성·각성·밝은성품이 의식·감정·의지와 분리된 채로 공존하는 상태이다. 사다함과를 얻은 것이다.

'**여의는 모습**'은 종반야의 상태를 말한다.
의식·감정·의지를 본성·각성·밝은성품과 완전하게 분리시키는 상태를 말한다. 아나함과를 얻은 것이다.

'**멸하는 모습**'은 멸진정의 상태를 말한다.
오로지 본성·각성·밝은성품만 존재하고 의식·감정·의지는 존재하지 않는다. 아라한과를 얻은 것이다.

"일체종지"란 대적정과 대자비를 함께 갖춘 상태를 말한다.

"**어떤 중생이 여래의 법을 듣고 지니거나 읽거나 외우거나 말한 대로 수행하면, 그 얻는 공덕을 스스로는 깨닫지 못할 것이니**"

수행해서 얻은 공덕을 스스로는 알지 못한다.
그것은 부처님만이 아신다.

양무제가 달마대사에게 물었다.
"나는 수많은 절을 지었고 수많은 스님들에게 보시를 했는데 나에게는 어떤 공덕이 있습니까?"
달마대사가 말했다.
"무(無) 공덕입니다."
양무제는 그 〈無〉라는 말을 알아듣지 못한다.
〈無〉는 모른다는 의미도 있고 무루공덕(無漏功德)이라는 의미도 있다.
중생의 공덕은 부처님만이 아시기에 모르는 것이고, 불사의 공덕은 무루공덕이기 때문에 '무(無)'인 것이다.
수행자는 무루공덕을 쌓는 사람이다.

"왜냐하면 오직 여래만이 이 중생들의 종류와 모양과 본체와 성품을 아느니라. 무엇을 생각하고 무슨 일을 사유하고 무슨 일을 닦으며, 어떻게 생각하고 어떻게 사유하고 어떻게 닦으며, 무슨 법으로 생각하고 무슨 법으로 사유하고 무슨 법으로 닦으며, 무슨 법으로써 어떤 법을 얻는지 중생이 가지가지 처지에 머물러 있는 것을 아시기 때문이니라. 여래만이 실제로 보시고 분명히 아시어 걸림이 없으니, 마치 저 초목과 숲과 모든 약초들이 스스로는 상중하의 성품을 알지 못하는 것과 같느니라."

이 대목은 심도 있게 들여다봐야 한다.

먼저 첫 번째 문장을 들여다보자.

'중생의 종류와 모양과 본체와 성품을 아느니라.'
이 대목은 생멸연기와 관련된 내용이다.
이 대목에는 세 가지 질문이 내포되어 있다.
생멸문을 이루는 천지만물의 종류가 어떻게 해서 생겼는가?
천지만물의 서로 다른 모양이 어떤 연유로 생겨났는가?
천지만물의 개체적 성품이 어떻게 해서 생겨났는가? 하는 질문이다.

일곱 종류의 천지만물이 있다.
신, 인간, 동물, 식물, 원생물, 무정, 상념체가 그것이다.
서로 다른 종류의 천지만물이 생겨나는 것은 식의 형태가 다르기 때문이다.
식의 형태는 주체의식의 가짓수와 객체의식의 성향에 따라 만들어진다.
주체의식을 이루는 원인은 근본 정보와 생멸 정보이다.
근본 정보가 한 가지 주체의식을 이루고 생멸 정보가 여섯 가지 주체의식을 이룬다.
근본 정보는 모든 생명이 공통적으로 내장하고 있다.
때문에 근본 정보는 주체의식의 가짓수에 포함시키지 않는다. 천지만물은 근본 정보를 자기 본성으로 삼는다.

객체의식의 성향은 습득 정보에 따라 달라진다.
생명이 습득 정보를 체득하는 것은 명색(名色)과 육입(六入)을 통해서 이루어진다.

생명의 종류가 달라지는 1차적 원인은 주체의식의 가짓수 때문이다.
신은 주체의식이 여섯 개다.
인간도 주체의식이 여섯 개다.
신과 인간은 주체의식이 같다. 때문에 형상이 비슷하다.
하지만 근본 정보와 객체의식에서 차이가 있다.
이로 인해서 생명적 성향과 몸의 크기가 달라진다.
신은 근본 정보에 대한 지각성이 발달되어 있다.
반면에 인간은 객체의식의 분별성이 발달되어 있다.
신은 거대한 몸을 갖고 있다.

동물은 주체의식이 세 개에서 다섯 개 사이이다.
주체의식의 가짓수와 객체의식의 성향에 따라 서로 다른 종류의 동물이 된다.
식물은 주체의식이 두 개에서 세 개 사이이다.
객체의식의 상태에 따라서 서로 다른 식물이 만들어진다.
원생물은 주체의식이 없고 객체의식만 갖고 있다.
객체의식의 상태에 따라서 서로 다른 원생물이 만들어진다.
무정은 한 개의 주체의식을 갖고 있다.

근본 정보의 내장 정도에 따라 서로 다른 크기의 무정이 만들어진다. 무정이 별 생명이다.
상념체는 창조물이다.
신과 인간의 상념으로 만들어졌다.
상념체는 근본 정보를 내장하고 있지 않다.
주체의식도 창조될 때의 상념으로 이루어져 있다.
상념체는 스스로가 밝은성품을 생성해 내지 못한다.
때문에 지극히 짧은 수명을 갖고 있다.

생명이 서로 다른 주체의식을 갖게 된 것은 12연기 과정 중에 일어난 '명색(名色)' 때문이다.
명색은 원초신 안에서 일어난 내부의식 간의 교류이다.
생멸연기가 시작되고 나서 행의 과정을 거친 원초신은 여섯 개로 차원화된 주체의식과 의지를 갖추게 된다.
그 상태에서 의지의 부정적 분별로 생겨난 음기가 식의 틀을 채워버리자, 식의 차원대가 무너지면서 내부의식 간에 교류가 일어나게 되었다.
내부의식 간의 교류로 인해 생겨난 객체의식들은 본래의 식의 바탕에서 떨어져 나가게 된다. 이렇게 된 것은 주체의식과 객체의식 간에 생겨난 고유진동수의 차이 때문이다. 고유진동수의 차이로 식의 틀이 분리되는 것은 본연과 자연, 인연적 현상 때문이다.
본원본제에서 본연이 분리된 것도 이 세 가지 성향 때문이다.
본연이란 본성·각성·밝은성품이 만들어내는 관계이고 자연이란 밝은성품이 일으키는 변화이다.
밝은성품은 정보를 내장하는 기능과 에너지적인 속성을 통해 자연을 일으킨다.
인연이란 정보와 정보 간의 교류를 말한다.
인연의 인(因)은 정보간의 교류를 말하고 연(緣)은 새로운 정보가 생겨난 것을 말한다. 정보 간의 교류를 통해 나타난 결과를 과(果)라 한다.
원초신의 식의 틀 안에서 일어나는 본연은 근본 정보와 의지·밝은성품의 관계이다.
원초신은 본원본제의 근본 정보를 본성으로 삼고 있다.
원초신의 본성에서 밝은성품이 생성되면 의지가 그것을 지각하면서 긍정과 부정을 일으킨다.
이때의 의지는 행의 과정을 통해 각성이 전환되면서 생겨난 것이다.
긍정적으로 인식된 밝은성품은 양기로 변화되고 부정적으로 인식된 밝은성품은 음기가 된다.
이런 과정을 통해 생성된 양기는 원초신의 테두리와 합쳐지고 음기는 의식의 차원대와 합쳐지게 된다.
이 과정이 반복되면서 식의 차원대가 점점 더 넓어지게 된다. 그러다가 종국에는 식의 틀이 음기로 채워지게 된다.
이것이 원초신의 식의 틀 안에서 일어난 본연과 자연이다.

식의 틀이 음기로 채워지면서 식의 차원이 허물어진다.
여섯 가지 차원으로 분리되어 있던 식의 차원이 하나로 합쳐지자 식(識)과 식(識)간의 교류가 무작위적으로 일어나게 되었다.
식의 바탕은 정보이다. 원초신의 식은 근본 정보와 생멸 정보로 이루어져 있다. 정보와 정보가 무작위적인 교류를 일으키는 것이 인연(因緣)이다.
이 인연의 결과로 나타난 과(果)가 객체의식의 출현이다.

이런 과정으로 생겨난 객체의식들은 주체의식보다 높은 고유진동수를 갖고 있었다. 주체의식의 고유진동수는 6진동이었지만 객체의식들은 7진동에서 9진동까지를 갖고 있었다. 높은 고유진동수를 갖고 있는 객체의식들이 먼저 주체의식으로부터 분리되었다.
이때 처음으로 분리된 것이 무정들이다.
무정 다음으로는 원생물, 식물, 동물, 인간, 신의 순서로 분리되었다.
이와 같이 주체의식에서 객체의식이 분리되는 것을 원신분리(原神分離)라 한다.
두 가지 형태의 원신분리가 있다.
자연분리와 인식분리가 그것이다.
자연분리는 고유진동수의 차이로 인해 공간이 저절로 분리되는 현상을 말한다.

인식분리는 의도적으로 공간을 분리시키는 것을 말한다.
자연분리와 인식분리가 함께 일어나는 것을 복합분리라 한다. 생명이 원신분리를 통해 나누어지는 현상을 습생(褶生)이라 한다.
여섯 가지 생명 중 무정, 원생물, 식물, 동물은 자연분리로 습생을 했고 신과 인간은 인식분리로 습생을 했다.

이 당시 생멸문의 구조는 생명 공간과 물질 공간으로 이루어져 있었다.
생명 공간은 원초신의 식으로 이루어져 있었고 물질 공간은 행의 과정에서 만들어진 물질입자로 이루어져 있었다.
원초신에서 자연분리된 생명들은 분리되자마자 물질 공간으로 이동해가게 된다.
인식분리된 생명들은 생명 공간에 포함되어 있다가 나중에 이동해 간다.
상념체도 창조되자마자 물질 공간으로 이동해 간다.
인간의 원신들이 물질 공간으로 이동해 간 것은 육입(六入) 이후에 일어난 일이다.
첫 번째 질문 "서로 다른 종류의 생명이 나타난 이유가 무엇인가?"의 대답은 "12연기의 무명-행-식-명색의 과정을 통해서"이다.

두 번째 질문 "천지만물의 서로 다른 모양이 어떤 연유로 생겨났는가?"에 대해 들여다보자.
결론부터 말하면 주체의식과 객체의식의 차이와 고유진동수, 태어날 때의 환경에 따라서이다.
주체의식의 차이는 명색의 과정에서 생겨나고 객체의식의 차이는 인연과 교류성에서 생겨난다.
고유진동수의 차이는 의지의 분별과 식의 구조로 인해 생겨난다.
태어날 때의 환경은 유전성과 외부 인력으로 인해 만들어진다.
생명의 모양은 종류에 따른 모양이 있고 식의 틀에 따른 모양이 있으며 같은 종류에서 나타나는 서로 다른 모양이 있다.
각각의 모양마다 서로 다른 원인이 있다.
종류에 따른 모양은 주체의식의 가짓수로 인해 만들어진다.
식의 틀에 따른 모양은 각각의 식의 틀에 따라 서로 다른 원인이 있다.
세 가지 식의 틀이 있다.
8식의 틀과 7식의 틀, 6식의 틀이 그것이다.
8식의 틀은 주체의식과 객체의식, 고유진동수의 차이로 인해 서로 다른 모양을 갖추게 된다.
7식의 틀도 마찬가지이다.
6식의 틀은 앞의 세 가지 원인에다가 두 가지 원인이 더해진다. 유전적 형질과 외부 인력의 작용이다.
8식은 영의 몸이다.

7식은 영혼의 몸이다.
6식은 육체의 몸이다.
무정과 원생물, 식물, 동물, 상념체는 7식의 몸과 6식의 몸을 갖고 있다.
인간과 신은 8식, 7식, 6식의 몸을 갖고 있다.
천지만물은 6식의 몸을 갖기 이전에 8식과 7식의 몸을 갖고 있었다. 그 상태에서도 서로 다른 모양과 크기를 갖고 있었다.
천지만물이 서로 다른 식의 틀을 갖는 것은 고유진동수 때문이다.
고유진동수가 점점 높아지면서 8식에서 7식으로 6식으로 변화된 몸을 갖게 된다.
8진동까지는 8식의 몸을 갖게 되고 9진동부터 14진동까지는 7식의 몸을 갖게 된다.
15진동부터는 6식의 몸을 갖게 된다.
같은 몸의 조건에서도 고유진동수의 차이에 따라 큰 몸과 작은 몸이 생겨난다.
고유진동수가 낮으면 큰 몸이 되고 고유진동수가 높으면 작은 몸이 된다.
6식의 몸, 즉 육체의 몸이 만들어질 때는 주체의식과 객체의식, 고유진동수보다 유전적 형질과 외부 인력이 더 우선적으로 작용해서 서로 다른 모양이 생겨난다.
유전적 형질은 조상으로부터 이어지는 공통 형질이다.

외부 인력은 태아가 성장하는 장소에 작용하는 별들의 힘이다. 같은 유전형질을 갖고 있더라도 외부 인력이 서로 다르게 작용하면 생김새가 서로 달라진다.
일란성 쌍둥이와 이란성 쌍둥이의 생김새가 차이나는 것은 그런 이유 때문이다.

세 번째 질문 "천지만물의 개체적 성품이 어떻게 해서 생겨났는가?"에 대해서는 서로 다른 종류의 생명이 생겨나는 과정에서 이미 말씀드렸다.
인식분리와 자연분리로 생겨난다.
개체식의 체성(體性)은 원신(源神)이다.
원신은 근본 정보로 본성을 이루고, 주체의식과 객체의식으로 이루어진 생멸 정보로 의식·감정·의지를 이룬다.
식의 틀과 고유진동수에 따라서 영의 몸, 영혼의 몸, 육체의 몸을 갖게 된다.

"무엇을 생각하고 무슨 일을 사유하고 무슨 일을 닦으며, 어떻게 생각하고 어떻게 사유하고 어떻게 닦으며, 무슨 법으로 생각하고 무슨 법으로 사유하고 무슨 법으로 닦으며, 무슨 법으로써 어떤 법을 얻는지 중생이 가지가지 처지에 머물러 있는 것을 아시기 때문이니라."
"유유여래(唯有如來) 지차중생(知此衆生) 염하사(念何事)"

여래는 모든 중생이 무엇을 생각하는지 안다는 말씀이다. 중생이 일으키는 생각을 알려면 생각이 일어나는 과정과 경로를 알아야 한다.
전오식의 정보가 서로 합쳐져서 후육식이 된다.
후육식이 곧 생각이다.
전오식은 눈·귀·코·입·몸이다.
생각이 일어나는 과정과 경로를 알려면 눈·귀·코·입·몸의 정보가 어디에 내장되어 있는지를 알아야 한다.
그런 다음 그 정보들이 떠오르게 되는 원인과 경로, 과정을 알아야 하고 합쳐지는 장소를 알아야 한다.
그리고 최종적으로 드러나는 생각을 지켜봐야 한다.
이 모든 과정을 부처님이 알고 계시다는 말이다.

뇌척수로 운동이 생각이 일어나는 경로를 들여다보는 수행법이다. 부처님께서는 이 수행을 사념처관법과 수인법으로 체계화시켰다.
시개척수로, 전정척수로, 소뇌척수로, 적핵척수로, 피질척수로, 그물척수로, 호흡경로 등을 살펴보면서 전오식의 내장 경로를 들여다본다.
사념처관법의 신념처관법과 수념처관법이 전오식의 내장 경로를 들여다보는 관법이다. 심념처관법이 생각 경로를 들여다보는 관법이다.

부처님께서는 육체의 몸을 바깥 몸과 안 몸으로 구분하셨다. 바깥 몸은 피부와 말초신경이 중심이 되고 안 몸은 중추신경과 뇌척수로 경로가 중심이 된다.
바깥 몸을 살피는 신념처관을 '살갗수행'이라 한다.
안 몸을 살피는 수념처관을 '안몸수행'이라 한다.
살갗수행은 피부의 감각과 호흡 그리고 수인법이 쓰인다.
안몸수행은 호흡법과 뇌척수로 운동법, 삼관법이 쓰인다.
심념처관은 척수막관과 뇌척수로 운동법, 호흡법이 쓰인다.

육체 안에서 전오식의 정보는 몸을 이루는 모든 구조물에 내장되어 있다.
육장 육부, 중추신경, 말초신경, 뼈, 피부, 근육, 힘줄, 경락, 핏줄, 세포, 간극 등 몸 전체에 산재되어 있다.

전오식을 촉발시키는 세 가지 원인이 있다.
첫째는 인식 경로를 통해 들어오는 인식정보이다.
인식정보가 눈·귀·코·입·몸을 자극하면 그것과 같은 고유진동수를 갖고 있는 내장 정보가 오픈이 된다.

두 번째는 의도로써 추억하는 것이다.
의도를 갖고 특정한 상황을 추억하면 그 당시의 고유진동수와 같은 진동을 갖고 있는 정보들이 표출된다.
세 번째 원인은 공간이 갖고 있는 고유진동수와 내 마음이 갖고 있는 고유진동수가 서로 일치되었을 때이다.
이런 경우는 의도가 없이도 정보가 표출된다.
저절로 문득문득 떠오르는 것이다.
다른 사람이 갖고 있는 정보와 내 정보가 반응해서 그럴 수도 있고 공간이 갖고 있는 고유진동수와 공명하면서 그럴 수도 있다.

꿈도 생각이다.
꿈의 원인도 생각이 일어나는 원인과 같다.
다만 꿈은 현재 의식이 잠들어있는 18진동에서 이루어지는 생각이다. 현재의식의 고유진동수는 24진동이다.
18진동으로 접할 수 있는 세계와 24진동으로 접할 수 있는 세계는 범위가 다르다.
18진동으로 접할 수 있는 세계는 범위가 대단히 넓다.
지구 안에서는 어디든지 갈 수 있고 태양계로도 나갈 수 있다. 24진동은 눈·귀·코·입·몸·생각이 인식하는 범위이다. 때문에 인식 범위가 좁다. 꿈속에서 더 넓은 세계를 인식할 수 있다.

옆에 고양이가 있다. 고양이 생각이 내 생각에 간섭을 준다. 그래서 고양이 꿈을 꾼다.
이런 경우들이 공간이 갖고 있는 고유진동수가 생각에 영향을 미쳐서 생기는 일들이다.

전오식과 손가락의 굴곡 각도는 서로 연결되어 있다.
검지손가락과 엄지손가락의 각도는 동안신경과 연결되어 있다. 가위 모양으로 손가락을 폈을 때 각도가 90도가 안 되면 동안신경이 수축되어 있는 것이다.
이런 경우는 시각 정보의 인식과 내장, 표출이 원활하게 이루어지지 않는다.
검지손가락 끝이 동안신경과 연결되어 있고 엄지손가락이 중뇌 적핵과 연결되어 있다.
검지손가락의 움직임은 전정척수로와 연결되어 있다.
양쪽 검지손가락의 굴곡 각도가 차이가 나면 전정 기능에 이상이 있는 것이다.
검지손가락 끝의 감각 체계는 체감각계와 연결되어 있다. 몸의 촉감을 지배하는 대부분의 신경이 검지의 감각과 연결되어 있다.
검지손가락 전체의 굴곡 각도는 미주신경과 설하신경, 삼차신경 중뇌핵, 삼차신경 주감각핵, 삼차신경 안분지, 삼차신경 하악분지의 상태와 연결되어 있다. 맛과 언어정보를 주관하는 신경들이다.

엄지손가락의 전체 굴곡 각도는 교감신경과 후각신경, 삼차신경 운동핵, 삼차신경 상악분지와 연결되어 있다.
호흡과 후각 정보를 주관하는 신경들이다.
이와 같이 손가락의 움직임조차도 전오식의 정보와 연결이 되어 있다.

의식과 의지의 정보는 영의 몸에 저장되어 있고 감정의 정보는 혼의 몸에 저장되어 있다.
육체 안에서는 영의 몸이 세 개의 영역으로 나누어져서 내장되어 있고 혼의 몸은 여섯 개의 영역으로 나누어져서 내장되어 있다.
영의 몸은 대뇌와 뇌줄기, 척수에 나누어서 내장되어 있다.
혼의 몸은 오장과 머리, 세포에 나누어서 내장되어 있다.
영의 몸이 세 개의 영역으로 나누어져서 내장되는 것은 식의 정보가 갖고 있는 형질 때문이다.
육체에 깃들어있는 식의 정보는 선천형질과 유전형질, 습득형질로 이루어졌다.
선천형질은 육체에 깃들기 이전에 영의 몸에 내장되어 있던 식의 정보들이다.
이 정보들이 척수 영역에 내장된다.
유전형질은 부모로부터 받은 유전정보이다.
이 정보들이 뇌줄기와 소뇌에 내장된다.
습득형질은 영의 몸이 수정란에 깃들고 난 이후에 체득된 정보들이다.
이 정보들이 대뇌피질에 저장된다.

혼의 몸이 오장과 머리에 나누어져서 내장되는 것은 감정적 성향과 육부와의 관계, 의식경로와의 연관성 때문이다.
혼의 정보는 감정을 일으키는 원인이다.
희·로·애·락·우·비·고뇌가 혼의 정보로 인해 생겨난다.
혼의 정보 또한 세 종류의 형질을 갖고 있다.
선천혼, 유전혼, 습득혼이 그것이다.
선천혼의 정보는 영의 몸과 함께 들어온 정보이다.
오장과 중추신경 세포에 내장되어 있다.
유전혼의 정보는 부모로부터 받은 유전자에 내장되어 있던 정보이다. 소뇌와 세포의 유전사에 내장되어 있다.
습득혼의 정보는 다른 생명과 교류를 통해 습득한 정보이다. 세포에 내장되어 있다.

희(喜)의 정보는 심장과 폐, 뇌줄기에 내장된다.
노(怒)의 정보는 간과 신장, 뇌줄기에 내장된다.
애(愛)의 정보는 오장 전체와 머리에 내장된다.
락(樂)의 정보는 오장 전체와 머리에 내장된다.
우(憂)의 정보는 간과 비장, 뇌줄기에 내장된다.
비(悲)의 정보는 심장과 폐, 뇌줄기에 내장된다.
고뇌(苦惱)의 정보는 오장과 머리에 내장된다.

위장과 비장이 연결되어 있고
담과 간이 연결되어 있으며
소장과 심장이 연결되어 있고

대장과 폐가 연결되어 있다.
방광과 신장이 연결되어 있고
오장 전체가 머리와 연결되어 있다.

심장과 간이 눈과 연결되어 있고
심장과 비장이 입과 연결되어 있다.
폐와 간이 코와 연결되어 있고
신장과 폐가 귀와 연결되어 있다.
폐와 비장이 피부와 근육으로 연결되어 있다.
오장 전체가 생각과 연결되어 있다.

머리는 신경의 발원처이고
장부는 경락의 발원처이다.
심장은 혈관의 발원처이고
간은 힘줄의 발원처이며
비장은 근육의 발원처이고
폐는 피부의 발원처이다.
신장은 뼈의 발원처이다.

세포에 내장된 유전혼의 정보와 습득혼의 정보는 세포 대사를 주관한다.
영의 몸과 혼의 몸, 육체의 몸에 내장된 심·식·의의 정보는 생각을 일으키는 원인이 된다.

뇌와 척수를 연결하는 뇌척수로와 척수뇌로의 경로를 통해 자극을 받고, 고유진동수의 공명을 통해서 표출되며, 인식 경로와 고유진동수의 관계에 따라서 내장된다.

생각이 일어나는 경로를 전체적으로 설명하려면 방대한 내용을 다루어야 한다.
이 부분에 대한 보충 설명은 필자의 다른 책들을 참조해 주시기 바란다.
[뇌척수로 운동법, 인지법행과 과지법행, 생명과 시대사상, 본제의학 원리, 십이연기와 천부경]에 상세하게 설명해 놓았다.

"사하사(思何事)"

사(思)는 사유한다는 뜻이다.
념(念)과 사(思)는 차이가 있다.
생각은 전오식의 정보가 후육식으로 합쳐지는 것이고, 사유는 그 생각의 흐름을 의도적으로 이끌어가는 것이다.
생각의 흐름을 의도적으로 이끌어가게 되면 또 다른 정보들이 연결된다.
그때 연결되는 정보들은 자기 안에 있는 정보일 수도 있고 자기 밖에 있는 정보일 수도 있다.

사유는 다양한 형태로 이루어진다.
길게 이루어지는 경우가 있고 짧게 이루어지는 경우도 있다.
6식, 7식, 8식의 사유가 있고 9식, 10식의 사유도 있다.
10식의 사유는 부처님의 사유다.
9식의 사유는 보살의 사유다.
8식의 사유는 견성오도와 해탈도를 이룬 사람의 사유이다.
7식의 사유는 혼의식이 깨어난 사람의 사유이고 6식의 사유는 범부의 사유이다.
범부의 사유는 길게 이루어지지 않는다.
때문에 6식 사유로는 깊은 세계로 들어가지 못한다.
6식의 사유에서는 자의식 속에 내장되어 있는 정보도 충분하게 활용하지 못한다.

7식 사유는 자기의식 중에서도 혼의식의 영역이 쓰여지고 다른 생명과도 의식이 공유가 된다.
영혼의 의식과도 정보가 공유되고 살아있는 사람과도 정보가 공유된다.
7식 사유를 하려면 혼의식을 깨워야 된다.
그리고 중심을 활용할 수 있어야 된다.
2선정에 들어가야 7식의 사유가 이루어진다.

8식 사유는 견성 이후에 이루어진다.
본성을 인식한 사람이 본성을 주체로 해서 사유를 하는

것이 8식 사유이다.
7식 사유는 개체 생명의 정보를 공유하면서 이루어지지만 8식 사유는 다른 세계의 정보를 공유하면서 이루어진다.
야마천, 도솔천, 타화자재천 등 천상세계의 정보를 공유할 수도 있고 원초신과도 연결을 이룰 수가 있다.
별 생명과도 교류가 이루어지고 바람, 땅, 물, 불, 허공과도 교류가 이루어진다.
분자 단위, 원자 단위, 전자 단위, 쿼크 단위 등등 물질세계와도 교류가 된다.

9식 사유는 보살의 사유이다.
진여문의 정보를 공유해서 쓸 수 있다.
초지부터 9지까지는 하나의 생멸문에서 정보를 공유한다.
10지가 되면 다른 생멸문의 정보도 취합할 수 있게 된다.

"수하사(修何事)"

수하사는 닦음의 일이다.
부처님께서는 모든 중생이 어떤 수행을 하고 있는지 알고 계시다는 말이다.
때문에 각자의 근기에 따라 서로 다른 방법을 제시해 줄 수 있다.
부처님은 주리반특이에게는 마당 쓰는 일로 수행을 시켰

고 목건련이나 수보리에게는 소승사과의 절차를 통해 수행을 시켰다.

어떻게 닦는가?
무엇을 닦는가?
누가 닦는가?
무엇을 위해 닦는가?
닦음의 일을 논하려면 이 네 가지 질문을 충족시켜야 한다.
무엇을 위해 닦는가?라고 물어보면 깨닫기 위해서 닦는다고 말한다.
그렇다면 깨달음이라는 것은 무엇인가?
깨달음은 주체가 있고, 대상이 있고, 방법이 있다.
그것이 곧 '누구'와 '무엇'과 '어떻게'이다.
깨달음의 주체는 각성이다.
깨달음의 대상은 세 가지가 있다
하나는 본성이다. 각성으로 본성을 인식하는 것이다.
둘은 밝은성품이다.
셋은 경계이다. 안의 경계가 있고 밖의 경계가 있다.
의식·감정·의지가 안의 경계이다. 또 다른 대상이 밖의 경계이다.
각성을 통해서 본성을 인식하고 밝은성품을 인식하고 경계를 인식한다.

깨달음의 목적도 세 가지이다.
각성의 무명적 습성을 제도하고, 밝은성품의 자연적 성향을 제도하며 생멸심을 제도하는 것이다.
각성의 증장을 통해 각성의 무명적 습성을 제도한다.
밝은성품의 운용을 통해 밝은성품의 자연적 성향을 제도한다.
진여심과 생멸심을 분리시켜서 생멸심을 제도한다.
대적정으로 각성의 무명적 습성을 제도하고 비상비비상처 해탈과 수능엄삼매로 밝은성품의 자연적 성향을 제도한다.
대자비수행과 삼신구족행으로 생멸심을 제도한다.
이것이 바로 깨달음의 세 가지 목적이다.

본성은 깨달음의 대상이지만 닦아서 얻어지는 것이 아니다. 그것은 본래 갖추고 있는 것이다.
밝은성품 또한 마찬가지이다. 깨달음의 대상이지만 닦아서 얻어지는 것이 아니다. 밝은성품은 본성의 간극에서 생성된다.
경계도 깨달음의 대상이지만 취득의 대상은 아니다.
그것은 제도의 대상이다.
부처님께서는 "과거심·식·의 불가득(過去心識意不可得), 미래심·식·의 불가득(未來心識意不可得), 현재심·식·의 불가득(現在心識意不可得)"이라고 말씀하셨다.
일체의 경계는 취득의 대상이 아니라는 말씀이시다.

수하사는 각성을 증장시켜가기 위해 하고 있는 노력을 부처님께서 아신다는 말이다.
화두, 염불, 주력, 중관, 공관, 가관, 금강해탈, 반야해탈 등등 어떤 방편으로 수행을 하고 있는지 부처님께서 알고 계신다는 말이다.

각성은 점차적으로 증장된다.
각성을 증장시키기 위한 방법과 방향을 정확하게 아는 것이 닦음의 일을 올바르게 행하는 것이다.
유위각을 얻고 무위각을 얻어서 본성을 인식한다.
그런 다음 밝은성품을 인식한다.
본성에 입각해서 경계를 인식한다.
본성과 경계를 동시에 인식한다.
본성과 밝은성품을 함께 인식한다.
본성, 밝은성품, 경계를 함께 인식한다.
이것을 임의롭게 할 수 있어야 한다.
그것이 곧 견성오도 과정에서 이루어지는 닦음의 일이다.

'본성은 닦아서 얻어지는 것이 아니다, 그래서 닦을 필요가 없다.'라고 하니 닦음의 일을 내던져버리는 경우가 있다. 본성은 닦아서 얻어지는 것이 아니지만 각성은 닦아서 얻어지는 것이다. 때문에 반드시 닦음이 필요하다.
본성의 관점에서 하신 말씀들을 각성의 관점으로 받아들

이게 되면 닦음의 일을 그르치게 된다.

위파사나를 한다고 하면서 보고 듣고 말하고 냄새 맡고 느끼고 생각하는 것에만 매달려 있으면 영원히 본성을 보지 못한다.
유상을 지켜보는 유위각을 얻고 무상을 지켜보는 무위각을 얻어야 본성을 인식하게 된다.
무위각을 증장시킬 수 있는 대상이 무심과 무념이다.
머릿골 속에서 텅 비워진 느낌과 아무렇지 않은 느낌으로 무념을 삼는다.
가슴바탕에서 세워지는 편안한 마음과 담담한 마음을 무심으로 삼는다.
처음에는 이 두 가지 상태를 따로따로 인식한다.
그러다가 익숙해지면 무념과 무심이 서로를 비춰보도록 한다. 이 상태가 본성이다.
이것을 '본제관'이라고 한다.
이 상태를 유지하면서 무위각이 키워진다.

본성을 지켜보다 보면 밝은성품을 인식하게 된다.
밝은성품의 형질은 뿌듯함과 기쁨이다.
무념, 무심의 상간에서 기쁨이 차오르면 그 느낌과 본성을 함께 인식한다.
그러면서 밝은성품이 어디서 나오는지 그 경로를 살펴본다.

처음 본성을 인식했을 때는 무념·무심이 서로 동떨어지지 않도록 하는 것에 혼신의 힘을 다한다.
오로지 각성을 무념·무심에 집중해서 일체의 유상에 관여되지 않는 상태를 유지하는 것이다.
금강경에서는 이 과정에 대해 "불응색·성·향·미·촉·법(不應色聲香味觸法)하고   응무소주이생기심(應無所住而生起心)하라"했다.
"색·성·향·미·촉·법에 응하지 말고 머물지 않는 마음을 내라"라는 말씀이다.
이렇게 하다 보면 어느 때부터 무념과 무심의 틈이 인식된다.
그 틈을 '간극'이라 한다.
간극을 인식하게 되면 본성이 무념·무심·간극으로 이루어져 있다는 것을 알게 된다.
그때가 되면 밝은성품이 본성의 간극에서 생성되는 것을 인식할 수 있게 된다.
각성이 본성의 간극에 머무르는 것이 '대적정'에 들어있는 것이다.
처음 본성의 간극에 머무르는 상태를 '초입반야'에 들었다고 말한다. '수다원과'를 성취한 것이다.
앞서 말한 해탈상을 얻는 것이 바로 이 과정이다.
해탈상을 증득한 사람이 이상(離相)과 멸상(滅相)을 얻기 위해 노력하는 것이 사다함, 아나함, 아라한과의 과정이다.

무심을 얻기 위한 방편이 선나이고 무념을 얻기 위한 방편이 사마타이다. 선나와 사마타로 본성을 인식한다.

"운하념(云何念)"

어떤 생각에 머무는지 아신다는 말이다.
어떤 생각을 할 것인가.
이치와 원리를 탐구하기 위한 생각을 할 것인가?
안·이·비·설·신·의를 충족시켜 주기 위한 생각을 할 것인가?
아니면 가르침의 요지를 생각할 것인가?

내 안에 들어있는 업식의 성향에 따라서 생각의 방향이 정해진다. 내 속으로 들어간 정보들이 다시 나오는 것이다. 만약 어떤 사람이 태어나서부터 죽을 때까지 꽃밭에서만 살았다면 그는 꽃만 생각할 것이다.
인식한 것이 꽃밖에 없기 때문이다.

모든 경계를 긍정적으로 쓸 수 있으면 그런 사람은 어떤 일을 해도 성공을 한다.
그런 사람은 좋은 인연도 만나고 좋은 일도 만난다.
생각의 방향에 따라서 운명의 그릇이 만들어진다.
항상 긍정적이고 겸손한 사람, 그런 사람이 아름다운 사람이다.

"운하사(云何思)"

어떤 사유에 머무는지 아신다는 말이다.
어떻게 저 사람을 좀 더 이롭게 할 것인가?
어떻게 세상을 좀 더 이롭게 할 것인가?
어떻게 나 자신을 행복하게 할 것인가?
어떻게 하면 더 큰 조화를 이룰 것인가?
어떻게 하면 좀 더 아름다운 조화를 이룰 것인가?
이것을 고민하고 생각하는 것이 올바른 사유이다.

사람으로서 바로 서기 위해 가장 먼저 해야 될 일이 자기 존재 목적을 세우는 것이다.
무엇을 위해 살아야 하나?
그것을 명확히 하는 것이 존재 목적을 세우는 일이다.
현재의 나는 인연과 운명의 소산이다.
하지만 나의 존재 목적은 인연과 운명에 달려있는 것이 아니다. 그것은 내가 설정하는 것이다.
스스로가 자기 존재 목적을 설정하지 못하고 운명과 인연에 맡겨버리면 이끌려가는 삶을 살아야 한다.
시대에 이끌리고, 세상에 이끌리고, 주변에 이끌린다.
그런 삶은 얽매인 삶이다.
자유가 없다.
대부분의 사람들은 스스로가 얽매여서 살고 있다는 것을

알지 못한다.
자기도 모르는 사이에 교육에 길들여져 있고, 사회시스템에 길들여져 있고, 부모님들의 편협된 사고에 길들여져 있다. 하지만 그것을 자각하지 못한다.
자기 존재목적을 세워서 그런 얽매임에서 벗어나야 한다.
그런 사유를 할 수 있는 역량을 키워줘야 한다.
수행하는 사람이 이 세상에 기여할 수 있는 역량이 없다면 그런 수행은 아무 쓸모가 없다.
시대에 대한 책임, 스스로에 대한 책임, 조직과 가정에 대한 책임, 그 책임을 다하기 위해 노력해야 한다.
우리는 이 세상에 태어나는 순간부터 이미 그 짐을 지고 있다.

"운하수(云何修)"

어떤 수행에 머물러있는지 아신다는 말이다.
무엇을 위한 수행인가?
막연히 닦는 것이 아니다.
명확한 목적이 있어야 한다.
그래야 성취가 뒤따른다.

망각의 늪에 빠져서 무엇이 자기인지도 모른 채 허망한 삶을 살고 있다.

무엇으로 이루어져 있는지도 모르고, 어디서 왔는지도 모르고, 어디로 갈지도 모르면서 허우적대며 살고 있다.

연기의 원인과 과정을 알고 그 원인을 제도하기 위한 노력을 하는 것이 수행이다.
본래 온전했던 생명이 그 온전함을 잃어버리게 된 원인이 무엇인가?
그 원인을 어떻게 제도해야 본래의 온전함을 회복할 수 있는가?
이것이 수행의 목적이고 수행의 방향이다.

"이하법념(以何法念)"

어떤 법을 생각하고 있는지 아신다는 말씀이다.
법을 생각하는 것은 인지법행을 생각하는 것이다.
수행의 시작과 나아감, 수행의 완성을 어떻게 이룰 것인가를 생각하는 것이 법념을 일으키는 것이다.

사념처관의 네 번째가 법념처관이다.
안 몸의 비워짐을 무념처로 삼고 바깥 몸의 비워짐을 무심처로 삼은 다음 서로를 비춰보게 하면서 밝은성품이 생성되는 것을 관찰하는 것이 법념처관이다.
안 몸과 바깥 몸의 비워진 상태를 적정상(寂靜相)으로 삼고 안 몸과 바깥 몸 사이의 간극을 적멸상(寂滅相)으로 삼아서 본제의 세 가지 요소를 관찰하는 것이 법념처관이다. 그 상태에서 밝은성품이 생성되는 과정까지 들여다보게 되면 진여를 이루는 세 가지 요소를 갖추게 되어서 열반에 들어갈 수 있는 조건이 갖추어진다.

"이하법사(以何法思)"

어떤 법을 사유하고 있는지 아신다는 말씀이다.
연기의 원인과 연기의 과정, 연기의 결과를 사유하는 것이 법의 사유이다.
근원불(根源佛)인 본원본제의 일을 사유하고 본연과 진여의 일을 사유하며 자연과 인연으로 생겨난 생멸의 일을 사유한다. 여래장연기와 진여연기, 생멸연기의 과정을 들여다본다. 사유를 통해 얻어진 결론으로 인지법행의 체계를 세운다.

"이하법수(以何法修)"

어떤 법을 수행하고 있는지 아신다는 말씀이다.
과지법행을 통해 법을 수행한다.
다섯 단계의 깨달음에 대해 구체적인 심지법을 아는 것이 과지법행을 갖춘 것이다.

견성오도를 이룰 수 있는 삼관의 법과
해탈도를 이룰 수 있는 삼해탈의 법,
보살도를 이룰 수 있는 삼무상의 법,
등각도를 이룰 수 있는 불이문의 법,
묘각도를 이룰 수 있는 억불의 법을 아는 것이 바로 그것이다.

"이하법득하법(以何法得何法)"

어떤 법을 얻고 어떤 법을 따르는지 아신다는 말씀이다.

"여래는 이 한 모습이며 한 맛인 법을 아나니, 이른바 해탈의 모습, 여의는 모습, 멸하는 모습, 구경열반의 적멸한 모습으로, 마침내는 공에 돌아가는 것이니라."

'이 한 모습이며 한맛의 법'이란 본제를 이루고 있는 간극의 상태를 말한다.

'이른바 해탈의 모습, 여의는 모습, 멸하는 모습, 구경열반의 적멸한 모습으로, 마침내는 공에 돌아가는 것이니라.'

그 간극의 상태가 중간반야해탈과 종반야해탈, 멸진정을 통관해 있고 구경열반의 적멸한 모습으로 진공과 연결되어 있다는 말씀이다.
구경열반은 본원본제의 간극과 계합을 이룰 수 있는 상태를 말한다. 본원본제의 간극이 적멸상이다.

"부처님은 이것을 알고 계시지만, 중생의 마음의 욕망을 관찰하시고 이 법을 보호하고자 일체종지를 곧 설하지 않으셨거늘 가섭이여, 너희들은 매우 희유하여 여래가 근기에 알맞게 설하심을 알고 능히 믿고 능히 지님은 참으로 희유하도다.
왜냐하면, 세존이 근기에 알맞게 설하는 법은 이해하기 어렵고 알기 어렵기 때문이니라."

'부처님은 이것을 알고 계시지만'
중생의 모든 근기를 알고 본원본제와 계합하는 방법도 알고 계시다는 말씀이다.

'중생의 마음의 욕망을 관찰하시고 이 법을 보호하고자 일체종지를 곧 설하지 않으셨거늘'
중생들은 심·식·의를 자기라고 생각한다.
그런 중생에게 심·식·의를 멸하라고 하면 처음부터 따르지 못할 것이기 때문에 먼저 견성오도로써 본성과 친숙해지게 하고 그다음에 해탈도로써 심·식·의를 여의는 방법을 일러주신 것이다.

대적정으로 멸진정에 들어있는 아라한들에게는 그것은 반쪽 열반이고 온전한 열반을 이루려면 진여출가를 해서 대자비문을 성취해야 한다고 말씀하신다.
대적정과 대자비가 더불어서 갖추어진 것이 '일체종지'이다. 처음부터 일체종지를 말씀하시면 알아들을 수도 없거니와 수행 발심을 이끌어내지도 못할 것이기 때문에 이와 같은 절차를 밟아오셨다는 말씀이다.

'가섭이여, 너희들은 매우 희유하여 여래가 근기에 알맞게 설하심을 알고 능히 믿고 능히 지님은 참으로 희유하도다.'
묘법연화경은 보살들을 위해서 설하는 일불승의 법인데 아라한들이 이 법을 듣고 이해하는 것이 희유하다는 말씀이시다.

'왜냐하면, 세존이 근기에 알맞게 설하는 법은 이해하기 어렵고 알기 어렵기 때문이니라.'
부처님께서 대기설법을 하실 때는 다른 근기를 갖고 있는 사람들은 알아듣기가 어렵다는 말씀이시다.
차후 말씀하실 내용들은 근기에 맞지 않으면 알아듣기 어려울 것이라는 의미가 내포되어 있다.

본문

破有法王	出現世間	隨衆生欲	種種說法
파유법왕	**출현세간**	**수중생욕**	**종종설법**
如來尊重	智慧深遠	久默斯要	不務速說
여래존중	**지혜심원**	**구묵사요**	**불무속설**
有智若聞	則能信解	無智疑悔	則爲永失
유지약문	**즉능신해**	**무지의회**	**즉위영실**
是故迦葉	隨力爲說	以種種緣	令得正見
시고가섭	**수력위설**	**이종종연**	**영득정견**
迦葉當知	譬如大雲	起於世間	徧覆一切
가섭당지	**비여대운**	**기어세간**	**변부일체**
慧雲含潤	電光晃曜	雷聲遠震	令衆悅豫
혜운함윤	**전광황요**	**뇌성원진**	**영중열예**
日光掩蔽	地上清凉	靉靆垂布	如可承攬
일광엄폐	**지상청량**	**애체수포**	**여가승람**
其雨普等	四方俱下	流澍無量	率土充洽
기우보등	**사방구하**	**유주무량**	**솔토충흡**
山川險谷	幽邃所生	卉木藥草	大小諸樹
산천험곡	**유수소생**	**훼목약초**	**대소제수**
百穀苗稼	甘蔗蒲萄	雨之所潤	無不豊足
백곡묘가	**감자포도**	**우지소윤**	**무불풍족**
乾地普洽	藥木竝茂	其雲所出	一味之水
간지보흡	**약목병무**	**기운소출**	**일미지수**
草木叢林	隨分受潤	一切諸樹	上中下等

초목총림	**수분수윤**	**일체제수**	**상중하등**
稱其大小	各得生長	根莖枝葉	華菓光色
칭기대소	**각득생장**	**근경지엽**	**화과광색**
一雨所及	皆得鮮澤	如其體相	性分大小
일우소급	**개득선택**	**여기체상**	**성분대소**
所潤是一	而各滋茂	佛亦如是	出現於世
소윤시일	**이각자무**	**불역여시**	**출현어세**
譬如大雲	普覆一切	旣出于世	爲諸衆生
비여대운	**보부일체**	**기출우세**	**위제중생**
分別演說	諸法之實	大聖世尊	於諸天人
분별연설	**제법지실**	**대성세존**	**어제천인**
一切衆中	而宣是言	我爲如來	兩足之尊
일체중중	**이선시언**	**아위여래**	**양족지존**
出于世間	猶如大雲	充潤一切	枯槁衆生
출우세간	**유여대운**	**충윤일체**	**고고중생**
皆令離苦	得安穩樂	世間之樂	及涅槃樂
개령리고	**득안은락**	**세간지락**	**급열반락**
諸天人衆	一心善聽	皆應到此	觀無上尊
제천인중	**일심선청**	**개응도차**	**근무상존**
我爲世尊	無能及者	安溫衆生	故現於世
아위세존	**무능급자**	**안은중생**	**고현어세**
爲大衆說	甘露淨法	其法一味	解脫涅槃
위대중설	**감로정법**	**기법일미**	**해탈열반**

묘법연화경 약초유품

以一妙音 演暢斯義 常爲大乘 而作因緣
이일묘음 연창사의 상위대승 이작인연
我觀一切 普皆平等 無有彼此 愛憎之心
아관일체 보개평등 무유피차 애증지심
我無貪著 亦無限礙 恒爲一切 平等說法
아무탐착 역무한애 항위일체 평등설법
如爲一人 衆多亦然 常演說法 曾無他事
여위일인 중다역연 상연설법 증무타사
去來坐立 終不疲厭 充足世間 如雨普潤
거래좌립 종불피렴 충족세간 여우보윤
貴賤上下 持戒毀戒 威儀具足 及不具足
귀천상하 지계훼계 위의구족 급불구족
正見邪見 利根鈍根 等雨法雨 而無懈倦
정견사견 이근둔근 등우법우 이무해권
一切衆生 聞我法者 隨力所受 住於諸地
일체중생 문아법자 수력소수 주어제지
或處人天 轉輪聖王 釋梵諸王 是小藥草
혹처인천 전륜성왕 석범제왕 시소약초
知無漏法 能得涅槃 起六神通 及得三明
지무루법 능득열반 기육신통 급득삼명
獨處山林 常行禪定 得緣覺證 是中藥草
독처산림 상행선정 득연각증 시중약초
求世尊處 我當作佛 行精進定 是上藥草

구세존처
又諸佛子
우제불자
決定無疑
결정무의
度無量億
도무량억
佛平等說
불평등설
如彼草木
여피초목
種種言辭
종종언사
我雨法雨
아우법우
如彼叢林
여피총림
諸佛之法
제불지법
漸次修行
점차수행
住最後身
주최후신

아당작불
專心佛道
전심불도
是名小樹
시명소수
百千衆生
백천중생
如一味雨
여일미우
所禀各異
소품각이
演說一法
연설일법
充滿世間
충만세간
藥草諸樹
약초제수
常以一味
상이일미
皆得道果
개득도과
聞法得果
문법득과

행정진정
常行慈悲
상행자비
安住神通
안주신통
如是菩薩
여시보살
隨衆生性
수중생성
佛以此喻
불이차유
於佛智慧
어불지혜
一味之法
일미지법
隨其大小
수기대소
令諸世間
영제세간
聲聞緣覺
성문연각
是名藥草
시명약초

시상약초
自知作佛
자지작불
轉不退輪
전부퇴륜
名爲大樹
명위대수
所受不同
소수부동
方便開示
방편개시
如海一滴
여해일적
隨力修行
수력수행
漸增茂好
점증무호
普得具足
보득구족
處於山林
처어산림
各得增長
각득증장

若諸菩薩
약제보살
是名小樹
시명소수
聞諸法空
문제법공
是名大樹
시명대수
譬如大雲
비여대운
迦葉當知
가섭당지
是我方便
시아방편
諸聲聞衆
제성문중
漸漸修學
점점수학

智慧堅固
지혜견고
而得增長
이득증장
心大歡喜
심대환희
而得增長
이득증장
以一味雨
이일미우
以諸因緣
이제인연
諸佛亦然
제불역연
皆非滅度
개비멸도
悉當成佛
실당성불

了達三界
요달삼계
復有住禪
부유주선
放無數光
방무수광
如是迦葉
여시가섭
潤於人華
윤어인화
種種譬喩
종종비유
今爲汝等
금위여등
汝等所行
여등소행

求最上乘
구최상승
得神通力
득신통력
度諸衆生
도제중생
佛所說法
불소설법
各得成實
각득성실
開示佛道
개시불도
說最實事
설최실사
是菩薩道
시보살도

있음을깬   법왕께서   이세상에   나타나사
중생들의   욕망따라   가지가지   설법하네
부처님은   존귀하고   그지혜는   심원하여
오래도록   법의종요   말씀하지   않으시니

지혜인이　듣는다면　믿고이해　하려니와
지혜없이　의심한자　아주잃게　되느니라
가섭이여　그러므로　근기따라　설하여서
가지가지　인연말해　바른견해　얻게하니
가섭이여　바로알라　비유하면　큰구름이
이세간에　일어나서　온갖것을　덮음이니
지혜구름　비를품고　번갯불은　번쩍이며
우레소리　진동하여　여러사람　기뻐하고
태양빛을　가려주어　땅위에는　서늘하고
뭉게구름　자욱하여　두손으로　잡을듯이
고루고루　내리는비　동서남북　어디에나
무량하게　퍼부어서　온국토가　흡족하네
산과내와　험한골짝　깊은데서　자라나는
풀과나무　약초들과　크고작은　나무들과
모든곡식　여러새싹　큰감자와　포도들이
단비고루　흠뻑맞아　풍성하게　자라나고
메마른땅　고루젖어　약초나무　무성함은
그구름이　내리는비　한가지의　물맛이나
풀과나무　분수따라　축여지는　까닭이네
작은나무　큰나무며　상중하의　초목수풀
크고작은　성질대로　제각기　　자라나네
뿌리줄기　가지잎과　꽃과열매　빛과모양
한비로써　적시오니　싱싱하고　윤택하며

묘법연화경 약초유품 • 415

체질이나 　모양이나 　크고작은 　성분이듯
같은비로 　적시어도 　무성함은 　각각일세
부처님도 　그와같아 　이세상에 　오시는일
비유하면 　큰구름이 　모든세상 　덮어주듯
이세상에 　나오셔서 　모든중생 　위하여서
온갖법의 　참된이치 　분별하여 　설하시네
크신성인 　부처님이 　여러하늘 　인간들과
많은대중 　가운데서 　선포하여 　하신말씀
나는바로 　여래이니 　복과지혜 　구족하여
가장높은 　세존이라 　이세상에 　나타남은
큰구름이 　세상덮듯 　법에마른 　일체중생
흡족하게 　축여주어 　모든고통 　다여의고
편안하게 　기쁨얻어 　이세간의 　즐거움과
열반의　 　즐거움을 　모두얻게 　하렴이니
하늘사람 　대중들아 　일심으로 　잘들으라
모두다들 　여기와서 　위없는이 　친견하라
나는바로 　세존이라 　미칠이가 　아주없다
중생들을 　편케하려 　이세상에 　왔으므로
많은대중 　위하여서 　감로정법 　설하노라
그법은　 　한맛으로 　해탈이며 　열반이니
한가지　 　묘한음성 　이런이치 　설법함은
대승법을 　위하여서 　인과연을 　짓느니라
모든것을 　내가봄은 　한결같고 　평등하여

이것이라	저것이라	곱고미운	마음없고
탐착하는	생각이나	걸림또한	없으리니
모든중생	위하여서	평등하게	설법하며
한사람을	위하듯이	여러중생	마찬가지
어느때나	설법할뿐	다른일은	본래없고
가고오며	앉고서도	피곤한줄	모르노라
세간마다	충족하게	단비고루	내림같이
귀천이나	상하거나	계지닌이나	파한이나
위의를	갖추거나	그러하지	못하거나
바른소견	삿된소견	총명한이	둔한이도
평등하게	법비내려	게으른줄	모르나니
온세계의	여러중생	내법한번	듣고나면
능력대로	받아익혀	여러지위	머무나니
하늘세계	인간세계	전륜성왕	제석천왕
범천왕의	여러왕들	이런이는	작은약초
번뇌없는	법을알아	열반락을	얻고나서
여섯신통	일으키고	삼명까지	얻은뒤에
산림속에	홀로있어	선정항상	닦아서는
연각을	증득하면	이런이는	중품약초
부처성품	찾고찾아	나도성불	하리라고
선정닦고	정진하면	이런이는	상품약초
또는여러	불자들이	전심으로	불도닦아
자비한일	늘행하며	성불할줄	제가알고

의심다시　없는사람　이런이는　작은나무
신통에　　머물러서　불퇴전의　법륜굴려
한량없는　백천만억　많은중생　제도하면
이와같은　보살들은　큰나무라　이르니라
부처님의　평등한법　한맛인　　비와같고
중생들의　성품따라　받는것이　다르나니
비를맞는　풀과나무　다른것과　같으니라
부처님은　이런비유　방편으로　일러주며
여러가지　말씀으로　일승법을　설하지만
부처님의　지혜에는　큰바다의　물한방울
내가이제　법비내려　세간충족　시켰으니
한물맛의　불법에서　힘을따라　닦는것은
저숲속의　풀과약초　크고작은　나무들이
자기들의　분수따라　자라남과　같으니라
부처님의　모든법은　그언제나　한맛인데
모든세간　중생들이　골고루다　얻어듣고
점차로　　행을닦아　도의결과　얻게하네
성문이나　연각들이　산림속에　있으면서
최후몸에　머물러서　법을듣고　과얻으면
이런일은　약초들의　각각자람　같음이고
만일모든　보살들이　그지혜가　견고하여
삼계모두　밝게알고　최상승법　구한다면
이런이는　작은나무　자라남과　같으니라

어떤사람	선정닦아	신통한힘	머물면서
모든법의	공함듣고	마음크게	기뻐하며
한량없는	광명놓아	모든중생	제도하면
이런이는	큰나무가	자라남과	같으니라
비유하면	큰구름이	한맛의	비를내려
사람인꽃	적시어서	열매맺음	같으니라
가섭이여	바로알라	이러한	인연들과
가지가지	비유로써	불도열어	보이나니
이는나의	방편이요	다른부처	또한같다
내가이제	너희위해	참다운법	설하노니
여러성문	대중이여	멸도가	다아니요
오직너희	행할바는	보살도	뿐이러니
점점닦아	행하여서	모두부처	이루어라

강설

"있음을 깬 법왕께서"

있음(有)의 근본은 생멸문이다.
있음을 깨었다는 말은 생멸문을 제도했다는 말이다.
유(有)가 변화를 일으키는 것이 12연기이다.
본연과 자연과 인연으로 인해 유가 생겨나고 12연기가 시작되었다.

생멸문과 개체생명, 의식·감정·의지와 몸이 생겨난 원인을 들여다봐야 한다.
본래의 무(無)는 유(有)가 생겨날 수 있는 조건을 갖고 있었다. 때문에 본래의 무(無)가 완전한 것이 아니다.
엄밀히 말하면 본래의 무(無)는 불완전한 상태이다.
그것을 일러서 향하문적 성향(向下門的性向)이라 한다.
무(無)의 불완전함이 불완전한 유(有)를 만들어낸다.
무(無)를 본원본제(本源本際)라 한다.
본원본제가 갖고 있는 불완전함을 극복하는 것이 궁극의 깨달음이다.
유(有)를 제도하는 것은 그 시작이다.
하나의 생멸문을 제도해서 불공여래장을 이루는 것은 본원본제의 향하문적 성향을 제도하기 위한 조건을 갖추는 것이다.
본원본제를 제도하려면 먼저 본원본제와 동법계를 이룰 수 있어야 한다.
대적정과 본원본제에 대한 그리움, 동법계 진언을 통해서 본원본제와 동법계를 이룬다.
본성의 간극이 갖고 있는 적멸상이 일심법계 부처님과 본원본제가 공명할 수 있는 통로이다.
대적정에 들어가서 본원본제에 대한 그리움을 일으키고 동법계 진언을 운용하게 되면 본원본제와 합일을 이루게 된다.

일심법계 부처님은 본원본제가 갖고 있던 향하문적 성향을 제도하신 분이시다.
각성의 무명적 습성을 제도해서 대적정을 이루었고 밝은성품의 자연적 성향을 제도해서 천백억화신을 이루었다.
생멸심을 제도해서 대자비문과 대지혜를 이루셨다.

일심법계 부처님이 본원본제와 동법계를 이루면 더 이상의 연기본연(緣起本緣)이 생겨나지 않는다.
제도되지 않은 밝은성품이 더 이상 생성되지 않기 때문이다.
일심법계 부처님과 동법계를 이룬 본원본제는 밝은성품 대신에 천백억화신을 만들어낸다.
그렇게 탄생한 화신불은 연기에 들지 않는다.
여래장계 정토불사를 하는 일꾼이 된다.
묘법연화경의 가장 핵심적인 내용이 바로 이것이다.
부처님께서는 이 말씀을 하시기 위해 묘법연화경을 설하셨다.

"지혜인이 듣는다면 믿고이해 하려니와
 지혜없이 의심한자 아주잃게 되느니라
 가섭이여 그러므로 근기따라 설하여서
 가지가지 인연말해 바른견해 얻게하니"
'본원본제가 불완전하다.
여래장을 생성해내는 본원본제가 부족함이 있다.'
도대체 이 말을 누가 믿을 것인가.

하지만 현실을 놓고 보면 이 말을 부정할 수가 없다.
중생인 내가 존재하고 있기 때문이다.

지혜로운 사람은 본원본제의 부족함이 중생이 생겨난 원인이라고 생각한다.
하지만 대부분의 사람들은 그런 생각을 하지 않는다.
그 말을 받아들이지 못한다.
본래 법신불이 완전한 것인데 그것이 불완전하다니 말도 안 되는 소리라고 부정한다.
부처님께서 법화경을 설법하실 때도 절반의 제자들이 영산회상을 떠났다.
현실에서도 마찬가지이다.
이런 말을 하면 말도 안 되는 소리라고 하면서 강력하게 부정한다.
처음에는 나도 똑같이 생각했다.
생멸문이 생기는 과정을 들여다보면서도 그것이 본원본제의 부족함 때문이라고 생각하지 않았다.
그런데 시간이 지나면서 생각이 바뀌게 되었다.
무명이 생긴 원인을 들여다보면서 본원본제의 허물에 대해 알게 되었다.
각성이 유위각으로 치중되면서 무명이 되었는데 이것이 바로 본원본제의 부족한 점이다.
'선무명적 습성은 본원본제가 갖고 있는 부족한 점이다.'

이것을 인정하기까지 30년이 걸렸다.

처음에는 본원본제가 부족한 것이 있어서 생멸문이 생겨났다고 생각하지 않았다.
그야말로 부처님의 자비로 중생이 생겨났다고 생각했다.
일심법계는 당연히 본원본제로 귀의하는 존재라고 생각했다. 그런데 그런 것이 아니었다.
일심법계 부처가 본원본제를 제도해야 하는 사명이 있다는 것을 알게 되었다. 그것을 인정하고 받아들이기가 참으로 힘들었다.

각성의 무명적 습성과 밝은성품의 자연적 성향을 제도한 것은 일심법계 부처님이다.
하지만 본원본제는 그것을 제도하지 못해서 생멸문이 생겨났다.
그렇다면 일심법계를 이루는 것은 본원본제로 돌아가기 위해서가 아니다. 오히려 본원본제를 제도하기 위해서 일심법계를 이루는 것이다.
생멸문과 진여문을 제도하는 것은 자기 불국토를 이루는 것이고 본원본제를 제도하는 것이 참다운 불국토를 구현하는 것이다.

"나는바로 여래이니 복과지혜 구족하여

```
가장높은  세존이라  이세상에  나타남은
큰구름이  세상덮듯  법에마른  일체중생
흡족하게  축여주어  모든고통  다여의고
편안하게  기쁨얻어  이세간의  즐거움과
열반의    즐거움을  모두얻게  하렴이니"
```

석가모니 부처님은 본원본제의 향하문적 습성을 제도하신 부처님이다.
중생으로 화현해서 일심법계 부처님을 이루셨기 때문에 본원본제의 허물에 대해서 너무도 잘 아신다.
구름이 구름이기만 하면 아직은 법을 갖추지 못한 것이다.
비를 내려줄 수 있을 때 비로소 법을 갖춘 것이다.
구름으로 존재했던 본연소산이 일심법계 부처님을 이루어서 비를 내릴 수 있는 법을 갖춘 것이다.

```
"그법은    한맛으로  해탈이며  열반이니
 한가지    묘한음성  이런이치  설법함은
 대승법을  위하여서  인과연을  짓느니라"
```

해탈과 열반을 관통하는 한 맛은 적멸의 맛이다.
본성의 간극에 머물러서 적멸을 이룬다.
불(佛)은 인(因)은 있지만 연(緣)은 만들지 않는다.
하지만 일대사(一大事)를 위해서는 연(緣)을 짓는다.

"모든것을　내가봄은　한결같고　평등하여
　이것이라　저것이라　곱고미운　마음없고
　탐착하는　생각이나　걸림또한　없으니
　모든중생　위하여서　평등하게　설법하며
　한사람을　위하듯이　여러중생　마찬가지"

부처님은 비교하거나 분별하지 않는다.
이 중생 저 중생을 따지지 않는다.
비가 내릴 때는 따로 대상을 두지 않는다.
하지만 천지만물은 제각기 자기 모습으로 그 비를 맞이한다. 부처님의 법도 그와 같다.
특정한 대상을 두고 법을 설하지 않는다.
하지만 중생들은 각각의 근기에 따라서 그 법을 받아 지닌다.

"세간마다　충족하게　단비고루　내림같이
　귀천이나　상하거나　계지닌이나　파한이나
　위의를　갖추거나　그러하지　못하거나
　바른소견　삿된소견　총명한이　둔한이도
　평등하게　법비내려　게으른줄　모르나니"

부처님이 법을 설하실 때는 귀천을 논하지도 않고 아래위를 논하지도 않는다. 계행이 있고 없음도 논하지 않는다. 몸가짐 마음가짐도 따지지 않는다.

바른 생각이니, 삿된 소견이니, 똑똑하니, 둔하니 이런 것도 생각하지 않는다. 그저 평등하게 설법을 하신다.

"번뇌없는 법을알아 열반락을 얻고나서
 여섯신통 일으키고 삼명까지 얻은뒤에"

여섯 가지 신통은 천안통, 천이통, 숙명통, 타심통, 신족통, 누진통을 말한다.
육근원통을 통해 갖추어지는 신통이다.
삼명(三明)이란 세 가지 밝음을 말한다.
세 가지 무명을 제도해서 삼명을 얻는다.
본연을 제도해서 본연명(本緣明)을 이룬다.
자연을 제도해서 자연명(自緣明)을 이룬다.
인연을 제도해서 인연명(因緣明)을 이룬다.
각성의 무명성을 제도한 것이 본연명이다.
밝은성품의 자연성을 제도한 것이 자연명이다.
생멸심을 제도한 것이 인연명이다.

"부처님의 모든법은 그언제나 한맛인데
 모든세간 중생들이 골고루다 얻어듣고
 점차로 행을닦아 도의결과 얻게하네"

일승의 큰 가르침을 내리는데 그 가르침을 놓고서도 제각기 근기 따라 받아들인다.
견성오도, 해탈도, 보살도, 등각도, 묘각도의 절차대로 수행을 하는 것이 점차로 행을 닦는 것이다.
구경에 이르러서 본원본제와 계합을 이루는 것이 도의 결과이다.

"성문이나 연각들이 산림속에 있으면서
 최후몸에 머물러서 법을듣고 과얻으면
 이런일은 약초들의 각각자람 같음이고"

최후 몸은 아라한과에 들어있는 벽지불의 상태를 말하는 것이다.
벽지불도 열반에 들어있는 존재이다.
생멸심을 여의고 진여심을 갖고 있다.
하지만 몸은 완전한 진여신을 갖추지 못했다.
그 상태의 몸을 최후의 몸이라 한다.
생멸신으로서 최후의 몸은 영의 몸이다.
벽지불은 육체의 형상을 갖추고 있지만 영의 몸을 이룬 상태이다.

"만일모든 보살들이 그지혜가 견고하여
 삼계모두 밝게알고 최상승법 구한다면"

삼계를 모두 밝게 한다.

색계, 욕계 무색계가 삼계인데 생멸문 전체를 말한다.
삼계를 밝게 했다는 것은 생멸문 전체를 제도해서 불공여래장을 이루었다는 말이다.
진여문을 이룬 보살이 삼계 전체를 제도했다면 이것이 바로 등각을 이룬 것이다.
이 상태에서 최상승법을 구하는 것은 묘각도를 이루고자 하는 것이다.

"어떤사람   선정닦아   신통한힘   머물면서
모든법의   공함듣고   마음크게   기뻐하며
한량없는   광명놓아   모든중생   제도하면
이런이는   큰나무가   자라남과   같으니라"

정토불사를 하시는 부처님을 큰 나무라고 하셨다.

"내가이제   너희위해   참다운법   설하노니
여러성문   대중들   멸도가   다아니요
오직너희   행할바는   보살도   뿐이러니
점점닦아   행하여서   모두부처   이루어라"

여기서 멸도(滅道)는 상수멸정(想受滅定)의 한 형태인 멸진정(滅盡定)을 말한다.

아라한이 체득한 멸진정이다.
의식·감정·의지를 분리시켜서 모든 번뇌를 여의었지만 그것이 다가 아니라는 말씀이시다.
그것은 보살도로 나아가는 시작이니 거기서 한 발짝 더 나아가서 진여출가를 하라는 것이다.

맺음말

풀벌레 소리에 선잠이 깨었다.
미진했던 부분을 마무리하고 잠시 눈을 감았다.

위 눈꺼풀과 아래 눈꺼풀을 경계로 해서 시상의 간극을 본다.
맑고 투명한 간극이 명료해진다.
그 자리에 머물러서 맑음을 음미한다.

위 눈꺼풀을 경계로 해서 대뇌피질을 올려다본다.
포근하게 감싸안은 무념처를 지켜보며 그 자리에 머물러 본다.

아래 눈꺼풀을 경계로 해서 가슴바탕을 내려다본다.
편안하게 가라앉은 무심처를 지켜보며 그 자리에 머물러 본다. 둥!둥!둥! 심장박동이 느껴진다.

다시 시상의 간극에 마음을 둔다.
투명한 느낌과 함께 심장박동이 느껴진다.
간극과 무심처를 함께 주시한다.

간극과 무심처, 무념처를 함께 주시한다.

위아래 눈꺼풀로 간극, 무념, 무심처를 명확하게 나누어 준다. 그런 다음 그 상태에 머물러 본다.

위 눈꺼풀에 집중하고 무념과 간극의 경계선을 들여다본다. 점점 더 경계선에 대한 인식을 뚜렷하게 하고 선 안으로 들어가 앉는다. 그런 다음 무념과 간극 사이를 오르내린다.

아래 눈꺼풀에 집중하고 무심과 간극의 경계선을 들여다본다. 그런 다음 선 안으로 들어가서 무심과 간극 사이를 오르내린다.

무념, 무심, 간극의 경계선에 들어앉아서 떠오르는 업식들을 들여다본다.

비가 내린다.
구성진 빗소리에 여명이 밝아온다.

구선

출가 후 얻은 진리와 깨달음을 다양한 사상서에
담아 출간하였다. 이를 실생활에 접목하기 위해
지난 30년간 다양한 교육 프로그램을 운영해 왔다.

저서로는 『觀, 존재 그 완성으로 가는 길』,
『觀, 중심의 형성과 여덟진로의 수행체계』,
『觀, 십이연기와 천부경』,
『觀, 한글 자음 원리』,
『도넛츠 학습법』,
『뇌 척수로 운동법』,
『다도명상 점다』,
『생명과 시대사상』,
『본제의학 원리』,
『인지법행과 과지법행』,
『암의 진단과 치유』,
『법화삼부경 제1부 무량의경』,
『법화삼부경 제2부 묘법연화경 1,2,3,4,5권』,
『법화삼부경 제3부 불설관보현보살행법경』,
『한글문자원리』,
『觀, 생명과 죽음』,
『금강삼매경 1, 2부』가 있다.

현재 경북 영양 연화사 주지이며,
서울에서 선나힐링센터를 운영하고 있다.

저자의 다른 책들

관 존재 그 완성으로 가는길

관 쉴 줄 아는 지혜

관 중심의 형성과 여덟 진로의 수행체계

관 십이연기와 천부경

관 한글 자음 원리

도넛츠 학습법

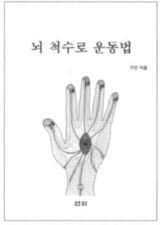
뇌 척수로 운동법

다도명상 점다

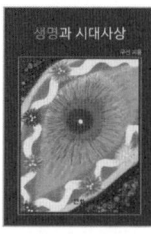
생명과 시대사상

본제의학 원리

인지법행과 과지법행

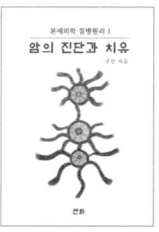
암의 진단과 치유

법화삼부경 1, 2, 3부

금강삼매경 1, 2부

한글문자원리

관 생명과 죽음

법화삼부경 제 2부 묘법연화경 1권

2판 1쇄 인쇄일	2024년 5월 1일
2판 1쇄 발행일	2024년 5월 15일
지은이	구선
편집·교열	이진화
한문·교정	권규호
펴낸 곳	도서출판 연화
주소	경상북도 영양군 수비면 낙동정맥로 2632-66
	https://smartstore.naver.com/samatha
	네이버 '도서출판 연화'
전화	02) 766-8145
출판등록일	2005년 11월 2일
등록번호	제 517-2005-00001 호
정가	30,000원
ISBN	979-11-981212-8-8

이 책은 저작권법에 따라 보호를 받는 저작물이므로 무단전재와 복제를 금하며, 이 책 내용의 전체 또는 일부를 사용하려면 반드시 저작권자의 서면 동의를 받아야 합니다.